安見隆雄

水戸光圀と京都

◆水戸史学選書◆

水戸史学会発行
錦正社発売

水戸光圀肖像（茨城県常磐神社所蔵）

伯夷・叔斉像　　　　　　　　　　　　　（東京都北部公園緑地事務所蔵）

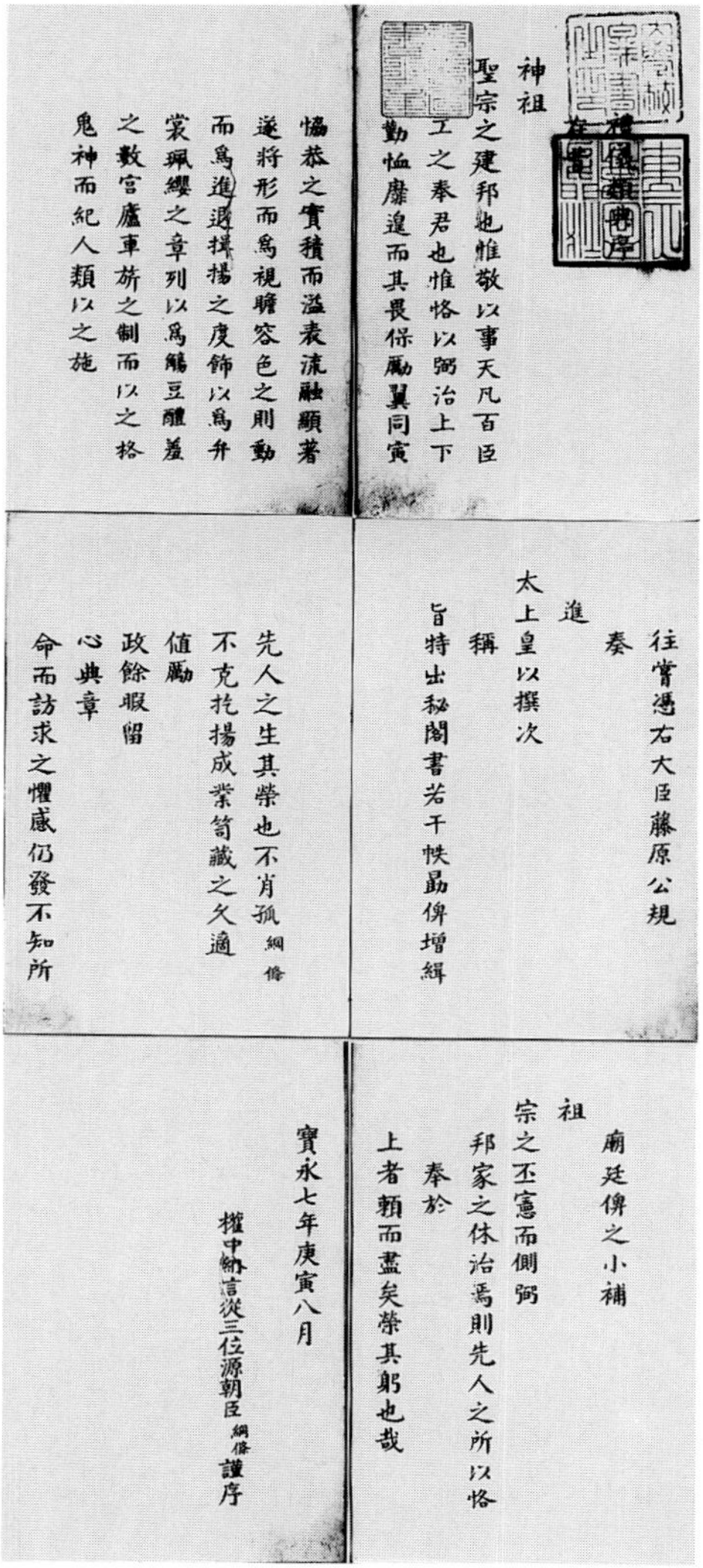
神祖
聖宗之建邦也惟敬以事天凡百臣
工之奉君也惟恪以弼治上下
勤恤靡遑而其畏保勵翼同寅
協恭之實積而溢表流融顯著
遂将形而爲視瞻容色之則動
而爲進退揖揚之度飾以爲弁
裳珮纓之章列以爲觴豆醴羞
之數宮廬車旂之制而以之格
鬼神而紀人類以之施
往嘗憑右大臣藤原公規
奏
進
太上皇以撰次
稱
旨特出秘閣書若干帙勗俾增緝
先人之生其業也不肖孤綱條
不克抗揚成業笥藏之久適
値勵
政餘暇留
心典章
命而訪求之懽蔵仍發不知所
廟廷俾之小補
祖
宗之丕憲而側弼
邦家之休治焉則先人之所以恪
奉於
上者賴而盡矣榮其躬也哉
寶永七年庚寅八月
權中納言從三位源朝臣綱條謹序

礼儀類典 序　　(内閣文庫所蔵)

序

義公光圀の胸中には、世人の容易に窺ひ得ない大志があったが、これを明言した人は数へる程しかなく、多くはこれを推察に過ぎぬと軽視し黙過した。而もこれについての明確な反論も無かった。

その「大志」とは「朝廷の復興」である。

このたび公刊された安見隆雄氏の『水戸光圀と京都』は、その「朝廷の復興と義公」を巻頭第一に掲げ、以下校務多忙の間に考察研究された幾つかの論文を列ねて一著とされたものである。元来著者は、水戸学と京都との関係を研究の主題とされたことは、我々の周ねく知るところであるから、まさに待望の快挙である。

言ふまでもなく、水戸家は徳川将軍家の一族、且御三家の一である。それにも拘はらず義公が朝廷を深く崇敬したことは、『桃源遺事』に義公が「我が主君は天子也、今将軍は我が宗室なり、あしく了簡仕、とりちがへ申ましきよし、御近臣共に仰聞され候」とあるばかりでなく、多くの史料や実際の活動から明らかであり、そこに義公光圀の学問・精神があり、これによって興ったのがいはゆる水戸学である。それは藤田幽谷・東湖、および烈公齊昭によって発揚され、特に烈公の子慶喜によって大政奉還が敢行されたことは、そこに水戸学の本願が達成されたことを明らかに示すものである。

ところで本著巻頭の「朝廷の復興と義公」なる論文は、昭和五十三年三月に発行された『水戸史学』の義公生誕三百五十年記念号の巻頭に収載された論文であるが、明平成十二年は、義公薨後三百年の年に当る。本書の刊行はまさにその記念出版として最も適はしいものであらう。希はくは本書を熟読して、義公並びに水戸学の精髄を充分に玩味されんことを。

平成十一年十一月三日

菊薫る明治節の日に

水戸史学会会長　名越時正

まへがき

江戸時代における朝廷と幕府との関係については、学生時代からの関心事であり、研究のテーマであった。

本書は、水戸家二代藩主徳川光圀と朝廷に関する内容を主題としてゐるが、あへて朝廷といふ言葉を避けて『水戸光圀と京都』といふ表題にした。近世において政治的には江戸といへば幕府を、京都といへば朝廷を意味してゐたからである。

光圀は「興廃継絶」を至願として、領内の由緒ある神社仏閣を再興したり、『大日本史』の編纂、旧記、史料の整理・保存に努めるなど諸々の事業を起こした。

中でも、応仁の乱以来打ち続いた戦乱のため、或ひは衰微し或ひは廃絶してしまった朝廷の諸儀式を盛んなる王朝の昔に復古・再興することを悲願としてゐた。

ところが、徳川家康は幕府開設に当って、鎌倉・室町両幕府における承久の変・建武の中興の前例に鑑み、朝廷との関係に最大の注意を払い、禁中並公家諸法度を制定し、京都所司代などをおいて、常に朝廷の動静を注視するとともに、諸大名の朝廷に接近することを厳しく警戒した。

従って、御三家の水戸藩とはいへ、朝廷との関係をあからさまにできる状況にはなく、光圀は事業の推進に当って、極秘の態度をとったことは、『礼儀類典』の編纂事業などの事跡に明らかである。その危険を覚悟した上で、なほ朝廷の御為に奉仕したところに光圀の偉大さがあり、そこから将来仮に朝廷と幕府が争ふことがあった場合には、必ず朝廷の味方に立つべしとの水戸家の遺訓が生まれ、遂には十五代将軍徳川慶喜公の大政奉還に至るのである。

収録する諸論、朝廷に関するものから、『大日本史』、弘道館教育に及ぶ十編は、いづれも『水戸史学』に掲載したものであり、ひとへに会員・同学の学恩の賜物である。更にこの度は名越時正会長から過分なる序文を頂戴し、巻頭を飾ることができたことはこの上もない喜びであり、上梓に当りここに改めて感謝の意を表する次第である。

なほ、文体は歴史的仮名遣ひとし、特に史料は本漢字を使用するように努めた。

平成十一年十二月六日　義公祭の日にあたって

安見隆雄

水戸光圀と京都　目次

後　付

水戸光圀と京都

一　朝廷の復興と義公

一　初期の朝幕関係

㈠　朝儀復興の気運

江戸時代の初期は、朝廷においては、戦国時代に衰微の極にあった皇室が、織田信長、豊臣秀吉両雄の朝廷への奉仕によって威厳をとりもどし、やうやく朝儀再興の気運を迎へようとする時であり、一方幕府においては、幕藩体制を確立しようとする時でもあった。従って、その朝幕関係は、伝統と尊厳を有する皇室と、武力と財力を誇る幕府との厳しい対立となって表はれてくる。

はじめに、天皇を中心とする、朝儀再興の動きから見ていくことにしよう。

後陽成天皇（一五八六―一六一一）は、和漢の学に造詣深く、朝廷の故実にも精しく、率先して朝儀の復興につとめ、学問の興隆に意を用ひられた。和歌については『後陽成院御百首』『御独吟和漢聯句』などの他に『詠歌大概御抄』『百人一首御抄』などの中世の歌論集などの研究もあり、古典については『源氏物語』『伊勢物語』の講義もされ著作もある。中でも、文化史上、最も著明なことは、いはゆる慶長勅版の刊行である。勅命により印刷されたものに『日本書紀神代巻』『職原抄』などの他に『古文孝経』『論語』などがあった。この印刷は、当時朝鮮より伝来した木製活版によるもので、日本では初めてのものである。

また、宸筆による書物の奥書に

従二神武天皇一百餘代末孫周仁（神武天皇より百餘代の末孫周仁）

と署名されたものが、二十冊以上も伝へられてゐる。（周仁《かねひと》とは天皇の御名）神武天皇の末孫であることの明確な自覚のもとに、天皇は又儀礼を再興された。慶長六年（一六〇一）当代初めての叙位を行なった。これは天正六年（一五七八）以後二十三年目の再興である。同年に初めて縣召除目《あがためしのじもく》を行なった。九年目の再興である。同七年には、大永二年（一五二二）以後絶えて久しい殿上淵酔《てんじょうのえんずゐ》が復興された。

次の後水尾天皇（一六一六―一六二九）は、漢学、国史制度に造詣深く、和歌については、後鳥羽天皇以来の歌聖と仰がれ、八條宮智仁親王より、古今伝授を相伝され、これを宮中に伝へられた。従って、歴代天皇の中でも、最も著作が多く、現在に四十七冊ほど伝へられてゐる。[1]

中でも朝儀復興の悲願をこめられたのが、『当時年中行事』である。これは、順徳天皇の『禁秘抄』、後醍醐天皇の『仮名年中行事』と共に禁中において最も尊重されてきたものである。その序文に、御禊大嘗會其外の諸公事も次第に絶えて、今はあともなきが如くになれば、再興するにたよりなし。何事も見るがうちにかはり行く末の世なれば、せめて衰微の世のたたずまひをだに、うしなはでこそあらまほしきに

とて、思ひ出ずるにしたがひて書き付けられたことが述べられてゐる[2]。

これは上下二巻に分かれ、元旦の四方拝、元日節会など毎月の行事を記されてゐる。しかし、天皇の理想は現実とはほど遠く、

今程萬端武家ノハカライ候時節ニ候へハ、禁中トテモ萬事旧例ニ任テ御沙汰アルヘキ様モナキ体ニ候

と、歎ぜられるほかはなかったのである[3]。

(二) 幕府の陽尊陰抑策

徳川家康は、すべてを一定の形式におしこめ、人々の自由を制限することを政治の根本方針とした。その結果、次第に人々は一定の分をあてがはれ、将軍、大名以下、農工商に至るまで、きまった枠に入れられてしまった。朝廷もその例にもれず、幕府は武家的強引さをもって、その方針を貫くのである。

後陽成天皇は、家康の幕府創設に不満をもらされ、後水尾天皇もその方針に強く反対されたのであ

る。次にその経過をみることにする。

後水尾天皇は慶長十六年（一六一一）十六歳にして即位されたが、元和六年（一六二〇）将軍秀忠の女和子が入内して女御《にょうご》となった。これは表面上は公武の間の融和を図る政略的性質のものであるが、その実は幕府権力が禁中へ介入する為の手段であった。これは、源氏や足利氏の将軍が行なはなかったところであり、それを徳川氏が江戸から京都に結んだことはかなり強引な処置といふことができる。(4)

寛永三年（一六二六）の将軍家光の上洛もその表はれである。家光は八月大名以下随兵十万人と共に入洛して参内、九月には後水尾天皇の行幸を二条城に迎へた。（家光は同十一年にも入洛したが、その時は随兵三十万人といはれた。）その上洛参内の様子を『徳川実紀』に「萬の御式どもと丶のへ給ひき、天津日嗣の御位、今盛にかゞやかせ給ふ事、ひとへに関の東の正しき御はからひに出し所であり「天下後世をして皇居の尊く、日月の明かなるを仰がしめらる丶事、王室に於て其功古今並ぶべき方なし」と自讃してゐる。しかし、朝廷においては、この盛儀が先例故実を無視し、あまりにも奇怪異様なため、これを「寛永有職《ゆうそく》」と称して批判し、揶揄してゐる。結局それは将軍の威勢が絶大であると共に、将軍といへども、なほその下につかねばならぬ至尊なるものがあることを示したものであった。幕府は、これをもって自己の権威の背景とすると共に、その勢が幕府を超えることをおそれて、その抑圧策をとるのである。

これを制度の面からみると、第一に京都所司代の設置があげられる。所司代は老中に次ぐ重職であり、朝廷の動静を監視し、諸大名がこれと交通することを警戒した。西国の諸大名は参勤交代にあたり、京都をさけて伏見から山科を通って大津に出る順路をとり、幕府の嫌疑を避けたといはれる。

また、京都御所には、「表《おもて》」と「御内儀《おないぎ》（奥）」とのほかに「口向《くちむけ》」がおかれ、京都所司代の支配下に、口向役人などといふ禁裏御付武家の制度ができて、これが内裏日常のお勝手向きを差配したのであった。

それに鎌倉幕府以来の議奏、伝奏の制度が加へられた。中でも武家伝奏は、幕府に都合がよいと思はれる公家が選ばれ、老中及び京都所司代へ「子細これあらば心底残らず申し上ぐべき者なり」との誓紙を出し、幕府より役料として五百俵を給され、毎年江戸へ下向することになってゐた。

次に法制の面よりこれをみても、幕府は遠慮なく規制を加へてきた。中でも、元和元年（一六一五）の「禁中並公家諸法度」は重大である。これは、聖徳太子の憲法と同じく十七箇條から成り、家康が崇伝等に命じて起草させたものであって、前関白二條昭実、将軍秀忠、前将軍家康が署名し、諸公卿、諸門跡等一人残らず参内せしめて公布されたものである。

その内容は、主として公卿の座次、服制、家格、官途昇進、門跡、僧官等を規定してゐるが、又、天皇の学問和歌の事から、三公、摂関の任免、紫衣、上人号の勅許、改元等の天皇の大権に属する事にまで及んでゐる。そしてこの法度は、江戸時代を通じて何等の変改を見なかったのである。

これについて、霊元天皇の『乙夜随筆』に後水尾天皇の仰せとして、(5)

十七ヶ條ハ家康公、後中院昭実公ト相談アリテ定メタルコト也。（中略）其時節後陽成院ハ崩御ノ後ナリ。後水尾院ハ御幼年也、摂家ニモ昭実ノ外シカトシタル人ナキ時節故昭実ノ私意ニ任セラレタルコト也

と記されてゐる。（但し、後陽成上皇の崩御は元和三年のことである。）

また幕府は、財政面よりも抑制を加へてきてゐる。江戸時代の皇室財政の収入は、禁裏御料と幕府の定額進献金、御取替金などであったが、中でも御料からの貢租が収入の絶対額を占めてゐた。

禁裏御料の内訳は次頁の表の如くである。

その他、上皇のおられる期間に限って、仙洞御料一万石、上皇が二人の時はさらに七千石が増献された。

また、繙神家領として、十一万八千石余があった。その中に、例へば、伏見宮家が千十六石余、四親王家合せて六千二十二石余、また、公家の最大は近衛家で二千八百五十二石余、少ない方では岩倉家があり百五十石等と定められてゐた。

ところで、禁裏御料三万石余では、当然の結果として不足を生じたので、享保の頃、幕府に不足分の御取替（不足分を一時立替えること）を命ぜられた。その取替金も年々増加したので、遂に幕府は、安永六年（一七七七）、最高限度を禁裏御入用銀七百四十五貫目として、毎年定額進献をすることにした。その上の不足分については、幕府によってさらに御取替が行なはれた。しかし、この

年月	増献者名	石高	名称	備考
慶長六年五月十五日	初代徳川家康	一万十五石四斗九升五合	本御料	草高一万石余の地を全部献じたのでなく増献して一万石に達したのである
元和九年閏八月十一日	二代徳川秀忠	一万石	新御料	
宝永三年二月十三日	五代徳川綱吉	一万石一斗一升八合九勺	増御料	宝永三年以後は和束郷の田村新田九十八石五升四合を増加した
文久三年二月	十四代徳川家茂	十五万俵		
元治元年四月十六日	徳川家茂	十五万俵		
慶応三年七月	十五代徳川慶喜	山城一国		

（奥野高広著、『皇室御経済史の研究』後篇より）

分は返済すべきものであったので、寛政年間、天皇は三ヶ年間の経費節約をされて、これに当てられたほどであった。(6)

これに対し、幕府の直轄領（僭称して天領・御料所ともいふ）約四百万石、その家臣である旗本の知行地約二百六十万石であり、この額は、全国の総石高三千万石とすると、その十三%を占めてゐる。

そして皇室の御料は〇・一％の三万石にすぎなかったのである。さらにその使用に当っては、幕府の役人の差配によらざるをえなかった。

二　朝廷と義公との関係

㈠　後西上皇と義公

後西天皇は後水尾天皇の第六皇子として、寛永十四年（一六三七）十一月十六日降誕された。義公の生誕は寛永五年であるから九歳の違ひである。後光明天皇の崩御のあとを継がれ、承応三年（一六五四）十一月二十八日、十八歳で践祚され、在位八年にして寛文三年（一六六三）正月二十六日譲位された。

義公との関係が記録の上に表はれるのは、延宝年間であるから、譲位後の上皇時代といふことになる。次に、順を追ってその関係を見ていくことにしよう。

(1)　雪朝遠望の勅題

延宝三年（一六七五）正月、上皇の勅題に応じて、義公は律詩三首を賦して、天龍寺の僧虎林に寄せて奉った。この七言律詩及び虎林への啓、律詩等は『常山文集』に収められてゐる。その間の事情は、従来「虎林への啓」などによって少しく知り得る程度であったが、それを補ふべき史料として、虎林より義公へ贈った上書が出てきたので紹介しておきたい。

それは『大日本史編纂記録』（原題往復書案）の第百九十四に収録されてゐるものである。(7)

五雲洞下親侍二　簾前一、親王曁縉紳、蟬聯環坐太上皇命二左右一俾レ談二論古来詞臣、才子、文物之美、典章之雅温一、其有二喜色一、又問、今代方伯文献之盛者誰、侍臣咸答以二水戸宰相、曠才博識、文思殊絶一、上嘉嘆稍久、朕聞二中虔一函称レ政爾、然而未レ観レ所レ撰。聖護門主二品親王奏曰、請命レ題賦レ詩、充二乙夜之観一上欣然頷レ之、他日親二灑　宸翰一書二雪朝遠望四字一、而命二臣僧虔一以俾レ頌二布相公一。（下略）

これによれば、後西上皇の御前に侍臣が候して談論してゐた時、話が古来の詞臣の才子文物等に及んだ。その時上皇は今の代で誰が文献の盛んなる者かと問はれたが、侍臣は皆義公を以て称したといふ。しかし、上皇は義公の政績については聞いて居るが、その撰文は見てないとの事であったので、二品親王が題を命じて詩を賦さしめることを請ふた。そこで上皇は、宸筆を以て「雪朝遠望」の四字を書して、虎林に命じて義公に伝へさせたといふのである。この上書に「応鐘念六」とあるので、延宝二年十月二十六日の日付をもって勅題が伝へられたことになる。

この二品親王は、後水尾上皇の皇子、道寛法親王のことであり、同史料の中に法親王の書簡もある。

益々厳重之寒気の節ニ而相公勇健之事候哉、新院勅題之儀、水戸宰相内々懇望之所、被レ染二宸翰一候条、拝看之後、述作調候節、何時ニ而茂可レ備二叡覧一旨宣レ有二傳達一候也

探梅念五　　道寛

慈済院

法親王は義公の詩文の作進を奏請した関係から、翌年正月二十五日にこの書簡を出されたものであり、慈済院は誰のことか不明であるが、恐らくは虎林ではなからうか。

(2)　扶桑拾葉集の献上

この集は、義公が皇威盛なる往古の姿に憧憬し、その純一なるものを求めようとして、古今の和文三百余編、三十巻に収めて、延宝八年（一六八〇）四月に後西上皇に献じたものである。この成立及び献上の事情については、すでに名越時正氏の「扶桑拾葉集と徳川光圀の思想」の詳論があるので参照されたい。(8)

なほ、この献上の後、上皇の叡旨を傅へる女房奉書が前権大納言中院通茂に与へられてゐる。未紹介の史料と思はれるので次にかゝげておく。

延宝八年十二月四日の仰せとして、

扶桑拾葉集の事、水戸の宰相へ申つかはされ候間、はやはやとうつし進上候てよくそおもひよられ候てあつめ参候事とゑいかんあさからすわたらせおハしまし候、鶴一つもしん上のよし、かす〳〵御まんそくの御事にていらせおはしまし候。

□此るい之物ハいにしへよりもえらひをきかぬ物にておハしまし候にひろう申へく候へハこれ

又よく心得候て申被レ入候、何も〳〵御心ニてつたへのへ申候。

夕

前源大納言とのへ

そして、十二月五日の日付をもって、通茂より義公に伝へられた。その書状に、

内々申進候扶桑拾葉集一昨三日鵜飼金平被レ致二持参一候幷鶴一羽御献上候、長橋局迄密々進上仕候、其後□祇候処不二大方一御機嫌御事候、御本金平被二出精一見事ニ出来候、外題者不二書付一料帋相副被レ献候故、可レ染二愚筆一之由、即日被二仰下一候

とあり、密々に進上の旨が述べられ、また同日、同じ主旨の書状が、前権大納言日野弘資より義公に送られてゐる。

また『扶桑拾葉集』の題名も上皇より賜はるところのものであり、その上更にこの女房奉書が伝へられてきたことによって義公の本懐もとげられたことであらう。

(3) 勅に応じて詩歌を献上

天和元年、中院通茂が、後西上皇の勅を伝へてきたのに応じて、義公は、詩五十首、和歌三十首を作進した。

(4) 香合の下賜

貞享元年（一六八四）三月六日、平松中納言時康が新院（後西上皇）の使者として江戸に下向した

時、義公に宸翰と共に勅製の「新枕」の香合を伝へた。この事は従来余り知られてゐなかったやうである。

貞享元年甲子三月六日平松中納言時康卿為二新院使一下二向江戸一、同十二日傳レ勅曰、水戸多年心入之程　叡感不レ浅候、遠慮も有レ之故、表向よりハ態　勅仰も無レ之候、此度　院使之次、新ニ勅製之香合壹合、其上に新枕之二字被レ染二宸翰一賜レ之者也、因レ茲新枕之二字を修飾し為二家珍一者也（割注）香合銀ニ而辺々□菊の御紋を嵌セリ。

明暦上皇宸翰

上皇には『正方』と題する薫香に関する御撰があり、その中に「秘中秘方」の項の中に「新枕動方」とあるのは、これと関係のあるものであらう(9)。

これは、義公の忠勤に対する上皇の叡感を示すものであり、ここに上皇との深いつながりのあることを知ることができよう。その裏には、上皇の御境遇に対する深い同情の念があったとも思はれる。

(5)　礼儀類典編纂の勅諚

『礼儀類典』は大日本史と並び義公の一大事業として高く評価されてゐる。類典は朝廷の恒例、臨時の儀式典礼を古記録、日記等より採録して部類記として編纂したものである。

この類典の成立の事情と目的については、すでに時野谷滋氏の「礼儀類典の編纂」といふ詳論があるので、重複をさけ、ここでは特に朝廷との関係を中心に見ていくことにしたい(12)。

その論によれば、霊元天皇の勅諚が下ったのは『大日本史編纂記録』によると、天和二年（一六八二）のことである。

その叡旨は、

部類記之事成就仕候得ハ事之外、朝廷之御重宝ニ成申事ニ御座候間、早々存立部類仕候而献上仕候様ニ

とのことであった。そこで義公は、

勅命之上ハ兎角之思案ニも不レ及、先編集仕候而見可レ申と御請申上候

といふことから編纂が開始されることになった。

義公は幕府の干渉を避ける為、厳秘の中に事業を進め、細部に至るまで自から指示し、一方朝廷は官庫秘蔵の図書を貸与された。礼儀類典の題号も上皇より下賜されたものである。朝廷との間に幾度かの交渉を経て、貞享四年（一六八七）十二月に草稿十五巻、凡例書一巻を奏覧し、譲位後の霊元上皇の添削を乞ひ、その後も野宮定基らの改削を受けながら業を進めた。しかし、元禄十三年（一七〇〇）十二月、完成を目前にして義公は薨じてしまったのである。

やがて、宝永七年（一七一〇）八月、幕命により粛公（綱條）はこれを清書して幕府に献上し、その後、幕府より上皇に献上されたのである。この類典について、藤田幽谷は『修史始末』の中で次の様に述べてゐる。

たとひ当時修史成るを告ぐるも、いづくんぞ其の天子の嘉嘆を蒙ること礼儀類典に如かざるを知らんや。書未だ脱稿ならずして、公世に即く、惜しむに勝ふべけんや（原漢文）
この書の後世に与へたる影響は絶大なものであり、それは朝儀の再興に表はれ、中でも大嘗祭の再興はその一大盛事であった。

（補註）天和二年の勅諚については、ここでは既論に従ひ霊元天皇としてゐるが次章「礼儀類典と大嘗祭の再興」の中で、後西上皇とする考証をした。

(6)　鳳足硯銘の作進

硯銘の作進の勅命は、天和二年秋のことであった。この硯は父帝後水尾上皇の御愛用のものであり、義公はその年の十二月に硯銘幷びに序を作って後西上皇に呈上した。翌年二月になって、上皇より嘉賞の宸翰を賜はった。義公は宸翰の一文「武をそなへ文をかねて絶代の名士なり」を喜こび自分の雅印の関防として終生これを用ひたことは周知のところである。

ところで、後西上皇は何故にこの硯銘を義公に作らしめたのであらうか。或は、上皇は亡き父帝のかたみの品に尊皇の心厚い義公に銘を作らせて御冥福を祈る為であるとも云はれるが果たしてそれだけの理由であったのであらうか。従来それ以上のことは云はれてなかったやうに思はれるが、こゝで少しく検討してみたい。

『常山文集』には硯銘が他に六つほどあり、当時としてはさほど目新しいものではなかった様である。次に考へられるのは、後水尾上皇が、父帝後陽成天皇遺愛の硯を一絲和尚に御製をそへて賜はった事例である。それは、正保のはじめのことで、和尚は近江の永源寺に住してゐた。

その御製は、『後水尾院御集』にあり、また辻善之助博士の『日本文学史Ⅴ』に引用されてゐるので省略する。

それによれば、永源寺の寺の具として書経の功をつまばなどか結縁にならざらんと仰せられてゐることからして、父帝の冥福を祈る為のものと思はれる。しかし、上皇と一絲和尚の関係を考へるとき、それ以上の理由があると思はれる。辻博士の前出書によれば、悲憤の中に譲位を決行された後水尾上皇を、仏法と深き同情と理解とをもってお慰め申し上げ、上皇は和尚に帰依することにより、深く悟るところがあった様である。上皇は和尚が病気と聞かれると侍医を遣はされ、和尚の寂後も厚く追慕された。この様に上皇は絶対の心服を寄せられた和尚に、先帝遺愛の硯を贈り、叡慮を表明されたのであった。

この様に見てくると、後西上皇が義公に父帝後水尾上皇の硯の進作を命ぜられたことは、冥福を祈られるお気持の以上のものがあったやうに思はれる。それでは、天皇は義公に何を表明されようとしたのであらうか。

それを解明する手懸の一つが、前述の『大日本史編纂記録』所収の「口上書」である。この口上書は全十二條より成り、貞享四年に義公が『礼儀類典の献上に際して、今出川内大臣公規に執奏を依頼する為にそれまでの編纂の経過を年代順に要約して述べたものである。

その第一條では「官家之御用」に役立つ為に部類記編纂の志があることを述べ、第二條では、前述の如く、天和二年に勅諚が下ったことを述べ、そして第三條に鳳足硯の銘の作進の勅諚のことを述べ、第四條では硯銘作進に対する叡感を伝へる宸翰を賜はったことを述べてゐるのである。

これは明らかに、儀礼類典と鳳足硯との間に何らかの関連があることを示すものであり、それによって、硯銘作進の勅諚の意味も解明され、同時に類典編纂の意義も明確になるものと思はれる。

義公の作った鳳足硯銘の中に、

斯硯、太上法皇之舊物也。（中略）今上聖主常置二几案間一、晨二夕之一、左二右之一、如レ覲二羹牆一。然　御愛豈在二硯一、叡思在二於孝一耳。（中略）豈非下所謂立レ身行レ道揚二名於後世一者上乎哉。

との文があり、義公は後西上皇の父帝後水尾上皇に対する孝行の志を述べ、上皇の名を後世に揚ぐるをもって孝の終りとすることに言及してゐる。

これによって推察するに、後西上皇は父帝の遺志を継承し、その実現を図らうとされた、その悲願を父帝遺愛の硯銘を作進せしめることによって、義公にもその遺志を伝へようとされたのではなからうか。その悲願とは朝儀復興そのことである。

それを裏付けるものとして、彰考館に蔵される、後水尾上皇の『當時年中行事』がある。現存するものに三種あり、一は、義公の編集になる『続扶桑拾葉集』巻第二十五に収録されるもので、序文はない。二は烈公（九代藩主斉昭）の編集した『八洲文藻』巻第十九に収録されるもので、序文はあるが、冒頭に朱筆で「此序除」とある。その三は、一冊本で序文もあり、朱筆の頭書、頭注、句点、さらに墨筆による頭書、異筆と思はれる加筆、校訂など種々書き入れのあるもので、彰考館の底本と見られるものである。

また、この書には、奥書まで写され、天和元年十二月中旬に左大臣近衛基熙が、後西上皇の許を得て書写した旨が記されてゐる。これによって、この書がすでに義公時代に水戸に伝へられ、とくに尊重、重視されてきたことが推察されよう。

さらに見るならば、礼儀類典編纂の中心的人物であった、安藤為章の『年山紀聞』にある「彰考別館の記」の、

なほもゝしきやふるき大宮の公事ども、年々すたりもてゆくをほいなうおぼして（中略）類聚せさせ給ふ

との一文と、『當時年中行事』の序文の、

御禊大嘗會其外の諸公事も次第に絶えて今はあともなきが如くになれば再興するにたよりなし、何事も見るがうちにかはり行く末の世なれば

の一文とは余りに符節を合せる奇しきさを覚えるのである。

以上のことから、鳳足硯は、類典編纂に際して後水尾上皇の諸公事再興の悲願を義公に伝へるための重要な仲介をなすものであり、後西上皇の真意もここにあったやうに思はれるのである。

(7)　立坊立后儀節の呈上

『礼儀類典』編纂の勅諚が下った天和二年の十二月、参議平時成が、後西上皇の勅を伝へて立坊立后の部類記の作進を命じてきた。義公は早速に、家蔵の『玉海』（玉葉）と『台記』より抄出して、翌三年正月に呈上してゐる。

この部類記が、約三百年間断絶してゐた立太子式を再興するのに大いに参考にされたことは、すでに明らかなことである。[13]

しかし、この儀節の献上の様子や、女房奉書が下賜されたことは余り知られてゐない。前述の『大日本史編纂記録』の中に、これに関する書状がある。天和三年三月、平時成より義公に宛たものである。

正月廿一日之華翰、同廿八日相達、披見欣然候、抑立坊立后之儀節両冊、封儘献上候得者、事之外御機嫌之御事ニ而、於二下官一恐悦存候、則女房奉書候間入二見参一候、恐々謹言

三月廿一日　時成

水戸宰相殿

これにより、両儀節は時成から封をしたまゝ後西上皇の叡覧に備へられたことが知られる。

同時に、女房奉書も義公に示された。

水戸のさい相よりまいり候と之部類記二たつ御めて御かけくれ、かね〳〵御まんそくに覚しめし候、御らんしあはし□候、ゐいかんあさからず、わたらせおはしまし候、立坊立こうなとハ、ひさしくおはしまし候ハぬ事ゆへ、一しほ舊記ともおきふしさ□

猶々今よりいかやうの事、また〳〵おはせいたる□候ハんまゝ、此よしかね〳〵水戸よく御申し聞候て心して申入候事、

ところで、義公に両儀節の献上を命じて来た事情については、『輪池叢書』[14]に、

天和三年立坊記に云、立坊ノ儀式御執行アルベキトノ御沙汰アリ、然レドモ、近世親王宣下ノ儀ノミニテ事スミ、立坊ノ式ハ、崇光院ヨリ至二只今一十四代、二百餘年絶タル事也、故文献不レ足レ徴、諸家共考ラルベキ記ナシ。

とあることにより、察することができよう。

但し、「崇光院ヨリ」「二百餘年」とあるが、後年の研究により実際は長慶天皇の正平二十三年（一三六八）に熙成王（後亀山天皇）の立坊の儀が行はれた記録があるので、断絶したのは、後小松天皇より後西天皇に至る十二代、三百十五年間といふことになる。[15]

この様にして、天和三年二月九日、第五宮朝仁親王の立太子式が再興されたのである。

『霊元天皇御集』に、

二月九日、中絶の立房(坊)の事、此たび御沙汰有しに、節會の儀式よりはしめ、ことのさわりなく
とけおこなはれぬる事を

　　時しありて絶たるをつく此春の

　　　我うれしさは身にあまりぬる

と、その喜びを記されてゐるが、この「絶たるをつく」天皇の志は、「興廢継絶」を理想とする義公に継承されていったやうにも思はれる。

この時期に義公は「光國」を「光圀」と改めるなど、何か重大な転機に当たるものがあった様である。

また、立坊の儀に続いて、同年二月十四日に立后の片節会が行なはれ、女御藤原房子が中宮となった[16]。これにつき『立坊立后記』[17]に、

　東福門院立后ノ節會アリケレドモ、諸式此度ノ如クニハ不レ調、催馬楽ハ、寛永年中、二條行幸ノ時アリケル以後ノ事也、

とあって、後水尾天皇の女御東福門院和子の立后の儀式より荘重に行なはれたことを伝へてゐる。

(8)　その他の例

天和三年(一六八三)十二月、中御門泰福に就き『尚歯會詩』一巻を後西上皇に献じ、また貞享元年(一六八四)十二月にも泰福を通じて『五月雨記』一巻を献じて、勅諭の嘉奨を賜はってゐる。

また、萬葉集を注して『釈萬葉集』を編纂した義公が、元禄十三年（一七〇〇）にその一節を霊元上皇の叡覧に供してゐることは照沼好文氏が「釈萬葉集と徳川光圀の思想」に明らかにされた。

(9) 後西天皇譲位の事情

この譲位に際して、一方では幕府の要請があり、他方では、父帝後水尾上皇のご希望もあったと云はれてゐる。[10]

次にその事情を少しく明らかにしておきたい。『翁草』の「新帝践祚之事」の項に、[11]

此帝即位の後、京江戸其外國々火災多し、殊に伊勢内宮も焼失す。御行跡も不宜上下取さたしければ、御位退給ふべしなど申族も多かりける。寛文二年、洛中夥敷地震、月を踰て止ざりけり、人々皆帝徳の闕たる故なるべしと囂々たり、然ば新造の内裏へは、此帝入御に不及して御譲位然るべからずと武家にも思召けるにや、吉良若狭守上洛し、（中略）明春譲位受禅、明夏御即位と議定す。

とあり、幕府よりの譲位要請の理由を記してゐる。

一方、朝廷の事情は次の様である。先ず、後光明天皇の御希望により、識仁親王を養子とされ、継体の君としたことである。それは、『後光明院御弔記』に、

去年（承応二年）六月廿六日、内裏炎上ヨリ院御所遷幸不二御快一、御治世モ久シカルマシキト思召、仙洞当夏誕生ノ若宮御養子御代継ニタテタク被二思召一之由、仙洞女院エ可レ申と勅諚有

リ

とあることによって知られる。若宮識仁親王は、承応三年五月二十五日降誕したばかりで、天皇はその年の九月二十日、二十二歳の若さで崩ぜられてしまった。そこで皇位継承の問題が起こるのである。

此度崩御アリテ、諸卿勅諚存当り、仙洞女院エ奏レ之、当歳ノ若宮可レ有二践祚一ト僉議アリト雖、当歳ノ宮即位有テ摂政年久シカランモ如何ニ思召セハ、花町殿御貌モ麗シク渡セ玉ヘハ御代継ニ立セ給ヒ、当歳ノ宮御養子十六ニ成セ給時、御位モ譲リ玉ヒ可レ然ト仙洞女院思召、此旨武家エ告知セ可レ申ト板倉周防守ニ御内勅有リ、依レ之江戸エ申上、如レ此相定リ

これによって、識仁親王が十六歳になられるまで、花町殿（良仁親王）が天皇となることに決定したことが知られる。

後西天皇の即位はこの様にして決定された為、初めから十六年後には譲位される予定であった。ところが、『翁草』に記された事情によって、予定よりも六年早く、幕府からの要請によって譲位せざるを得なくなったのである。

天皇の心中には、少なからず隠やかならざるものがあったことが推察されよう。義公が悲運の人に寄せる深い同情の念は他にも例を見ることができるが、度重なる上皇への進献の裏には、同様の気持があったことも充分察することができよう。

なほ後西上皇が、貞享二年二月に崩御された時は、「民間の俗語に聖徳太子の再誕と称し奉る」

（『続史愚抄』）とあり、傑出したお人柄であったことが伺へる。

霊元天皇は、前述の如き事情により、後光明天皇の御養子となり、寛文三年（一六六三）正月二十六日に受禅、四月二十七日即位された。在位二十四年にして、貞享四年（一六八七）三月二十一日譲位、その後しばらく院政をとられ、享保十七年八月六日崩御、七十九歳であった。義公は天皇より二十六歳年上である。

三　大嘗會の再興と礼儀類典

(1)　霊元天皇の譲位について

霊元天皇は、天和四年二月二十三日、譲位の事を仰せ出された。その理由は『基熙公記』によると、[18]

御在位既及㆓廿二年㆒、諸事従㆓武家添意㆒、御再興之事等應㆓天氣㆒（中略）御不徳之間、就㆓彼是永々御在位㆒被㆓憚思召㆒、且又春宮既十歳、當今御例十歳（中略）為㆓吉例㆒、

とあり、その一は在位二十二年の永きに及ぶこと、その二は春宮十歳でご自分の即位の年令と同じであるとの事である。これに対し幕府は、「不㆑遅」として譲位の未だ遅からざることを申して来たので沙汰止みとなった。

そして、二年後の貞享三年三月になって、再び譲位を仰せ出された。その理由として、一つは明年

春宮十三歳になり醍醐天皇の先例があり、二つは、天皇は明年三十四歳で、後水尾天皇譲位の例と同じで吉例であるとの事であった。幕府はこれを了承し、かくて貞享四年三月二十一日譲位されたのである。

左大臣近衛基熙は、譲位の理由を次の様に見てゐる。

かねて、内大臣花山院定誠や権大納言甘露寺方長等の佞臣が権を専らにしてきた。そして天和元年十二月の内宮の炎上以来、多くの臣下が刑を被り、さらに天和四年になると、大納言葉室頼孝が蟄居を命ぜられたが、これら全て佞臣の所存である。これらの事を京都所司代稲葉丹後守正道が次第に察知するところとなった。もしこの事が幕府に知れたら身上の大事となるので、基熙は頻りに譲位を申勘してゐたが、果たしてその通りになったといふのである。(19)

当時、朝廷において、継体の君をめぐって問題が起こった。寛文十一年に、一宮（俗名寛清、済深法親王）が降誕されたが、母である中納言典侍は寵愛を頼んで驕慢の態度があったらしく、実家である大納言小倉実起の亭に蟄居を命ぜられた。

そこで霊元天皇は一宮を不憫に思はれ、継体の君たらしめようとされ、後水尾上皇に談合あって、女御新廣義門院が若宮誕生なき場合は一宮が継体となり、もし若宮誕生があっても俗親王とすることに内定した。

その後、松木前大納言宗條の女に若宮（五宮）が誕生すると、この五宮を継体とし、一宮を出家入寺せしめることになった。それを聞いた一宮は絶望のあまり、食を絶ち自殺まで思ひこまれるほどであり、また祖父小倉実起をはじめ外戚の公卿はこぞってこれに反対したび〳〵諫奏に及んだ。その為、小倉父子三人は佐渡へ流され、外戚の公卿も夫々蟄居を命ぜられた。結局、一宮は天和二年十月二十八日、勧修寺門主の死去の後を継いで、入寺得度した[20]。

そして翌三年二月には五宮（朝仁親王）の立坊となるのである。

この問題をめぐって、公卿の間に対立反目が生じたやうである。基熙は、霊元天皇のこの処置について「末世の叡慮、言語道断」とし、「花山院、千種、難波等の佞臣、朝廷の権をとり、関東の義、種々謀計を構ひ申行か」と厳しく批判してゐる。

ところで、この基熙は系図によると、

○信尋――尚嗣――基熙――家熙――家久

とあり、信尋の孫に当たり、その女は甲府宰相家宣（六代将軍）の夫人であり幕府に親しい間柄にある。天皇はこの基熙に対して一種の危惧の念をもっておられた様で、東山天皇の時、しばらく院政をとられたのもその為であったとも云はれてゐる[21]。

享保十三年（一七二八）に、霊元上皇が京都下御霊社行幸の時に書かれたと思はれる願文がある[22]。

一、朝廷之儀、牢々次第ニ遂日暗然歎敷無レ限、是併私曲邪佞之悪臣執政既重二三代一、恣二己志一之故也、早以二神慮正直之威力一早被レ退二彼邪臣等一、可下守二朝廷復古之儀一給上事

この悪臣とは誰のことかは明らかでなかったが、「執政既重㆓三代㆒」の文よりすると、次の様に見ることができるのではないか。

享保三年の時に、関白の地位にあって、中御門天皇を輔佐してゐたのは、近衛家久である。先の系図で明らかな如く、基熙より丁度三代に当たる。とすれば、「私曲邪佞之悪臣」とは、基熙以下の三代を指し、彼らを神力によって早く除き、朝廷復古の儀を守らしめ給へといふことになる。これは、極めて厳しい批判としなければならない。

また、霊元天皇の『乙夜随筆』に、

一、武蔵野は根本魔所也。太田道灌始テ城を築たる時さまざまの怪異どもありて
おごる者久しからざる世中にと云句をいづくよりともなくいひたるに道灌其ま丶つけて
おごらずとてもおなじ夢の世といひたりければ其後怪異やみたると也

と記し、幕府に対する憎悪とおごる者久しからざるを期待する気持が表はれてゐる。その幕府に親しい関係にあり、幕府の意向に添ひ、後述する大嘗会の再興に反対するなどの態度をとる近衛基熙を快く思はれなかったのは当然であらう。

この様に幕府を厳しく批判され、朝儀再興を強く希望される霊元天皇や後西上皇が、御三家の位置にある水戸義公に対して、これだけ信頼と期待を抱かれたのであるから、義公の朝廷に寄せる態度の如何なるものであったか理解できよう。

この様な事情からすると譲位の理由について、佞臣が朝権を専らにした為に譲位を勧められたとする基煕の説には多少疑問が残るとしなければならない。

ここで、もう一度天皇の朝儀再興の努力の跡をたどってみよう。天和三年には、廃れてゐた立坊を再興し、立后の儀を整へられた。朝儀再興の望みをもたれてゐる天皇が次に再興すべきものは何であったらうか。後水尾天皇が「しかはあれど萬の事猶寛正の頃にだに及ばざるべし」と歎ぜられた「御禊大嘗会」再興ではなかったか。

ところが、この大嘗会ばかりは新帝の即位がなくては行へぬものである。これを再興するには譲位する他に方法はない。ここに譲位のかくされた理由があり、従って、天皇は二度にわたって強く譲位の希望を出されたのではないかと思はれるのである。この事が、当時の関白冬経や左大臣基煕の知り得ないところであったことは、天皇が大嘗会再興を仰せ出された時の驚き様によっても知ることができる。

(2) 貞享の大嘗会再興

かくて、霊元天皇は貞享四年二月二十三日譲位あり、同三月二十一日東山天皇受禅、同四月二十八日即位された。そして上皇は十一月に大嘗会を再興されようとするのである。

この貞享の大嘗会については、従来ほとんど論じたものがないやうであるので、少しその経緯について述べることにする。

この再興に当たって、朝幕間に反対の空気が強かった。以下『基熙公記』による。(23)

抑大嘗會事、去年被レ仰二合関東一之時、諸(所)司代相模守、下行之儀、有無之事、度々窺申之處、雖二一粒一不レ可レ有二無心一之由、被レ仰之間、相模守令レ許二容申入一、関東事済、

大嘗会挙行のことは、霊元天皇の譲位の前年、即ち貞享三年に幕府へ仰せられ、京都所司代土屋相模守政直はその有無を尋ねて来たので、天皇は、一粒といへども幕府に費用の無心をせずに行ふという強い決意を示されたことにより幕府も一旦これを了承した。

當年、即位譲位下行、恒例中、二千七百石、白銀廿貫抜二出之一、為レ被レ用二大嘗會下行一故也、仍被レ減二恒例下行一、諸司困窮、難儀之体也

貞享四年、譲位直後の霊元上皇は、宮廷の費用を節約して、大嘗会の費用に充当しようとされたが、諸司役人等が難儀に及んだといふ。

以二此謂一、従二武家一密々摂政並武家両傳奏迄、大嘗會之儀被レ停條、可レ然歟、恒例下行減少之由尤不レ可レ然、其上大嘗會、断絶大礼御再興之事、於二非法一者神慮之儀有レ恐、異二他公事一被下改レ過停止上之條、可レ叶二関東時儀一之由、及二両三度一申入了云々。

そこで、幕府より内々に停止するよう申し入れがあったので、摂政、伝奏らは再三停止されるよう奏上した。

雖レ然仙洞無二御許容一、摂政、武家傳奏、強不レ加レ諫レ之、今日既及レ卜二定國郡一者也。

しかし、上皇（仙洞）は断じて停止されず、八月二十三日大嘗会国郡卜定に及んだ。基熙は、次の様な感想を述べてゐる。

　知不レ知今度御再興一等不二甘心一、巷説種々歎有レ餘、子細参差難レ記、當時之体不レ及二言語一也。

彼は全く再興に反対して居り、更に、

　大嘗會御再興、先以無益之儀、定而不レ叶二神慮一者歟。

とまで云ひ切ってゐるのである。この様な基熙の朝儀再興反対の態度が、先に述べた下御霊社への願文の如き、上皇の批判となって表はれてくるのである。

　貞享の大嘗会の再興は、摂政、左大臣、武家伝奏などの反対の中で挙行されたのである。本来大嘗会は、即位が七月以前であれば、その年の十一月の卯日に行はれ、辰日（悠紀節会）巳日（主基節会）と午日（豊明節会）と四日にわたるのが例である。従って一代一度の大祭であるので、天皇は前以っての慎みも深く、十月に京の鴨川に行幸ありて御禊《ごけい》を行はれる。これは他の行幸と異なり行列の行装すこぶる美観を極めたといはれる。[24]

　ところが、幕府は御禊河原行幸を承認しなかったので、止むなく、上皇は、九月十二日に、

　　無二御禊一、被レ行二大嘗會一先例無レ之間、可レ為二新嘗會一之由、被二仰出一、

と、御禊なき大嘗会は先例がないので新嘗会とされようとしたが、翌十三日になって、

今度之儀、大嘗之中ヲ略、又新嘗會ヨリハ厳儀ニトノヨシ也

と云ふことになった。

『續史愚抄』の十月二十八日の條に、

有二大嘗會御禊一。有レ議無二河原行幸一。於二御殿一供二御贖物一。

と記し、十一月十六日辛卯には大嘗会が挙行され、翌十七日壬辰の條に、

今夜、兼二辰日豊明等一被レ行二節會一、（辰巳日節會、清暑堂神宴、御遊等省略故也）

とあり、四日間のところを二日間で済ませその略儀の次第を窺ふことができる。

ともかく、この様にして、後水尾上皇が「寛正の頃にだに及ばざるべし」と歎かれた大嘗会は、二百二十一年振りに、霊元上皇の強い意向によって再興されたのである。

しかし、次の中御門天皇の時には、何故か大嘗会は行はれなかった。その中止の理由は、恐らくは、即位のあった宝永六年正月十日、将軍綱吉が薨じ、同年十二月十七日には、東山上皇が崩御されたことによる遠慮からであると思はれる。

次の桜町天皇の時代になると情勢も大きく変化し、将軍には故実に強い関心をもつ吉宗があり、元文三年（一七三八）の大嘗会には、幕府よりその執行を進言し、費用三十八万両を献上するに至ったのである[25]。この結果、この元文の大嘗会は「江次第よりは略にして貞享よりは少しき厳」に行ふことができたのであった[26]。

これ以後、歴代天皇ごとに必ず大嘗会が行はれ、新嘗会は毎年行はれることになったのである。

この大嘗会の再興の先頭に立たれたのが、霊元上皇であり、その陰にあって表裏一体の動きをなしたのが後西上皇（貞享二年二月二十二日崩御）と義公であった。『礼儀類典』等の編纂事業は実にそのやうな役割を果たすことができた。又その再興こそは、後水尾上皇の悲願であり、また霊元天皇の志はその継承にあった。義公はよくその信託に答へることが出来たと言ふべきであらう。

註

（1）和田英松著『皇室御撰之研究』、辻善之助著『聖徳餘光』による。

（2）『當時年中行事』は、列聖全集の御撰集第六所収による。

（3）後水尾天皇の宸翰御訓誡書といはれ、後光明天皇に与へられたものといふ。辻善之助著、『日本文化史Ｖ』にも所収。

（4）『当時年中行事』巻之下に、

一、武家の者のむすめ、堂上のもの、猶子抔になりて御前に参ること、近き頃まで曽てなき事也。新上東門院の頃大概濫觴歟。されどこれらは新上東門院の御ゆかりなれば、御外戚抔いひてもゆるしつべし。当時何の故もなく此類多し。是非なきこと歟

とあり、不満を述べられてゐる。

(5)『乙夜随筆』は、宸筆影写本で佐々木信綱博士の解説があるものによった。
(6)奥野高広著『皇室御経済史の研究』、及び『日本財政経済史料』巻一による。
(7)『大日本史編纂記録』は、現在、京都大学国史研究室に蔵され、かつて、久保田収博士が抄出された。今この抄出ノートによるものである。
(8)名越時正氏著『水戸学の研究』所収。
(9)和田英松著『皇室御撰之研究』による。
(10)肥後和男編『歴代天皇紀』後西天皇の條。
(11)『帝室制度史』第三巻所収による。次の『後光明院御弔記』も同じ。
(12)時野谷滋氏「礼儀類典の編纂」は『大日本史の研究』所収、また『律令封禄制度史の研究』にも収められてゐる。
(13)名越時正氏著『水戸光圀』等。
(14)『帝室制度史』第四巻所収。
(15)前同書。
(16)「臣下を召して宣命を以て仰せ出さるゝ也。饗饌を設けず、依て片節会といふ」(有職故実辞典)。
(17)『故事類苑』帝王部による。
(18)『帝室制度史』第三巻所収。
(19)(20)　前同書第四巻所収。
(21)『歴代天皇紀』東山天皇の條。
(22)『日本国宝全集』二十一輯所収。

(23)『帝室制度史』第四巻、大嘗祭の項。
(24)『有職故實辞典』による。
(25)『徳川實紀』四十八。
(26)『帝室制度史』第四巻所収。

二　礼儀類典と大嘗祭の再興

はじめに

昭和天皇の崩御により、時代は平成の御代と大きく移り代はった。政府は即位式と大嘗祭は来年の秋（平成二年）に挙行されると発表した。

大嘗祭（大嘗会）は上代より即位式とともに代々継承され現代に至ってゐるが、中間に一時中絶した時代が永くあった。

室町時代の寛正七年（文正元年、西暦一四六六）十二月十八日、後土御門天皇の大嘗祭以後、翌年の応仁の乱から始まる戦国の騒乱のために中絶し、それより凡そ二百二十余年後の江戸時代、貞享四年（一六九七）の東山天皇の大嘗祭により再興されるに至ったのであった。

大嘗祭の再興は、後水尾天皇が特に悲願とされたところで、その『當時年中行事』の序に「しかはあれど萬の事猶寛正の頃にだに及ばざるべし。御禊大嘗會其外の諸公事も次第に絶えて、今はあともなきが如くになれば、再興するにたよりなし。」と歎かれたことにより窺ふことができよう。朝廷においては、後水尾天皇の後、その御子である明正、後光明、後西、霊元の四天皇が相次いで位に即かれ、御父天皇の御遺志を継承された。中でも後西、霊元両天皇の御努力により朝儀の再興が進められていった。(1)

時を同じくして水戸義公光圀は「若年之時分」より「本朝之史記」の編集を志し全国より人材を集め、史料を収集してゐた。さらに、古礼を重んじた義公は「史記よりハすぐれ候而官家之御用」に役立つべしとして旧記より恒例・臨時の行事を抜き書き部類分けして部類記、即ち『礼儀類典』の編集を開始してゐたのであった。

ここに朝廷と義公との緊密な結びつきが生まれ、当時の幕府体制のなかにあって、極秘裏に事が運ばれて行ったのであった。

本論では『礼儀類典』の編集の事情を義公と朝廷との関係を追ひながら考察し、併せて『礼儀類典』と大嘗祭の関係を先学の業績に頼りながら明らかにして見たいと思ふ。(2)

一　朝廷と義公との関係について

義公が朝廷と交渉を開始した延宝年間の頃は、霊元天皇の御代であったが、上皇には、後水尾上皇、明正上皇、そして、後西上皇の三上皇がをられた。これより義公は元禄十三年に薨去するまで度々朝廷との交渉をもたれたが、後世に於いてこの間、ともすると後西上皇と霊元天皇とを混同してゐた様子が見られた。この問題は『礼儀類典』の編集との関はりもあるので、この点に留意しながらそれぞれの具体的な事項について、少しく検討を加へることから始めることにしたい。

（一）延宝二年（一六七四）十二月、後西上皇の勅題「雪朝遠望」に応じて、翌三年正月律詩三首を虎林に寄せて献上した。（『桃源遺事』・『常山文集』・『水戸紀年』）[3]

（二）延宝六年（一六七八）正月、後西上皇より『扶桑拾葉集』の勅題を賜り勅撰に準ぜらる。（『桃源遺事』・『水戸紀年』）

（三）延宝七年二月、霊元天皇痘瘡の御見舞ひの使者を派遣。（『水戸紀年』）

（四）延宝八年、『扶桑拾葉集』を後西上皇に献上。（『桃源遺事』・『常山文集』）

「上二扶桑拾葉集一表」の中で義公は、

恭く惟みるに、太上皇帝陛下、聖慮淵深、英才天縦、徳萬世に輝り、澤四維を濡ほす。思を風雲に凝し、深く志磯島之道に造り、徙を宮闕に脱し、静かに藐故射之山に遊ぶ。性情を図書に怡ばしめ、妍媸を冰鑑に辨へ玉ふ。臣幸ひに聖主に遇し、つつしみて微編を献ず、（中略）名を扶桑拾葉集と賜る。積年の素望、一旦にして伸ぶるを獲たり。

と書して、後西上皇の聖徳と天皇の御位を脱した閑静な御境地にあって文物に親しまれて居られる上皇の御様子、さらに義公が後西上皇に遇せられ、遂に勅題を賜るに至った感激についてのべてゐる。この上皇の御地位の認識については後述する所と関係があるので注意しておきたい。

(五) 延宝八年(一六八〇)八月十九日、後水尾上皇崩御。八十五歳。

上皇は寛永六年に譲位されたあと明正天皇及び後光明天皇の慶安二年頃まで、また後西上皇の後を継いだ霊元天皇の寛文三年から同九年頃までの間、院政を行なって居られた。なほ、慶安四年に御落飾(出家)して法王となられた。(『続史愚抄』)

(六) 天和元年(一六八一)中院前大納言源通茂、後西上皇の勅を伝へ、詩・和歌を献上。(『桃源遺事』・『水戸紀年』)

(七) 天和二年(一六八二)、部類記(『礼儀類典』)編纂の意図を上聞に達す。

「口上之覚」の第二条に「右被レ申候部類記之事、水戸編集仕度志有レ之由物語仕候処、兵部少輔殿於二御前一内々被レ達二叡聞一候由」とあり、従来この上聞は霊元天皇に対して行はれたとされてゐるが、この問題については後で検討を加へることにしたい。[5]

(八) 天和二年十二月、土御門兵部少輔、後西上皇の詔を伝へて、後水尾上皇の遺品「鳳足硯」の「銘并序」を作進せしむ。(『桃源遺事』・『水戸紀年』)

その「銘并序」の中で、

今上聖主、常に几案の間に置き、之に晨夕し、之を左右し、羹牆を覩るが如し。然るに御愛一硯に在んや。臣聞く孝理上に行れ、徳教下に加り、萬邦靡然として風に嚮ひ

と書して、硯を通して御父後水尾上皇への孝行を表し、その遺志を継承するところに意味を含ませてゐる。

（九）天和二年十二月、西洞院宰相平時成、後西上皇の詔を伝へ、翌三年正月、立坊・立后儀節を献上せしむ。後西上皇より女房奉書を賜る。（『桃源遺事』・『水戸紀年』）

『水戸義公公卿御用留』天和三年正月二十一日付、西洞院宰相宛に「則立坊立后之儀節、両冊貴卿迄致二　献上一之候、宜レ預二御執　奏一候」とあり、同じく、四月二日付、に「抑立坊立后之部類記二冊致二献上一候所、則被レ備二　天覧一　叡感之上、女房奉書頂戴之、難レ有仕合奉レ存候、偏貴卿御執奏故と忝存候」とあり、さらに、三月二十一日付には「立坊立后之儀節両冊、封儘　献上候得者、事之外御機嫌之御事ニ而」と献上の様子が報告された事を記してゐる。その結果として立坊・立后の儀式が再興されたのである。(5)

ここで「執奏」・「天覧」といふ用語が後西上皇に対して用ひられゐることに注意しておきたい。

（十）天和三年（一六八三）二月、立坊（三百三十六年目）・立后（六十年目）を再興。（『続史愚抄』）(6)

(十一) 天和三年二月、御硯の銘につき後西上皇から宸翰を賜る。義公、御文言の中の備武兼文絶代名士の御句を印文にする。(『桃源遺事』・『水戸紀年』)

(十二) 天和三年四月十六日、霊元天皇、後西上皇から、古今集御伝授を授けらる。『続史愚抄』に「主上(御年三十一)古今和歌集御傳授有り。新院内裏に幸し、之を授け奉らる。即還幸さる。」(原漢文、以下同)この時、新院後西上皇、四十七歳。『水戸義公公卿御用留』天和三年五月七日、土御門兵部少輔宛書簡に「猶以古今御傳授ニ付而御用繁候処、被レ掛二御心一、」とあるのは、この事をいふのであらう。同時に義公の所にはこの様な連絡が逐一入ってゐたことも知ることができる。

なほ、これにより後西上皇の学問伝統の護持に掛けられる熱意と朝廷における霊元天皇と上皇の御関係も併せて窺ふことができよう。

(十三) 天和三年十二月、土御門兵部少輔に就て尚歯会詩一軸献上。同じく貞享元年十二月六日、五月雨記を献上。(『水戸紀年』)『水戸義公公卿御用留』貞享元年十二月六日付、土御門兵部少輔并びに平松前中納言宛書簡に「五月雨之記一巻年来所持仕候、此度記中諸般之器一副、別紙目録之通相調申、萬一 御慰ニモ成可レ申哉ト足下迄懸二御目一候、御内見被レ成候而不レ苦思召候ハ御献上頼入申候」とあり、『五月雨之記』及びその記中に掲載されてゐる図から調整した器物を添へて献上したことを記してゐる。

平松前中納言宛の書簡には、土御門兵部少輔の案文の「主上玉体」を「新院御所」、「被成御座」を闕字とし「被成　御座」、「足下」を「貴卿」と直すやうに指示がある。これには献上の相手は明示されてゐないが、平松前中納言平時量（五十八歳）は、当時、新院伝奏であり、また、文面中「萬一　御慰ニモ」とあることなどから共に新院である後西上皇に差し出されたものであることが知られる。(7)

ここでも書簡中に「玉体」・「御執奏」・「主上玉体」・「天覧」とあるものは、いずれも後西上皇を申し上げる用語として使用してゐることに注意しておく必要がある。

（十四）　貞享二年（一六八五）二月二十二日、後西上皇崩御（四十九歳）。

『続史愚抄』に「此日午剋、新院（諱良仁。御年四十九。）崩ず。「凝華洞に於いて也。民間の俗語に聖徳太子の再誕と称し奉る。御年及び崩日同じといふ。）」とあり、当時、後西上皇の徳の高いこと聖徳太子に比されてゐたことは注目すべきことである。

義公は後西上皇の崩御の報せを聞いて、

後西院の帝かくれさせ給ひけるとき

春雨かみとりのほらの内外まてそそきあまれる我なみた哉

立のほる霞あとなき雲のうへにそらやかたみの春風そ吹く

の弔歌二首を捧げてゐる。(『常山詠草』)

(十五) 貞享三年(一六八六)閏三月十日、霊元天皇、譲位決意、次いで新帝の大嘗祭執行を表明される。併せて、先例故実の勘考を命ぜらる。

『続史愚抄』に「十日甲午、春宮御元服、御譲位即位等、来年為る可く治定す。」とあり、『季連宿称記』貞享三年十二月二十五日の条には、「両局同道して関白殿(一条殿)に参る、綾小路前中納言、庭田中納言、祭主三品(吉田)兼連朝臣、伯雅元王等祇候す、仰せ出されて云ふ、明年大嘗會を行はらるべし、各々其の意を得るべしと云々、久しく断絶殊に重事たるの間、両局に於いては諸司調進能々僉鑿を遂ぐべしと云々、畏れ入る由答へ申し了んぬ、庭田中納言、大嘗會傳奏と為すと云々」とあり、一条関白藤原冬経の命令により庭田中納言源重條を中心として先例故実の勘考が行はれたことが知られる。

なほ、この先例故実の勘考と『礼儀類典』との関係については後で触れたい。

(十六) 貞享三年閏三月十三日、部類記編集の総裁、山県元纜(源七)自殺。

(十七) 貞享三年夏、草稿を全廃、新たに安藤抱琴(為実)を総裁とし、城中に彰考別館を置き、『礼儀類典』の再編集を開始。(「口上之覚」・「彰考別館の記」)

(十八) 貞享四年(一六八七)三月二十一日。霊元天皇御譲位。

この御譲位の理由については、大嘗祭の再興のためであることを前章で述べた。(8)

（十九）　貞享四年三月二十一日、東山天皇受禅（十三歳）。同年四月二十八日、即位。

（二十）　貞享四年八月。義公、佐藤有慶を上京させ、今出川前内大臣に、『礼儀類典』に関して、霊元上皇への執奏を依頼。九月執奏。（「口上之覚」・「今出川前内大臣宛の書簡」）此の「口上之覚」が書かれた理由とその意味する所については後で検討したい。

（二十一）　貞享四年十一月。大嘗会再興。（寛正七年以来二百二十一年目）

（二十二）　貞享四年十二月。『礼儀類典』草稿を、今出川前内大臣に送り、執奏を依頼し霊元上皇の改削を願ふ。（「今出川前内大臣宛書簡」）

（二十三）　元禄三年（一六九〇）十月十四日、義公、致仕。（六十三歳）。

（二十四）　元禄七年『釈萬葉集』巻一、凡例一冊を霊元上皇に献上。（『水戸紀年』）

（二十五）　元禄十三年十二月六日、義公、薨去。七十三歳。義公と諡。

（二十六）　宝永七年（一七一〇）八月二十一日、『礼儀類典』を幕府に献上。（『水戸紀年』）

（二十七）　享保七年（一七二二）三月二十九日）、『礼儀類典』を霊元上皇に献上。『水戸紀年』に「礼儀類典を法王御所ニ献セラル、序ノ大将軍幕下ノ五字ヲ削ルヘキ旨　仰アリ」とある。この序の「大将軍幕下」のことは「年山紀聞」にある序にはこの五字が見られるが、内閣文庫にある献上本にはこの五字が確かに削除されてゐる。

（二十八）　享保十七年（一七三二）八月六日、霊元上皇崩御。七十九歳。

（二十九）享保十九年（一七三二）十月十六日、『礼儀類典』を幕府に献上、幕府これを中御門天皇に献上。（『水戸紀年』）

以上の如く、義公と朝廷の主な関係について概観してきたが、その中でいくつかの検討すべき点を指摘してきた。次にそれらの問題について触れてみたいと思ふ。

二 「口上之覚」についての二つの問題点

第一章で検討してきたごとく、延宝二年十二月の後西上皇の勅題に応じて詩を献上して以来、貞享二年二月に上皇が崩御されるまで、義公と朝廷との関はりは後西上皇が中心であった。このやうな状況の中で、天和二年の部類記（礼儀類典）の上聞だけが果たして霊元天皇であったのかといふ疑問が生じるのである。

さらには此の「口上之覚」はなぜ書かれ、またその意味するものは何かといふ問題が出てきた。

次に、これらの二点について少しく検討を加えて行きたい。

(一) 天和二年の上聞について

この問題は前章の（七）の所で指摘しておいた所であるが、貞享四年八月に佐藤有慶が上京したと

き持参した「口上之覚」の第二条に、

　六年以前戌年、家来山県源七と申者用事有レ之、京都へ為二差上一申候処、源七、土御門兵部少輔殿へ参会仕、右被レ申候部類記之事、水戸編集仕度志有レ之由物語仕候処、兵部少輔殿於二御内々一被レ達二叡聞一候由、部類記之事成就仕候ハ事之外　朝廷之御重宝ニ成申事ニ御座候間、早々存立部類仕候而献上仕候様ニと　天気ニ御座候由、兵部少輔殿源七へ被二申聞一候間、右之勅諚謹而承申、兼以不二存寄一義、力可二及申一事ニて無二御座一候得共、勅命之上ハ兎角之思案ニも不レ及、先編集仕候而見可レ申と御請申上候事。

とあり、「六年以前戌年」とは天和二年をさしてゐる。また、第十二条には、

　少々編集仕候分為二指上一可レ申候間、秘々ニ被レ備二御覧一何とそ　叡慮も御座候ハ、被二仰聞一被レ下候様ニ仕度候、折角編集仕候而も　天気ニ合不レ申候へハ無レ詮事ニ御座候間、兼而伺置申度候

とあり、この条は貞享四年の時のことである。この中の「叡聞」「天気」「勅諚」「勅命」という用語は当然のことながら「天皇」に関はる意味を持つものであるから、天和二年の「上聞」は霊元天皇の事と判断し、また、その関係から第十二条の「上聞」も同一の御方として霊元上皇であると見なしてきた。

　しかし、「天気」が時の天皇に限定されるものとすると、天和二年は霊元天皇であるが、第十二条

の貞享四年八月は東山天皇でなければならない。東山天皇は貞享四年三月に受禅されたが、当時十三歳であり、さらに元禄六年十一月まで霊元上皇による院政の時期でもあり部類記編集の天皇への執奏は有り得ないと考へられるから、従来の説のやうに霊元上皇といふことにならう。そうすると上記の「天気」「勅諚」等の用語は「天皇」にのみ限定されるものとは言へなくなり、逆に天和二年の「上聞」も霊元天皇とは限らないといふことにもならう。すでに、第一章（九）の「立坊・立后儀節」の献上の所などでも触れたやうに、義公の書簡の中では、特に天皇と上皇との間に用語の区別が見られない。とすれば、その時の状況によって判断するほかはない。そこが明治以後との違ひである。

この判断の資料として、第一章で義公と朝廷との関係について検討しておいた。

さらに、この疑問を解決する手段として、朝廷との執奏の役を担った土御門兵部少輔との関係をその書簡を通して検討していくことにしたい。

初めに土御門兵部少輔安陪泰福《やすとみ》について概略を紹介しておきたい。

泰福（一六五五〜一七一七）は陰陽家・神道家とされてゐる土御門家に明暦元年六月二十日に生まれ、延宝八年七月十六日、従五位下、同二十一日に兵部少輔となる。

泰福は山崎闇斎の門に学び垂加神道を家伝の陰陽道に取り入れ、神道として土御門神道を大成し、その行事儀礼は支配下の陰陽師を通して全国的にひろまった。

義公と泰福との関係の契機については、同じく山崎闇斎の門に学んだ鵜飼錬斎（金平）との関はりがあったことは推測できる。錬斎は延宝六年十月朔日、義公に仕へ、延宝八年と翌天和元年とに京都に駐在し、史料の探訪に活動してゐた。そして、この翌年の二年十二月に泰福を通して鳳足硯の銘を作進すべしとの後西上皇の勅諚がもたらされたのであった。これから見れば、おそらくは延宝八年から天和元年の間、錬斎が在京中に泰福と会し、勤皇の心を抱く義公について語り、泰福もまたその心に感じ、ついに後西上皇への執奏といふことになったのではなからうか[9]。

ところで、『水戸義公公卿御用留』には、土御門兵部少輔宛の書簡は、天和二年七月二十三日から元禄十年六月十日まで五十四通ほどある。

土御門兵部少輔宛の書簡の中、特に関係する天和三年のものについて検討してみよう。

①天和三年十一月十七日付、

御来府之節物語申候儀、被レ達二天聴一被レ下候旨、冥加至極、難レ有仕合奉レ存候、委細は重而家来山県源七郎迄可レ被二仰越一之由、

天和二年に土御門兵部少輔が部類記編集の事を上聞に達したあと、翌三年九月に江戸下向し、同月二十五日、幕府より諸国陰陽師に関する御朱印を賜はるが、この時、義公と会ひ編集の事を天聴に達したことの報告を受けた事を指すのであらう。その後の委細については山県源七に託したとの報せを受けたことが分かる。この書簡では「天聞」に達した相手は不明であるが、次の書簡によって明らかになる。

②同年十二月十二日付、

光圀事於二　御前一御沙汰之趣、誠以相適冥加、不レ堪二大幸至一候、記録共類聚之儀、早遂編集仕度候へ共、大儀繁多故、成功可レ及二遅延一存事ニ候、然者御在江戸中面談候通、尚歯會之一軸并鶴一隻此度足下迄進之置候、以二御料簡一可レ然様ニ奉レ仰事に候

「口上之覚」第二条にもあるやうに、早々に編集して献上せよとの勅諚であったが、「大儀繁多故」に編集が遅れる旨を申し伝へると共に尚歯會之一軸并鶴一隻を献上する旨を申しおくった書簡である。「尚歯會之一軸」については、前述の（十二）に述べた如く、後西上皇の御事に関するものと考へられるので、ここでの「記録共類聚之儀」も同様に後西上皇の御事と判断できる。従って天和二年の部類記編集の意向を土御門兵部少輔より上聞に達した御相手は同様に後西上皇であったと考へてほぼ誤りはないであらう。

さて、これまでの検討の結果から、「口上之覚」の第二条でいふ「叡聞」と「天気」といふのは、後西上皇を申し上げ、同第十二条での「叡慮」と「天気」は、霊元上皇を申し上げることとなる。

さらに、これより考へれば従来、義公が執奏を依頼し、交渉をもたれたのは、いずれも上皇であって、天皇ではないといふ事がいへよう。

そもそも、天皇の御日常は『礼儀類典』の目次にもあるやうに、数多くの「恒例」及び「臨時」の儀式があり、また、天皇としての公式の業務があり御多忙の日々である。それらの御事情を知り尽く

してゐる義公としては、いかに朝廷のお役に立つ部類記とはいへ、天皇に一々執奏を依頼し、添削を乞ひ奉ることは慎みの上から遠慮されたのではなからうか。

さらには、朝廷には関白・左右大臣をはじめ多くの朝臣があり、また武家伝奏や京都所司代などの幕府に通じる機構もあり、いかに内々密々にとはいへ、度々の執奏と天皇の叡慮を伝へ、女房奉書を下されることが人の目につき、延ひては幕府の知る所とならない筈はない。

以上の事などからして、前章の（四）の「扶桑拾葉集」の上表に義公自身が述べてゐるやうに公務からも開放されて「静かに藐姑射之山に遊」び、「性情を図書に擡ばしめ」て居られる上皇に執奏を依頼して叡慮を窺ふと共に、「万一御慰」にもと折りに触れて詩・和歌・種々の土産物を献上されたものと思はれるのである。

㈡　「口上之覚」の書かれた理由及びその意義

すでに考察したやうに、天和二年の上聞は後西上皇になされ、それ以後も後西上皇との関係を持たれてきたことを前提にして次の問題に進みたいと思ふ。

先づ、貞享四年に今出川前内大臣に執奏を依頼した理由について検討しておきたい。

はじめに「口上之覚」の内容について検討してみよう。本文は十二条のかなり長文のものであるが、要約すると次のやうなことが書かれてゐる。（全文・参考史料に掲ぐ）

第一条、義公は諸名記の内、臨時恒例の公事を部類して編集すれば、官家の御用に役立つものと考へてゐた。

第二条、天和二年にこの旨が土御門兵部少輔より後西上皇の上聞に達し、早々に献上するようにとの勅諚が下った。

第三条、天和二年の冬（十二月）後水尾上皇の遺品、鳳足硯の銘を作進せよとの勅諚が下り、早速に作進して奉った。

第四条、天和三年の春（二月）硯銘の御褒美として、後西上皇より和歌と序を賜った。

第五条、天和三年の秋（九月）土御門兵部少輔より再び部類記編集せよとの叡慮が伝へられた。

第六条、山県源七を総裁として万事を打ち捨てて部類記編集に取り掛かった。

第七条、貞享三年春、源七が自殺した。また、これまで編集した分は、「水戸存念」と相違してゐたので、全部反故にし、改めて編集を始めた。

第八条、部類記は大分のものとなる見込みであるが、勅命厳重の上は三四年の内に完成させたい。

第九条、土御門兵部少輔一人だけに執奏を依頼してゐては、幕府の目もあるので遠慮しなければならない。身分も低いので体裁も宜しくない。

第十条、内大臣今出川公規公は水戸家とも由緒もあり、身分も高く、是非とも執奏をお願ひしたい。

第十一条、今まで土御門殿を取次にお願ひしてきたので、今後は今出川公に相談するようにと土御

　門殿に申し伝へた。

第十二条、執奏をお願ひ出来るならば、少しく編集した分を差し上げるので、内密に霊元上皇に御覧戴いて叡慮の程をお聞かせ戴きたい。叡慮に添はなければ意義がないと考へてゐる。

以上がその概要であるが、この中で第一条から第八条まではそれまでの経過について述べたものであり、第九条から第十二条までは今出川前内大臣に執奏を依頼する内容のものである。

このやうな内容の「口上之覚」が書かれた理由はどこにあったのであらうか。

そこで、貞享四年前後の状況を書簡により検討していきたい。

この「口上之覚」が書かれた後、貞享四年九月九日付の今出川前内大臣宛書簡に、

然者先月佐藤有慶上京仕候時分、下官願之一件申上候処ニ委細被二聞召届一、御領□《（ムシ）》之段、本望之至候、

とあることにより、霊元上皇への執奏が順調に行はれたことが知られるのである。

次いで、十二月七日付で土御門兵部少輔と今出川前内大臣に改めて「記録草稿」を送付して執奏を依頼する書簡を出すのである。

今出川前内大臣宛の書簡はかなりの長文であるので省略するが、

この書簡の内容は次の五点に要約することが出来よう。①内々に申し上げてあった記録草稿を送付したので、土御門兵部少輔と相談の上、霊元上皇に執奏して戴きたい。②御家門（今出川前内大臣）

に秘密にするわけではないが、謹慎のため上皇の御前で開封されたい。③上皇の御意向「天気」に合はなければ編集の意味がないので、どのやうにでも御改削をお願ひしたい。④勅命を以て題号を付けて戴きたい。⑤部類記に採用の諸記録は目録の通りであるが、漏れてゐる分については上皇の御威光を以て蒐集補充して完全なものにしたい。⑥この事は完成する迄は、関東（幕府）に遠慮もあるので、決して他に洩らさないで欲しい。

これ等を義公自身が案文を起草し、厳封して送付してゐる。

また、同日付の土御門兵部少輔宛書簡には、記録草稿の送付と今出川前内大臣に相談して取り計らふ件について申し送ってゐる。これにより霊元上皇への執奏は土御門兵部少輔より今出川前内大臣に役割が交代して引き継がれたことが明らかである。

その年の暮れの内に「旧記草稿」が霊元上皇の叡覧に備へられたことが、翌貞享五年（九月三十日改元・元禄）正月十日付の今出川前内大臣宛の書簡により知られる。

これによれば、①上皇の御前において開封されたこと、②上皇のお褒めがあったこと、③題号については、完成までには期間があらうから、その内に下賜されるといふこと、④朝廷にある御記録五部貸し出されるであらうこと、⑤部類記引用書籍の年月并びに冊数書上げを御覧の上、不足分については貸し出されること、⑥朝廷の官庫にない書籍については献上いたすやうにとのこと、などの御返事があったことを記してゐる。

これ以後、④の官庫の書籍の許借のこと、⑤不足分の書籍のこと、⑥の献上本のことなどが、順調に進められていったことが、その後の書簡から逐一確認することができる。

以上のことからして「口上之覚」の書かれた理由とその意味するところは次のやうに考へる事が出来はしないだらうか。

第一に、その背景には貞享二年二月二十二日に後西上皇が崩御されたことにより、部類記編集についての叡慮を伺ふことが出来なくなったため、所謂「天気」に合ふかどうかについての判断が出来ない状況にあった。

第二は、その後貞享四年三月二十一日に霊元天皇（三十四歳）が御譲位され、新院の上皇となられたことにより、同じく後水尾天皇の皇子であり、後西上皇の弟君でもある霊元上皇に引き続き部類記編集についての叡慮を窺ふことにした。

第三に、部類記編集のことは、土御門兵部少輔以外の公卿には内密にしてきたため、今出川前内大臣に執奏を依頼するに当たって、従来の経過について後西上皇と土御門兵部少輔との関係を併せて説明する必要があった。従ってこの中には西洞院宰相平時成の執奏に関はる「立坊・立后儀節」の部類記の献上については触れられてゐないのである。

第四は、部類記編集もかなり進行してきたため、以前に後西上皇から「扶桑拾葉集」の勅題が下賜されたやうに、今回も霊元上皇から題号の下賜をお願ひする必要が生じてきた事情があった。

推測の域を出ない所もあるが、「口上之覚」が書かれた理由について以上のやうに考へてみた。

三　貞享四年の大嘗祭の再興と礼儀類典との関係

(一)　貞享の大嘗祭再興の事情

寛正以来二百二十一年間も中絶してゐた大嘗祭が霊元上皇によって再興された事情については、すでにいくつかの論著もあり、前章でも述べてゐるので概略について触れておくことにする。

貞享四年の大嘗会はおほよそ次のやうであった。

八月二十三日、国郡卜定。悠紀近江滋賀郡、主基丹波桑田郡。

十月二十八日、大嘗会御禊。（河原行幸は行はれず、清涼殿に於いて行はれた。）

十一月六日、大嘗会由奉幣使を三社に発遣。（伊勢神宮・石清水八幡宮・加茂神社）

十一月十六日、大嘗会。『続史愚抄』によるとその概要は次のやうであった。

天皇、廻立殿に行幸。（官庁無きにより清涼殿より出御）御湯殿有り、御祭服を着御。悠紀殿に御し、神饌御供進有り。後、廻立殿に還御。次に主基殿に御し、初めの如し。次に還宮。此日、新院（霊元上皇）内裏に幸す。公卿今出川前内大臣公規已下供奉。即還御。同十七日、解斎御粥を供す。

天皇、出御無し。夜、辰日豊明等を兼ねて節会を行はせらる。天皇、出御有り。中臣寿詞を奉する後入御。内弁内大臣家熙已下八人参仕。此日、新院又内裏に幸す。

これについて、『続史愚抄』の註記に「文正後中絶再興。但毎事有㆓省略㆒者」とあるやうに、文正（寛正）後二百二十一年振りの再興ではあるが、貞享の大嘗会においては、諸事に省略されたところがあり、大嘗会の調度の一つである「稲春《いねつき》風俗屏風等和歌」と悠紀《ゆき》・主基《すき》に立てる「標山《しるしのやま》を引く」などのことが省略され、また辰日・巳日節会と午日豊明節会の三日間を一日で行ふなど万事簡略化されたものとなった。

これは大嘗会の再興に幕府が極めて消極的であったことが背景にあり、それを霊元上皇の強い御希望により決行しようとされたため、幕府からの費用の援助を求めず即位式などの費用を節約して大嘗会に当てる必要があったこと等の事情によるためであった。

(二)　大嘗祭の再興と『礼儀類典』

かつて天和三年正月に義公は後西上皇の勅命により「立坊・立后儀節」を献上した。そして翌二月九日に立坊、次いで二月十四日に立后がそれぞれ再興された。

ところが、貞享四年の大嘗祭の再興に際しては、大嘗祭に関する儀節・部類記の献上の勅命があったといふ記録が見当たらない。

すでに述べたやうに、大嘗祭は寛正以来の再興となる朝廷の臨時の大祀であり、朝廷においても庭田重條らの朝臣に先例故実の勘考を厳命されてゐる。

水戸では部類記の編集が行はれてゐたにも関はらず、何故にこの部類記献上の勅命がなかったのであるのか、かねて疑問に思ってゐたところであった。

しかし、既述の考察により、概ね次のやうに理解が出来るのではなからうか。

第一は、部類記の編集は内密に行はれて来たため、朝廷では後西上皇及び一部の近臣しか知らず、また執奏に当たった土御門兵部少輔も義公の意向を受けて他言を憚り秘密にしてゐた。大嘗祭再興の発意があった貞享四年には後西上皇は既に二年前の貞享二年二月二十二日に崩御されてゐたので、後西上皇からの部類記献上の勅諚が下らなかったのは当然のことであった。

第二は、大嘗祭の再興の御理想は御父後水尾天皇以来のものであり、霊元天皇も以前より御希望を抱かれてをられたに相違ないが、それを関白より表明されたのは貞享四年十二月になってからであった。しかし、当時、水戸での部類記編集の様子が霊元天皇の叡聞には達してゐなかった為に勅諚が下らなかったものと推測される。仮に天和二年以来の部類記編集の事情を御承知であれば、当然何らかの勅命があったものと思はれるのである。

第三は、部類記の編集がある程度進んでをり、大嘗祭の再興に役立つものとなってゐたならば、義公から何らかの方法で献上の機会があった筈である。十二月七日付の今出川前内大臣宛の書簡にあるやうに、「草稿十五巻、凡例書目一巻」程度では如何んともしがたかったのであらう。

ここで、第一と第二の問題は既に検討し解決してゐると思はれるので、第三の事情について検討を加へてみたいと思ふ。

ところで『礼儀類典』の「臨時」の部「大嘗会」全十九巻の中に引用されてゐる旧記は次の二十七記である。

『小右記』『師記』『百錬抄』『中右記』『台記』『同別記』『兵範記』『愚昧記』『同別記』『玉海』『山槐記』『吉記』『自暦記』『平戸記』『萬一記』『実躬記』『長基卿記』『後山本左府記』『後深心院関白記』『薩戒記』『康富記』『業資王記』『玉蕊』『三長記』『仲資王記』『明月記』『園太暦』

貞享四年を基準にして『水戸義公公卿御用留』の記録の中から旧記の蒐集状況を探ってみると次のやうなことがわかる。

『兵範記』・『明月記』は欠本があったものと思はれ、『小右記』は元禄二年に全部の寄贈を受けてゐる所をみると欠本か、或ひは校合の必要があったものと思はれる。『台記』并に『別記』は貞享五年に霊元上皇に献上してゐることからして校合が済んだものと思はれ、また、『山槐記』・『園太暦』はある程度校合も終了してゐたものと思はれる。

中でも貞享四年十月八日付、冷泉中将宛書簡に、書籍の借覧を申入れた文面に「時節も御座候は何とぞ披見仕、大望此事ニ御座候」とあるのは大嘗会の再興を目前にした義公の切実な気持ちが表れたものと見ることができるのではなからうか。その年の十二月に記録草稿十五巻、凡例目録一巻を今出川前内大臣に差し上げ執奏を依頼したが、翌貞享五年からは官庫不足分の書籍の献上、また官庫の書籍の許借など元禄五年にかけて旧記の蒐集が急速に進展した様子が窺へる。

以上の『礼儀類典』大嘗会の条についての考察の一例からすると、『礼儀類典』の出典となるべき旧記はある程度は整備されてはゐたであらうが、最終的には朝廷の官庫の秘書の借覧を待って始めて完全なものとなったものと思はれるのである。

従って貞享四年の大嘗会の時には『礼儀類典』は直接的には関はりが無かったものと思はれる。

しかし、その後、霊元上皇より『礼儀類典』と勅題を賜はり、宝永七年（一七一〇）八月二十一日には幕府に献上し、次いで朝廷にも献上した。さらに、享保七年（一七二二）にはさらに手を加へて霊元上皇に献上し、同十九年（一七三四）十月十六日には幕府の命により献上し、さらに幕府より中御門天皇に献上された。

そして、五十年後の元文三年（一七三八）十一月十九日に行はれた桜町天皇の大嘗祭の時には幕府の積極的な財政面からの援助もあり、『礼儀類典』による詳細な先例故事の記録により嘗ての王朝の盛時に復したものにすることが出来た。

このやうな幕府を始めとする時代の風潮を大きく変化させていった背景には義公による『礼儀類典』編集の努力の結果があったからであらう。

をはりに

大嘗祭の斎行を明年（平成二年）に控えて、大嘗祭に関する著書、論文が種々出版される中で、一方では政教分離の問題と絡んで政治や憲法の論議を巻き起こしてゐる。

そのやうな中で本論は、今より二百二年まえに、二百二十一年振りに大嘗祭が再興されるに至った歴史的状況について考察を加へてきた。

さらには、ひとたび中絶した大嘗祭を再興することが如何に困難なものであったかを、義公の『礼儀類典』の編集事業を通して考へることが出来たと思ふのである。

義公の業績については多くの先達の研究があり、殆ど研究し尽くされた観を呈してゐるが、その前提に立って少しく気付いた点について以上のやうな考察を加へて見た次第である。

（補）小論執筆後、名越時正氏が「徳川光圀と京都―その生涯を貫く理想―」を発表されてゐるので参照されたい。（平成六年『藝林』第四十三巻第一号、第二号）又「水戸義公編『礼儀類典』解説書」で所功氏が、その成立について述べてゐる。（平成三年三月、雄松堂フィルム出版）

註

（1）「當時年中行事」は『烈聖全集』所収。
（2）時野谷滋博士『律令封禄制度の研究』所収、文献篇、「礼儀類典」。同「礼儀類典の意義」、『水戸史学』第九号所収。
三木正太郎氏「近代に於ける大嘗祭」、『大嘗祭の研究』所収。
武部敏夫氏「貞享度大嘗祭の再興について」、『書陵部紀要第四号』所収。
（3）「桃源遺事」は『水戸義公伝記逸話集』所収。「常山文集」は『水戸義公全集』所収。『水戸紀年』は『茨城県史料・近世政治編』所収。
（4）「口上之覚」は時野谷滋博士により初めて紹介された。
（5）『水戸義公公卿御用留』は『水戸義公全集』所収。
（6）『続史愚抄』は『新訂増補国史大系』本による。
（7）『公卿補任』天和三年の条。
（8）『水戸史学』第八号「朝廷の復興と義公」（本誌、第一章所収）。
（9）『公卿補任』、吉田一徳氏『大日本史紀伝志表撰者考』、『国史大辞典』（吉川弘文館）。

〔参考史料〕

口上之覚

『大日本史編纂記録』百九十九所収（京都大学所蔵）

一　自二水戸方一申越候者、若年之時分より本朝之史記編集仕度志有レ之候故、古書共方々より取聚申、諸家之名記数多所持仕候、就者、水戸存候ハ諸名記之内、臨時恒例之公事を部類仕候而一部之書に仕立申候ハ、、史記よりハすぐれ候而、官家之御用ニ相立可レ申と数年存寄申候故、家来共へも折々其物語仕候事

一　六年以前戌年、家来山県源七と申者用事有之、京都へ為差上申候処、源七土御門兵部少輔殿へ参会仕、右被申候部類記之事、水戸編集仕度志有之由物語仕候処、兵部少輔殿於御内々被達叡聞候由、部類記之事と成就仕候得ハ事之外、朝廷之御重宝ニ成申事ニ御座候間、早々存立部類仕候而献上仕候様ニ　天気ニ御座候由、兵部少輔殿源七へ被申聞候間、右之　勅諚謹而承申、兼以不存寄義、力可レ及申事ニて無御座候得共、勅命之上ハ兎角之思案ニも不及、先編集仕候而見可申と御請申上候事

一　其年之冬、兵部少輔殿より被二申越一候者、鳳足硯之銘作進仕候様ニと　勅諚ニ而御座候由被申越候、文章不堪之至ニ御座候へとも、　勅命ニ御座候故、早速作進仕候事

一　五年以前、亥之春、右之御硯之銘　叡感之由ニ而為二御褒美一辱も　宸翰之御製和歌并序拝領仕、難レ有仕合ニ奉レ存候事

一　同年之秋、兵部少輔殿江戸へ被レ下水戸屋敷へも入来対談仕候処、部類記之事弥以編集仕候様ニと　天気之由、直〻被二申聞一候事

一　右之部類記編集之事ニ付、家来之内学文仕候者共、何も職方之事不案内ニ御座候、山県源七事少々職方之事相心得申候故、源七を押立総裁ニ任少々文字も有レ之者共を相随へ万事を打捨候而編集ニ取かゝり申候事

一　右之通　山県源七を総裁に任編集為致申候処、去年春、源七は不慮ニ相果申候、其後ハ頭立候而指引仕候者無レ之候得共、源七手伝仕候家来共四五年以来記録之事も手馴申候故、今以不二相替一編集仕候事ニ御座候、扨源七去年迄編集仕候分、水戸存念と事之外相違仕候故、盡ク反故ニ仕、去夏中より改メ候而編集仕候事

一　部類記大分之事ニ候故、成就仕候ハゝ、大概弐百巻餘ニも成り可レ申哉と被存候、職方不案内之上、大分之事埒明かね可申と存候得とも　勅命厳重之上ハ是非三四年中ニハ成功を遂可レ申志ニ御座候事

一　右之部類記之事、兵部少輔殿一人ニ而執奏被レ致候段如何ニ存候、其子細ハ兵部少輔殿水戸へ何之由緒も無御座候、其上若輩之仁ニ而御座候得ハ、水戸方より何事を頼申候而密々ニ奏聞仕候哉と関東方之疑を得申事、第一ニ遠慮ニ存候、然ル故、去年中も兵部少輔殿より折々書状越被申、部類記之事いかゝ成就候哉と叡問ニ御座候由被二申越一候得とも、とかく之御請も不二申上一候、扨又第一ニハ兵部少輔殿門族と申官位と申、堂上之最下ニ而候得ハ此仁、伝宣執奏を以記録部類仕候事、後世之記録ニ留り申候而も其躰不宣様ニ存候事

一　右之通存寄申候へとも誰人を頼可申方も無御座候、近比申上兼候へとも御由緒有之候内府様之仕事ニ御座候得ハ不レ顧二慮外一御相談申上候右之部類記之事何とそ御思案被遊、内府様御執奏被成被下候事ハ成り申間敷候哉、若内府様御執奏被レ成被レ下候へハ本望不過之奉存候、内府様御事水戸と御由緒御座候故、世間通り存知申事ニ御座候へハ何事を御執奏被成被下候而も毛頭人之疑無御座候、其上御華族と申御官位と申、内府様之御執奏と有之候へハ記録に留り申候而も末代迄之面目と奉存候間何とそ御思案被レ下候様にと申上度候、右之部類記之様子御覧被レ成度被二思召一候はゝ、御左右次第少々仕立申候分為指上懸御目可申候

一　右之部類記之事最初より土御門殿取次被申候事ニ御座候間、此度、内府様へ頼上申候間、内府様へ御出候而御相談被成候様ニと土御門殿へ申遣し候、定而土御門殿可被参候間、様子御聞被成御相談被遊可被下候

一　御思案之上何とそ御執奏被レ遊可レ被レ下候ハヽ、少々編集仕候分為二指上一可申候間密々ニ被レ備二御覧一何とそ　叡慮も御座候ハヽ、被仰聞被下候様ニ仕度候、折角編集仕候而も　天気ニ合不レ申候へハ無詮事ニ御座候間兼而伺置申度候　以上

右之御口上書　貞享四年八月

佐藤有慶上京仕候節持参仕候こと

（句読点筆者）

三　立太子礼と水戸義公

はじめに

平成二年十一月十二日には今上陛下の即位正殿の儀が行はれ、続いて同月二十二日より二十三日にかけて大嘗宮の儀が厳粛に斎行された。即位正殿の儀には米国を初め世界各国より国賓が来日し、各地で提灯行列などの奉祝行事が行はれた。

明けて平成三年二月二十三日には皇太子殿下の立太子の礼が、国の儀式として皇居で行はれた。立太子の礼は、天皇陛下が皇太子の地位を公に明らかにされる儀式であり、次の皇位継承者としての立場を確定されるものである。これにより皇統の継続が確立されると共にわが国の国体が存続することを宣明されるのである。従って、立太子の礼は即位・大嘗祭と一連の重大な朝儀といふべきものである。

建国以来わが国には革命による皇統の断絶が一度も無く、一系の天皇が代々継承され、今日に至ってゐることは他に類例を見ないことであるが、即位・大嘗祭の儀式については、さまざまな事情により行はれないこともあった。

例えば、即位の礼は仲恭天皇・長慶天皇・後亀山天皇の代は行はれず、また大嘗祭は同三天皇の他、後村上天皇そして後柏原天皇以下東山天皇に至る十代、二百二十一年の間、行はれなかった。

大嘗祭の再興は、東山天皇の御代に、霊元上皇の御努力により行はれたのであったが、それは上皇の御父後水尾天皇・御兄後西天皇の朝儀復興の悲願と御努力があったからであった。

一方その陰には水戸義公の礼儀類典の編纂等に係る故事・儀礼の研究事業があったことも既に周知の所である(1)。

ところで、立太子の礼も三百余年間に及ぶ永い中絶の期間があり、その再興も霊元天皇の御代であり、同時に義公がそれとの関はりがあったことは大嘗祭の再興と共に重大な事蹟といふべきである。

この度の立太子の礼を契機に、この立太子の礼の中絶と再興の歴史的事情、そして義公との関係を検討して行くことにしたい。

一　皇太子の地位

(一)　皇嗣と皇太子

初めに立太子の礼について歴史的な経緯を概観して見たい。

天皇の後継者である皇嗣は天皇の御在位中に選定冊立する事を恒例とした。『日本書紀』神武天皇四十二年正月の条に、「皇子守渟名川耳尊を立てて皇太子と為す」とあるのを始め、歴代天皇は概ねその例に倣ってゐる。

皇嗣の冊立があれば、皇嗣が皇子又は皇孫、皇兄弟又はその他の皇親なるとを問はず、これを皇太子と称した。

この皇太子の冊立により皇嗣たる身位が始めて定まり、皇太子の称もこれにより用ゐることになるのである。なほ、皇太子の冊立を立太子、或は立坊とも称してゐる。

従って、皇太子は皇位を継承されるべき皇子を云ひ、『日本書紀』履中天皇紀には、「儲君」とあり、また「太子王」を「ひつぎのみこと」と訓じ、継体天皇紀、用明天皇紀には「春宮」及び「東宮」をも「ひつぎのみこ」又は「ひつぎのみや」と訓じてゐる。それらは御在所の称より出たものとされる。その他「儲君」「儲貳」「太弟」或は「坊」など種々の称があるが、いづれも皇太子の称号である。(2)

江戸時代以後は先ず皇嗣を定めて「儲君」と称し、その後立太子の儀を行ふのを例とした。

(二) 立太子の詔

皇太子の冊立に当たり宣明される立太子の詔は、早くは『日本書紀』継体天皇の時に見ることが出

来る。(3)

皇子勾大兄（安閑天皇）を皇太子と為された時に、

七年十二月（中略）詔して曰く、朕天緒を承け、宗廟を獲保す、兢々業々、このごろ天下安静、海内清平、屢ば年を豊に致し、頻に國を饒かならしむ、懿なる哉、摩呂古、朕が心を八方に示すこと、盛んなる哉、勾大兄、吾が風を萬國に光らす、日本のやはらぎて、名天下に擅なり、秋津赫々りて、誉れ王畿に重し、宝とする所は惟れ賢、善を為す最も楽しみなり、聖の化茲に憑みて遠扇、玄功此に藉りて長く懸れり、寔に汝の力、宜しく春宮に處よ、朕を助けて仁を施し、吾を翼けて闕を補へ。（原漢文体）

とあるのが、その初例である。

しかし、当時は一定の形式となるまでには至らず、光仁天皇の宝亀二年（七七一）正月二十三日、他戸親王の立太子冊立の時に宣命体の詔が布告されたのを以て、以後は、皇太子の冊立に当たり宣命体の詔を以て天下に宣示することが定例となった。(4)

明神御大八洲養徳根子天皇詔旨勅命乎、親王、諸王、諸臣、百官人等、天下公民衆聞食宣。随法爾皇后御子他戸親王立為皇太子。故此之状悟弖、百官人等仕奉詔天皇御命、衆聞食止宣。故此以大赦天下罪人。又一二人等冠位上賜治賜。又官人等尓大御手物賜。高年窮乏孝義人等養給治賜久止、勅天皇命乎、衆聞食宣。

この宣命体の詔を仮名読みして示すと次のやうになる。

（あきつみかみと、おほやしましろしめす、やまとねこすめらがおほみことらまと、のりたまふおほみことを、みこたち、おほきみたち、おみたち、もものつかさひとたち、あめのしたのおほみたから、もろもろきこしめさへとのる、のりのまにまに、おほきさきのみこ、をさべのみこをたてて、ひつぎのみことさだめたまふ、かれこのさまさとりて、もものつかさひとども、つかへまつれとのりたまふ、すめらがおほみことを、もろもろきこしめさへとのる、かれここをもちて、あめのしたひろくつみびとゆるしたまふ、またひとりふたりども、かがふりくらゐあげたまひおさめたまふ、またつかさびとどもに、おほみてつものたまふ、としたかきひと、まづしきひと、けうぎあるひとども、やしなひたまひ、をさめたまはくと、のりたまふすめらがおほみことを、もろもろきこしめさへとのる。）

㈢　立太子の儀礼

立太子の儀礼の次第は貞観儀式の「立太子儀」によれば、まず、立太子の儀を紫宸殿の前庭に於てこれを行ひ、親王以下百官参列した前で、宣命大夫をして立太子の宣命を宣明せしめられる。

この宣命の儀は永く踏襲されて、近世に至るまで皇嗣冊立の儀式の中枢となった。

今上天皇の時も当時の宮内庁長官が朗読したが、今回の立太子の礼では、初めて陛下自らお言葉を述べられ、また皇太子殿下の答礼のお言葉が加へられた。

「天皇陛下のお言葉」

本日ここに、立太子宣明の儀を行い、皇室典範の定めるところにより徳仁親王が皇太子であることを、広く内外に宣明します。

「皇太子殿下のお言葉」

立太子宣明の儀が行われ、誠に身の引きしまる思いであります。

皇太子としての責務の重大さを思い、力を尽くしてその務めを果たしてまいります。

なほ、立太子の当日、又はその後ほどなくして、東宮奉仕の職員を補任し、又拝覲、節会などが行はれる。その後、立太子の由を山陵に報告されることになってゐる。

(四)　壺切の御剣

中世以後、皇太子には壺切の御剣を授けられる事が恒例であった。壺切の御剣は初め藤原基経の家に伝へられたものであった。これを基経が宇多天皇に献上し、天皇はこれを当時皇太子にあった敦仁親王（醍醐天皇）に授けられ、醍醐天皇は延喜四年（九〇四）二月十日皇子保明親王を立て、、皇太子と為された時に、これを授けられたことに始まり今日に至った。(5)

壺切の御剣のその後の経緯について、『禁秘御抄階梯』に、案ずるに壺切は（中略）後冷泉院、康平二、正、八、皇居（一条院）焼失亡の時灰燼となる。後三条院、治暦四、十二、十一、灰燼となる。仍て鋳造せらる。此の時刃残り仍て鞘を造らる。承久乱逆の時、紛失の由沙汰あり。寛元元年、八、十（後深草院立太子）新造せらる。（壺切紛失、他の御劔を渡せらる）正嘉二、八、七（亀山院立太子）勝光明院宝蔵より出現（承久紛失、宝蔵に納らるるかと云々）

とあり、途中で火災に遇ふなどの経緯があったが、承久の変の時、紛失した御剣は後に発見されたと記されてゐる。

また、立太子の時山陵に告げらる、ことは、後世廃れて社寺の祈禱と変化したが、壺切御剣を伝へ、拝覲節会等の儀式は、かつて絶えたことはなかった。その他公卿寺僧等の参賀は古来からの例であるが、殊に江戸時代、霊元天皇再興以後、将軍は使を遣して祝賀進献の礼を行ひ、在藩の諸大名は書翰を以て幕府に慶賀を申し上げるのが例となった。

二　立太子礼の中絶

立太子礼は『続史愚抄』によれば南北朝分立の中で、北朝の崇光院の貞和四年（一三四八・後村上天皇の正平三年）直仁親王の立太子の冊立以後、霊元天皇の天和三年（一六八三）に再興されるまで十五代三百三十六年間全く中絶してゐたのであった。

『続史愚抄』の立坊目録に、文永五年八月二十五日、世仁親王の立太子以後を列記してゐる中に、

貞和四、十、二十七、立坊　直仁親王
天和三、二、九、　同　朝仁親王

とあることによって、その間、中絶してゐた事が知られ、また、『輪池叢書・公事』の中にも、

立坊の式、後光厳院より十五代中絶にて、天和三年に再興させ給ひしとぞ

とあることで、その中絶の事実は広く知られてゐたことが知られる[6]。

貞和四年十月二十七日に立坊の儀を行った直仁親王は『本朝皇胤紹運録』によれば、花園天皇の皇子で光厳院皇子に擬して皇太子となり、正平六年（観応二年・一三五一）後村上天皇により廃され出家してゐる。

このやうに、『続史愚抄』及び『輪池叢書』は貞和四年（一三四八）以後、天和三年まで立太子礼は中絶したとしてゐる。

一方、『大日本史』の後村上天皇本紀によれば、後醍醐天皇は延元四年（一三三九）三月九日、義良親王を立てて皇太子と為し、同十五日、受禅されたとある[7]。

次いで、長慶天皇本紀（寛成親王、後村上天皇第一子）には、

正平二十三年（一三六八）三月、後村上帝崩じたまふ。天皇、位に行宮に即きたまひ、（諸書に、

受禅・即位を載せず。然れども、後村上帝崩じて、統を承けしものは天皇なり。故に此に書す。其の余、例に書すべくして書せざるものは、南遷以後、載籍備らずして、考證する所なければなり。）皇弟熙成親王を以て皇太弟と為す。

として、この時代は記録が不備のため受禅・即位の記録が明確で無いとしながらも、長慶天皇の皇位継承を推断した。この『大日本史』の在位説に対し、塙保己一らの非在位説などがあり、明治以後の在位・非在位の論争の結果、在位説が有力となり、大正十五年十月二十一日、長慶天皇の皇統加列の詔書発布があり在位の事実が承認された。

このやうな事情により長慶天皇の立太子の事は不明である。

しかし、後醍醐天皇は『建武年中行事』『日中行事』等を選述され、殊更に朝儀の回復と継承を念願されてをられたことであり、また南朝の柱石とうたはれた北畠親房は『職原抄』『神皇正統記』等を著して補佐したこと、また、長慶天皇が皇弟熙成親王を以て皇太弟と為されたこと、次に示す後亀山天皇も泰成親王を皇太弟と為されたこと等からして、後村上天皇が長慶天皇の立太子を行はれたといふことは充分に推測することができよう。

次の『大日本史』後亀山天皇本紀（熙成親王、後村上天皇第二子）には、

文中二年八月二日、皇太弟、禅を行宮に受けたまひ、長慶天皇を尊びて太上天皇と曰ひ、皇弟太宰泰成親王を以て皇太弟と為す。（宗良親王千首和歌の跋に曰く、天授二年、天皇・東宮千首を

詠ずと。帝王系図に泰成を以て東宮と為す。今之に據る。）

とある。

しかし、ここでの疑問点は後亀山天皇の即位は今日では弘和三年（一三八三）とされてをり、文中二年は誤りとせざるをえない。とすれば泰成親王が皇太弟となったのは、弘和三年（一三八三）とすべきか。『大日本史』のこの記事の出典である「花営三代記」に誤記があったとすべきであらう。「花営三代記」は別名「武家日記」・「室町記」・「室町三代記」とも呼ばれ、貞和三年（一三四七）より応永三十二年（一四二五）までの記録である。

また、「宗良親王千首和歌の跋に曰く、天授二年、天皇・東宮千首を詠ずと。」とあるのは、時代的に見て長慶天皇と熙成親王のことと思はれる。

また、元中九年閏十月二日（明徳三年・一三九二）に南北朝の和議が成立し、後亀山天皇から後小松天皇に譲位されたため、皇太弟泰成親王は即位するには至らなかった。

この『大日本史』によれば、立太子の礼（立坊）は正平二十三年（一三六八）、或は弘和三年（一三八三）まで行はれたことになり、従って貞和四年（一三四八）より二十年乃至三十五年ほど時代が下がると見ることができよう。

このやうな相違が生じたのは、一つは南北朝に対する立場の違ひによるものであり、さらには争乱の時代にあって確実な記録が少なかったためであらう。

『続史愚抄』は三代実録以後の国史の闕を補ふため柳原紀光の編纂した編年史で、寛文三年の序文がある。一貫して北朝の立場で編纂し、後村上天皇については、「偽主・南方主・後村上院」とし、或は「偽位二年」等と記してゐる。

従って、延元四年（一三三九）三月九日、義良親王の立太子を認めず、また正平二十三年（一三六八）の皇弟熙成親王の立太子をも認めず、北朝の崇光院の時の直仁親王の立太子を以て以後中絶としてゐるのである。

なほ次の後小松天皇は御着袴の儀式があったのみで立太子は行はれてゐない(8)。

以上のことから、北朝の立場に立つ『続史愚抄』によれば、崇光院後の後光厳院・後円融院・後小松天皇と続いて立太子が行はれなかったのであるから、霊元天皇（百十二代）まで十五代・三百三十六年の間、中絶してゐたことになる。

一方、『大日本史』は南朝の史料を各地に探り、その事蹟を明らかにし、その正統性を主張した。その結果、後醍醐・後村上・（長慶天皇は不明）・後亀山の各天皇とも立太子が行はれたことを裏付け、中絶したのは後小松天皇（百代）から十二代三百十六年間、或は弘和三年（一三八三）の泰成親王の立太子を含めれば、その間の中絶は三百年といふことになるのである。

なほ『帝室制度史』（第四巻　皇嗣の冊立）には、後小松天皇より後西天皇に至る十二代約三百年の間全く中絶し、霊元天皇の天和三年に至り、之を再興されたと記してゐる。

また同書皇太子冊立表には義良親王（後村上天皇）と熙成親王（後亀山天皇）を載せて、長慶天皇（寛成親王）と泰成親王は除いてある。(9)

三　天和三年の再興と水戸義公

立太子の儀中絶の経過の概要は以上のとほりであり、その再興はそれより三百余年後のこととなる。また、大嘗祭の再興は貞享四年（一六八七）十一月十六日、東山天皇の御代、霊元上皇の御努力により二百二十一年振りに行はれたのであった。

その大嘗祭を再興するために霊元天皇は貞享四年三月二十一日、三十四歳を以て朝仁親王（東山天皇）に譲位された。

そしてさらに四年前の天和三年（一六八三）二月九日に朝仁親王の立坊（立太子）を三百余年振りに再興され、また、同年二月十四日に立后を六十年振りに再興し、藤原房子を中宮とされたのであった。

このやうに見てくる時、立坊→譲位→即位→大嘗祭は全く一連の儀式であり、その中の立坊・大嘗祭といふ重大な儀式がこの時に相次いで再興されたことは一大盛事といふべきであらう。それは同時に後水尾天皇以来の朝儀再興の悲願が達成されたものであった。

これら朝儀再興の陰には多くの人々の献身的な努力と苦労があったことは想像に難くないが、ここでは水戸義公との関係を見て行くことにしよう。

すでに明らかなやうに、義公と朝廷との関係は延宝二年（一六七三）十二月二十六日、後西上皇よりの「雪朝遠望」の勅題に応じて、翌年正月律詩三首を呈上したのが最初であった[10]。

その後、延宝六年（一六七八）には後西上皇より「扶桑拾葉集」の勅題を賜はり、同八年には、「扶桑拾葉集」を上皇へ献上し、女房奉書を賜はった。

また、同年十一月「一代要記」・「公卿補任」を後西上皇へ献上し、天和元年（一六八一）には後西上皇の勅により詩五十、和歌三十を献上した。

翌二年には部類記（「礼儀類典」）の編纂の意図を後西上皇に上聞し、同年十二月には上皇の勅命により「後水尾帝遺物鳳足硯銘并序」を作進し、翌三年二月に上皇より宸翰を賜はり、その宸翰の一文を義公自ら「勅賜備武兼文絶代名士」と印刻し長く愛用した。

そして「後水尾帝遺物鳳足硯銘」の勅命を賜はると共に、立后・立坊の儀節献上の勅命があったのである。

『桃源遺事』によれば、

一同年（天和二年）十二月、

後西帝のみことのりあつて、旧記を御考、立后立坊の儀節を奉り給ふ。又詔有て、後水尾帝の御遺物鳳足硯の銘并序を御作り被成候。

とあり、また、『水戸紀年』の天和三年正月の条には、

一　参議平時成卿詔ヲ伝テ立坊立后儀節ヲ献セラル

とあり、立坊立后儀節は、天和二年十二月に勅命があり、翌三年正月に献上したことが知られる。

この献上の立坊立后儀節は彰考館の目録で見る限り現存せず、その内容等は明らかでないが、献上に際して義公自ら書した跋が『常山文集』に掲載されてゐるので、その概要を窺ふことができよう。

まづ「立坊儀節の後に跋す」として、

天和二年季冬、参議平時成宣する所の勅を奉じ、臣家蔵の玉海を検し、仁安元年治承二年の立坊の儀節を抄出し、輯めて一巻と為し、謹みて献じ奉る。（原漢文）

また「立后儀節の後に跋す」として、

天和二年季冬、参議平時成宣する所の勅を奉じ、臣家蔵の台記玉海の二書を検し、久安六年承安二年寿永元年の立后の儀節を抄出し、以て一巻と為し、謹みて献じ奉る。

この立坊儀節に抄出された「玉海」は、鎌倉の初期の朝臣、月の輪関白九条兼実の日記「玉葉」のことで、二条良基が写した時に「玉海」と題したものである。源・平など鎌倉初期の政局の真相を叙述し、全て六十八冊あり、長寛二年（一一六四）から建仁元年（一二〇一）に至る部分が現存してゐる。

この仁安元年（一一六六）の記事を見ると、

十月十日、天陰、時々雨降る、此の日、上皇並びに若宮東三条に渡御あり、立太子の事有るべきに依る也。余、御幸に供奉す、（直衣出帯剱、深沓を著す）東三条に於て、摂政遅参の間、（若宮御車の後に在る也）召しに依り余御車の簾をかかぐ、左大臣有りと雖も、殊に余を召さるる所也、下御の後各々昇り候、院御車東中門廊に寄せらる、若宮御車北中門に寄せらると云々、供奉の公卿殿上人両方に指し分けらると云々、余退出、秉燭の後参内、余今夜傅に任ぜらるる也、大夫清盛卿、権大夫邦綱卿、（前参議如何如何、）亮教盛朝臣、権亮右大将実守朝臣、学士式部大輔永範朝臣、大進光雅、知盛、小進棟範等也、余大夫権大夫等、弓場殿に於て（中門也、）事の由を奏して拝舞、次に東宮に参り、左府已下南庭に於て拝舞、次に余已下宮司等、東中門（東三条也、）の外に於て、慶の由を奏す、此の後余退出し了ぬ、節会并びに本宮の事を見ず、仍りて之を記さず、須らくして節会の座に候すべし、又始終本宮に祇候すべき也、而して所労の上聊か子細有りと云々、此れ又愚意に及ばず、言ふ莫かれ、（原漢文、以下同じ）

治承二年十二月の条には、

十五日、甲辰、朝の間雪降る、午後天荒晴る、此の日冊命立太子の事有り、（十二月立坊、実仁太子の外、此の例無し、尤も禁諱有り、然り而して二歳三歳の立坊、又以て不吉、四歳を待たるれば、事延怠に似たり、其の忌の軽重を謂へらく、歳重く、月軽しと、之に困り歳の内に怱行せらるる所と云々、愚案するに太だ甘心せず、）康和五年（鳥羽院一歳之を立つ、）仁安元年（当今六歳之を立つ、）等の佳例に依り、沙汰有りと云々、奉行職の事、蔵人右少弁光雅、院方、隆季卿、并びに内蔵頭経房朝臣（右中弁）本宮、中宮大夫時忠、左衛門権佐光長（親王の家司に補せられ了ぬ）等なり、又関白殊に其の事に与からる、其の外前太政大臣忠雅公、万事口入れすと云々、東宮の事、殊に前官の人々を忌せらる、忠雅何故此の儀に預かるや、未だ其の故を知らず、人以て奇と為すと云々、法皇今旦（卯刻）六波羅第に渡御、（中宮今宮同居、即ち東宮御所為るべし、中宮の御産所也）公卿直衣、殿上人衣冠と云々、豫て法皇三条烏丸宮に於て、立坊有るべし、康和仁安の例に依り、当日早旦、晴て御幸有るべきの由風聞、而して六波羅に於て行はせらるべきの由、禅門計り申す、

と記した後に、東宮昼御座の作り、宣命の起草・清書の事、除目の事、御剣勅使の事、宣命の事等の一連の経過を詳細に記述し、後に坊官除目の内容、昇殿人々の事、蔵人、雑色の事、更に一歳立太子の例から二十二歳立太子の例までの先例を列記してゐる。

翌十六日の条には、

今日立太子第二日也、余参仕せず、今日関白以下、大臣等不参、宗家卿を以て上首と為すと云々、

とあり、また十七日の条には、

立坊第三日なり、余猶ほ出仕せず、晩頭女院へ参る、夜に入り帰来、

とある。

以上の如く「玉海」は朝儀の内容次第をかなり詳細に記述したものであることを知ることができよう。

ただし、日記中に「此の後余退出し了ぬ、節会并びに本宮の事を見ず、仍りて之を記さず」とあり、また「一切燈臺を立て燈を挙ぐ、次第作法常の如きか、余始終臨見せず」とあるやうに、自ら実地に見聞出来ない所もあり、記録も全ての儀式には及ばないものがあったことも知られる。

義公の呈上した立坊・立后の儀節は、恐らくは以上のやうな関係項目を抄出したものと推測される。また立后の儀節には『台記』の関係記録を併せて抄出したものであらう。

このやうに、水戸の義公まで立坊・立后儀節呈上の勅命を下された背景には、立坊の儀式が三百年以上にわたり中絶してゐたため、関係の記録・資料が伝承されてゐなかったからであらう。

なほ、後年完成した『礼儀類典』には、臨時の部には「御即位」「大嘗会」と共に「立后」五巻、「立坊」二巻が収められてをり、資料の収集、部類の整備の様子が窺へる。

その資料収集の事情を示すものが、次の『輪池叢書』の一文である。(11)

『輪池叢書・公事』

立坊の式、後光厳院より十五代中絶にて、天和三年に再興させ給ひしとぞ、(中略)天和三年立坊記に云、立坊の儀式御執行アルベキトノ御沙汰アリ、然レドモ、近世親王宣下ノ儀ノミニテ事スミ、立坊ノ式ハ、崇光院ヨリ只今ニ至リ十四代、二百餘年餘絶タル事也、故文献徴スルニ足ラズ、諸家共考ラルベキ記ナシ、伏見殿ニ、崇光院ノ御時立坊式、并親王ノ御衣トテ、則崇光院御着用、所々蟲バミノ跡アルモノ、笋刀ハ申スニ及バズ、及ビ天皇元服ノ時、南殿ヨリ清涼殿へ入御ノ時、御着用ノ空頂黒サク等ノ物マデ存ス、其上冊命立坊記、萬一録ナド云ル旧記アリ、其ニ従ヒ考ラル、時ニ大礼ノ儀式粗備レリ、主上悉叡覧アリ、伏見殿へ大ニ御感ノ勅諚アリシト聞ユ、既ニシテ陰陽家ニ命ジ玉ヒ、日時ノ勘文ヲ奉ベキトノ勅定ナリ、茲ニ於テ天和三年春二月九日ニ極リヌ、（この中に二百余年とあるのは三百余年の誤りであらう。）

次に、天和三年の立坊の儀の再興の経過を『続史愚抄』により見て行くことにしよう。

天和二年三月二十五日、霊元天皇、五宮を継体の儲君と為す。（八歳）

・三月二十七日、儲皇に壺切御劔を進めらる。

・八月十六日、霊元天皇の一宮、勧修寺に入る。（十二歳）

・十二月二日、儲皇（御年八）、御名字朝仁、立親王宣下有り。

・十二月七日、女御従三位藤原朝臣房子（今上妃。三十歳）准后宣下有り。

・十二月十日、儲皇親王、来年二月立坊有るべく治定す。

・十二月十八日、儲皇親王参内。（御歳八）小御所に於て御読書始有り。（御書孝経）

天和三年二月八日、左大臣基煕の里第に於て立太子の召し仰せ有り。

・二月九日、儲皇朝仁親王（御歳九。第五皇子。母大納言典侍宗子。）冊して皇太子と為す。節会。内弁左大臣基熙、外弁内大臣公規、已下七人参仕。万里小路中納言淳房を以て、宣命使と為す。坊官除目。執筆左大臣基熙。右大臣兼熙を以て皇太子傅と為す。本宮（下御所）儀。先傅右大臣兼熙。已下坊官等参入。次に関白冬経。及び諸卿等参る。勧坏已下凡そ例の如し。已上奉行蔵人頭左中将篤親朝臣。今度御剱を進められず。是れ去年三月密かに進めらる、故と云ふ。違例。

・二月十三日、右大臣兼熙の第に於て立后の召し仰せ有り。

・二月十四日、准后従三位藤原房子（今上妃。三十一歳。鷹司故前左大臣教平の女）冊して中宮と為す。節会。出御無し。内弁右大臣兼熙。外弁葉室大納言頼孝。已下七人参仕。正親町中納言公通を以て宣命使と為す。

・二月二十八日庚午。春宮（御歳九。）御紐直の事有り。[12]

立坊及び立后の儀が行はれた経過は以上の如くであった。[13]

それらの儀が滞りなく済まされた霊元天皇は、次のやうに御喜びを表はされてゐる。

（天和三年）二月九日、中絶の立房（坊）の事、此のたび御沙汰有しに、節会の儀式よりはしめ、ことのさはりなくとけおこなはれぬる事を、

時しありて絶たるをつく此春の我うれしさは身にあまりぬる（『霊元院御集』）

なほ、この時幕府からも立坊・立后慶賀の使者を朝廷へ派遣し祝儀の品を献上してゐたのであった。[14]

『徳川実紀』には次のやうな記述がある。

（天和三年）二月九日京にて親王立坊。（東山院）女御立后ありしをほがせ給ひ、賀使進られ給ふ。松平讃岐守頼常これを奉り暇賜ふ。高家畠山民部大輔基玄もさしそひまかるべしと命ぜられ同じく暇下さる。その儀物は主上（霊元）に儀刀一振。銀三百枚。皇太子に真包御太刀。銀三百枚。綿二百把。各三種二荷そふ。本院に銀百枚。新院中宮に銀二百枚。綿百把。ともに二種一荷そひたり。御臺所より禁廷に銀三十枚。東宮に五十枚。中宮には三十枚。各二種一荷そひたり。

二十一日。群臣まうのぼり老臣に謁し。立坊立后を賀し奉る。

この時の使者であった松平讃岐守頼常は水戸義公の実子であり、故あって兄頼重の養子となり高松藩主となったことは周知のことである。頼常が慶賀の使者となった事情は明らかではないが、不思議な因縁と言はねばならない。

これが先例となり、以後幕府は朝廷へ慶賀の使者を派遣することになったのである。

をはりに

平成の立太子の礼を奉祝すると共に、今より三百九年前（平成三年時）、天和三年に三百余年振りに再興された立太子・立坊の儀を概観し、併せて水戸義公の再興に関係した次第を述べてきた。

義公は『大日本史』の編纂を進める一方で立坊・立后儀節を献上し、大嘗祭等の再興のために少しでも朝廷のお役に立つためにと、彰考館別館を設けて密かに「礼儀類典」を編修した。

朝儀の再興は、単に「興廃継絶」のみならず、国家の本源、道義の根本に連なるものであり、国家の本来あるべき姿を想起し、眼前の幕府政治の体制を矯正する方向を明示するものとなり、やがて明治維新を迎へることとなるのである。

註

（1）時野谷滋氏「礼儀類典の編纂」（『大日本史の研究』所収）等、名越時正氏『新版・水戸光圀』等、所功氏『礼儀類典』解説書（雄松堂）、拙稿「礼儀類典と大嘗祭の再興」（『水戸史学』第三十号）（本書第三章所収）等がある。

（2）『故事類苑』及び『帝室制度史』等の解説による。

（3）『日本書紀』巻十七、六国史は新訂増補・国史大系本による。

（4）『続日本紀』巻三十一。

（5）『扶桑略記』仁和五年正月十八日、延喜四年二月十日の条。

（6）『続史愚抄』新訂増補・国史大系本、「輪池叢書」は『故事類苑』帝王部所収。

（7）『大日本史』は義公生誕三百年記念会発行本による。

（8）袴着（はかまぎ・ちゃくこ）とは、男女三・四歳から六・七歳のころに行ふ初めて袴を着る儀式であるが、立太子（立坊）とは別の儀式である。

（9）『帝室制度史』第四巻、「皇嗣の冊立」、昭和十五年、帝国学士院編纂。

（10）『桃源遺事』『水戸紀年』等による。

（11）「輪池叢書」は『故事類苑』帝王部所収。屋代弘賢編。

（12）紐直（ひもなおし）帯直（おびなおし）童子の付け帯（付け紐）を除きて初めて帯を用いる祝儀。初め男女とも九歳で行ったが、後には男子五歳、女子七歳の十一月に行ふに至った。足利幕府の頃より起こりし祝儀と云ふ。当日は子孫多き夫婦が選ばれ、帯及び新衣を携へ、童子を吉方へ向けて衣服を改め、帯を結ぶのが慣例であった。

（13）天和三年の立坊・立后関係の記録には次のやうなものがある。

『立坊立后記』（『故事類苑』帝王部所収）

天和二年十二月六日、当今（霊元）ノ女御藤原房子（鷹司教平女）准后宣下アリ、（中略）同三年二月十四日立后の片節会ヲ行ハル、（中略）東福門院立后ノ節会アリケレドモ、諸式此度ノ如クニハ調ハズ、催馬楽ハ、寛永年中、二條行幸ノ時アリケル以後ノ事ナリ

『天和三年立太子次第』（同書所収）

仰せて云ふ、朝仁親王（東山）を以て皇太子と為すべしと、宣命を作らしむ、

本宮次第

近代立坊断絶の後、立親王の時、護剣を渡せらる、仍て其の佳例に任せらる。

また『彰考館図書目録』には次のやうなものがある。（○現存、×焼失）

○貞和四年立坊之記（貞和四年ノ記）

×天和三年立坊行列（写本）

×立太子次第（御即位次第・御譲位次第・頼親卿記と一連）一冊

○立后立坊之次第　二帖二包

○立坊次第（院号雑記・摂関次第と一連）　一冊
○立皇（后カ）立太子記（御神楽記・放生会記と一連）一冊
○立后節会図　大床子御膳　一枚欠・二枚
×立后　一冊
×中宮行啓列　一冊
×皇后行啓行列　一冊
○立后節会図（饗膳）（三節会図と一連）小野久勝調進　天和三年二月　一冊
○立后入内勘文　寛政年代写　二冊

（14）　新訂増補・国史体系『徳川実記』第五巻所収

四　義公と伯夷・太伯・陶淵明について

はじめに

水戸第二代藩主徳川光圀・義公が十八歳の時『史記』の伯夷伝を読み深く決意する所あり、遂に兄頼重の子を養って譲国したこと、更には感憤して修史の志を立てた事などについては、多くの先人が研究し、既に広く知られてゐる所である。

ここで改めてこの問題を論ずるのは、一つには『史記』伯夷伝とは如何なるものか、二つには、譲国の決意と修史の志が如何なる記述から起因したものであったのかを、その原典に当たり、その淵源に遡って、確認しておきたいからである。更にはこの二つの決意が義公の生涯に如何なる形で実現されて行ったのかを再検討して行く時、呉の太伯を初めとして、陶淵明、我が国の西行、延ひては源経基など多くの歴史上の人物との関係が明らかになり、それぞれが義公の生涯に大きな影響を与へてゐることが知られるに至った。

それらの人物の事跡と義公のそれとを比較検討して行く事により、今まで謎とされ疑問とされてゐた、いくつかの事柄について解明する手掛かりが出てきたやうに思はれた。

以下それらの諸点についていささか私見を述べて見たいと思ふ。

一　義公関係略年表

初めに本論に関係する義公関係の略年表を掲げておきたい。

寛永五年（一六二八）六月十日、光圀、頼房の三男として誕生。

同　十年（一六三三）世子決定（六歳）。兄頼重（十二歳）

正保二年（一六四五）『史記』伯夷伝を読み、志を立つ。（十八歳）

承応三年（一六五四）近衛尋子（泰姫）と結婚（二十七歳）

明暦三年（一六五七）『大日本史』編纂の史局を設く（寛文十二年に彰考館と名称）

寛文元年（一六六一）頼房薨去。光圀襲封（三十四歳）。兄頼重の子を養子に乞ふ。

同　五年（一六六五）丸山に陶淵明の木像を安置し淵明堂と号す。朱舜水を招く。（三十八歳）

元禄三年（一六九〇）十月十四日、光圀引退。藩主綱條。「譲国の遺訓」（六十三歳）郷士大内勘兵衛宅にて越年。

同　四年（一六九一）　五月三日、光圀、西山荘に移住。「梅里先生碑陰并銘」

同　五年（一六九二）　光圀、湊川に「嗚呼忠臣楠子之墓」を建立。

同十三年（一七〇〇）　光圀、薨去。瑞龍山に葬る。義公と諡す。（七十三歳）

二　嗣子問題と修史の志について

義公の正伝『義公行実』には『史記』と嗣子問題との関係について、

公の仲兄亀丸は夭す、伯兄頼重を超えて嗣となる、居常心に安んぜず、年十八、たまたま伯夷傳を読んで感ずるところあり、茅土を頼重の子に傳へんと欲す、其の迹をあらはさずして中心に蔵む、事あり（原漢文）

と記述し、また『義公遺事』には、

源英公ハ御兄ニテマシマス上ハ、御身総領ニ御立被レ成候而ハ、大義チカヒ申ト被二思召一

とあり、更に『桃源遺事』にも、同様の記述が見られる(1)。

そして、修史の志については「大日本史叙」に、

先人十八歳、伯夷傳を読み、蹶然其の高義を慕ふあり。巻を撫して歎じて曰く、載籍有らずんば虞夏の文得て見るべからず、史筆に由らずんば何を以てか後の人をして観感するところあらしめ

んやと。（原漢文）

と記述されてゐるのみで、『義公行実』等には『史記』との関係の記述が見られない。

義公の正伝といふべき『義公行実』等に修史の事が記述されてゐない事については、かつて平泉澄博士が論述され、修史の事は必ずや君臣の大義の自覚に発する所であらうと結論づけられた所であった[2]。

いづれにせよ修史の事業は義公の生涯の大事業であり、また「梅里先生の碑陰」にも「蚤きより史を編むに志あり」とあり、更には晩年に遣迎院応空へ遣した書翰の中で、

> 下官十八歳の時分より少々書物を読聞申候、其時分より存寄候は、本朝に六部の國史古来有レ之候へ共、皆々編修の体にて史記の体に書申候書無レ之候故、上古より近代迄の事を本紀列傳に仕、史記の体に編修申度存立、四十年以来方々才覚仕候て旧記共集申候へ共、存候様に旧記あつまり兼、編修はかとり不レ申候[3]

と述べてゐる事よりして、修史の志は『史記』に触発されての事であることは明瞭であらう。

三　義公と伯夷・太伯

義公の二大決意ともいふべき譲国と修史との原点となった『史記』伯夷伝とは如何なる書であるの

か。改めて見直すことにしたい。なほ、論を整理する為に便宜上文章を区切り番号を付した。（以下同じ）

(一)　『史記』伯夷伝

①夫れ学は載籍極めて博し、猶ほ信を六藝に考ふ。詩書欠けたりと雖も、然るに虞夏の文知るべきなり。

②堯まさに位を遜れて虞舜に譲らんとす。舜禹の間、岳牧咸な薦む。乃ち之を位に試む。職を典る数十年、功用既に興り、然る後政を授く。天下は重器、王者は大統、天下を伝ふる斯の若きの難きを示すなり。

③而して説者曰く、堯天下を許由に譲る、許由受けず、之を恥ぢ逃隠す。夏の時に及び卞随、務光なる者有り。此れ何を以て称せらる。

④太史公曰く、余箕山に登る、其の上蓋し許由の冢有りと云ふ。孔子、古の仁聖賢人、呉の太伯伯夷の倫の如きを序列する詳なり。余聞く所を以てすれば、由光の義至つて高きも、其の文辞に少しも概見せざるは何ぞや。

⑤孔子曰く、伯夷叔斉、旧悪を念はず、怨み是を以て希なり、仁を求めて仁を得たり、又何をか怨みんと。余伯夷の意を悲しむ。軼詩を睹るに異しむべし。

⑥其の伝に曰く、伯夷叔斉は、孤竹君の二子なり。父、叔斉を立てんと欲す。父、卒するに及び、叔斉、伯夷に譲る。伯夷曰く、父の命なりと。遂に逃れ去る。叔斉も亦立つを肯んぜずして之を逃る。国人其の中子を立つ。

⑦是に於て伯夷叔斉、西伯昌、善く老を養ふと聞き、蓋んぞ往きて帰せざると。至るに及び西伯卒す。武王、木主を載せ、号して文王と為し、東、紂を伐つ。伯夷叔斉、馬を叩へて諫めて曰く、父、死して葬らず、爰に干戈に及ぶ、孝と謂ふべけんや、臣を以て君を弑す、仁と謂ふべけんやと。左右、之を兵せんと欲す。太公曰く、是れ義人なりと。扶けて之を去らしむ。

⑧武王已に殷の乱を平らぐ。天下、周を宗とす。而して伯夷叔斉、之を恥ぢ、義、周の粟を食はず。首陽山に隠れ、薇を采って之を食ふ。餓ゑてまさに死せんとするに及び歌を作る。其の辞に曰く。彼の西山に登り、其の薇を采る。暴を以て暴に易ふ、其の非を知らず。神農虞夏、忽焉として没す。我いづくにか適帰せん。于嗟徂かん、命の衰へたると。遂に首陽山に餓死す。此に由り之を観るに怨みたるか非か。

⑨或曰く、天道親無し、常に善人に与みすと。伯夷叔斉の若き、善人と謂ふべきか、非か。仁を積み行を潔くする此のごとし、而して餓死す。且つ七十子の徒、仲尼独り顔淵を薦め、学を好むと為す。然るに回や屡しば空し、糟糠だも厭ず、而して卒に蚤夭す。天の善人に報施する、其れ如何んぞや。

⑩盗跖日に不辜を殺し、人の肉を肝にす。暴戻恣睢、党を聚むる数千人、天下に横行す、遂に寿を以て終る。是れ何の徳に遵ふや。此れ其の尤も大に彰明較著なる者なり。
⑪近世に至るが若き、操行不軌、専ら忌諱を犯す、而して終身逸楽し、富貴累世絶えず。或は地を擇んで之を蹈み、時あって然る後言を出し、行くに徑に由らず、公正に非ざれば憤を発せず、而して禍災に遇ふ者、数ふるに勝ふべからざるなり。余、甚だ惑ふ。いはゆる天道は是か非か。
⑫子曰く、道同じからざれば、相ひ為に謀らずと。亦各々其の志に従ふなり。故に曰く、如し富貴求むべくんば執鞭の士と雖も吾亦之を為さん。如し求むべからずんば、吾の好む所に従はん。歳寒く然る後、松柏の凋むに後るるを知ると。世を挙り混濁し、清士乃ち見はる。豈に其の重きこと彼の若く、其の軽きこと此の若きを以てなるや。
⑬君子は世を没るまでも名の称せられざるを疾ふ。賈子曰く、貪夫は財に徇じ、烈士は名に徇じ、夸者は権に死し、衆庶は生を馮むと。同明相ひ照し、同類相ひ求む。雲は龍に従ひ、風は虎に従ふ。聖人作りて万物覩はる。伯夷叔斉賢と雖も、夫子を得て名益々彰はる。顔淵篤学と雖も、驥尾に附きて行ひ益々顕はる。
⑭巌穴の士、趨舎時有り、此の若きの類、名湮滅して称せられず、悲しいかな。閭巷の人、行を砥き名を立てんと欲する者、青雲の士に附くに非ずば、悪んぞ能く後世に施さんや。（原漢文）(4)

これが列伝の巻頭を飾る伯夷伝の全文であるが、そこには司馬遷の様々な思ひと人の出処進退についての重大な提議が見られる。そこで『史記』伯夷伝の記述と義公の事蹟とを関連させて考察し、義公がこれより何を感じたのかを考へて行きたい。以下、『史記』伯夷伝の記述の順に従って略述してみよう。

①「夫れ学は載籍極めて博し…虞夏の文知るべきなり」

これは「大日本史叙」に「載籍有らんずば虞夏の文得て見るべからず、史筆に由らんずば何を以てか後の人をして観感するところあらしめんやと」として義公の修史の志を記述した出典となってゐる。

②「天下は重器、王者は大統、天下を伝ふる斯の若きの難きを示すなり」

これは堯・舜・禹の間に於ける禅譲についての記述であるが、この一事は我が国の皇位の継承・授受の重事たることの自覚を喚起し、遂には「大日本史」の三大特筆である南北朝正閏論に発展するに至った原典と考へる事ができよう。

③「堯天下を許由に譲る、許由受けず、之を恥ぢ逃隠す」

これは卞随・務光と共に禅譲を辞退した事例を記述したもので、太伯・伯夷・叔斉等の事蹟と共に、義公の藩主就任と譲国問題についての反省と決意を促す一因となったものと云へよう。

④「孔子、古の仁聖賢人、呉の太伯伯夷の倫の如きを序列」

許由・務光は極めて高潔なるにも拘らず、孔子の文辞に表れないのは何故かと慨嘆すると共に、孔子の如き聖人の顕彰を得て初めて後世に名を残すことが出来るとするならば、ひるがへって我が国の仁聖賢人の業績を顕彰し後世に名を残す為には、『史記』の如き歴史を編修する必要があるとの考へに至るであらう。

⑤「孔子曰く、伯夷叔斉、旧悪を念はず」

しかし、伯夷・叔斉の胸中には果たして怨み無しか、孔子の言と雖も怪しむべしと疑議を提し、伯夷叔斉の伝記に移るのであるが、ここに司馬遷の歴史家として史料の収集力と判断力が発揮される。ここに義公が通説に惑はされずに歴史事実を究明しようとする、歴史批判の精神の淵源を見ることができる。

⑥「伯夷曰く、父の命なりと。遂に逃れ去る」

これは義公が兄頼重を越えて藩主となったことに対する自覚と反省を促し、延ひては譲国の決意に至らしめた一文である。

⑦「臣を以て君を弑す、仁と謂ふべけんや」

伯夷叔斉の武王への諫言は、君臣・父子の大義を述べたものであり、これは元禄三年十一月、義公が譲国に際して遺した綱條への遺訓に「君以て君たらずとも臣臣たらざるべからず」とある一文の根拠であり、義公の大義の判断の根本となったものと思はれる一節である。

⑧「暴を以て暴に易ふ、其の非を知らず」

ここで伯夷叔斉が武王の武力放伐による革命を批判した事を述べると共に「義、周の粟を食はず、首陽山に隠る。…遂に首陽山に餓死」した高潔な生涯を記述したことは、義公の国体譲持の決意と晩年に西山に隠棲した事と密接に関連する所である。

⑨〜⑫「天道親無し、常に善人に与みす」として、伯夷叔斉・顔淵の不遇を挙げ、延ひては司馬遷自身の不遇を託して、「天道は是か非か」と慨嘆し、「歳寒くして然る後松柏の凋に後るるを知る」如く、「世を挙り混濁し、清士乃ち見はる」として伯夷叔斉の清廉の士の出現が偶然ならざることを叙述してゐる。義公にとって天道と善人、混濁の世と清士との関係は深刻な反省点であったものと思はれる。

⑬「君子は世を没るまでも名の称せられざるを疾ふ」

君子は徒に名声を求めるのでは無く、名誉を称せられるやうな業績を残し得ない事を憂へるべきであるが、しかし伯夷叔斉の如き賢人と雖も、孔子の賞賛を得て初めて其の名が彰はれたのである。義公は歴史上の人臣を是非することにより、其の名を後世に顕彰すると共に、義公の修史事業の業績により、自らの名も後世に残す事が出来ると考へたのではないかと思はれる。

それは前述の遺迎院応空の書翰に、

下官史記編修の事、第一上古より近来迄の事を記録仕候て、後世の重宝にも可罷成哉と存、次には下官事武家に生長仕候得共、太平の時節に候故、何にても武名を立申事無之候、然は家業にて無之候へ共、書籍編集仕候は丶、少は下官名も後世え伝り可申哉と存立申事候、とある一節により推察することができよう。

⑭「青雲の士に附くに非ずば、悪んぞ能く後世に施さんや」

孔子の如き青雲の士の評論があって初めて伯夷叔斉の名が残り、更には司馬遷の『史記』によりその業績が後世に伝はることが出来たのであるならば、義公としては「本朝の史記」を編集し、本朝の人臣を是非し、忠義の士の名を後世に残そうと考へたであらうし、更に推察するならば義公自ら「青雲の士」となり「本朝の司馬遷」たらんとしたのではなかったらうか。

以上は『史記』伯夷伝と義公との関連を敷衍しながら考察して見た次第である。

ところで、義公は武王の武力による革命（放伐）と伯夷叔斉の諫言について次のやうに述べてゐる。

文王は聖人也、武王は聖と申しがたし、伯夷が諫こそ正道なれ、武王簒弑の議のがれがたし、亦書経をみるに殷を伐つ時さまざま諭言多く、殷を伐ちて後も民なつき難かりしを、言弁多くなだめられしこと、堯舜にあるまじき事也。それ大義の正道はいひわけを用ひず。(5)

として、武王を厳しく批判すると共に伯夷叔斉の態度を称賛し、さらに書経により堯舜の禅譲と武王の放伐との相違にも言及してゐるのである。

また、義公は江戸の小石川邸内の後楽園に「得仁堂」を建立し、その堂内に伯夷叔斉の木像を祀った。(6)

「得仁堂」の名称は『論語』述而篇に由来する所である。

伯夷叔斉は何人ぞやと。曰く、古への賢人なりと。曰く、怨みたるかと。曰く、仁を求めて仁を得たり。又何ぞ怨みんと。

この「仁を求めて仁を得たり」について、孔安国の註に、

国を譲るを以て仁と為すものは蓋し古訓なり。左伝僖公八年に「子魚曰く、能く国を以て譲る、仁孰かれ焉より大ならん」と、以て見るべし。

とあり、ここでの「仁」とは、即ち伯夷叔斉が国を譲りあったことを意味してゐるのであり、一般的に言ふ所の「仁」とは意味が異なる事に注意する必要があらう(7)。

たとへば『論語』学而篇に、

子曰く、弟子入りては則ち孝。出でては則ち弟。謹みて而して信。汎く衆を愛して仁に親しみ、行ひて余力有らば則ち以て文を学ぶ。

とある「仁」については、朱子は「心の徳、愛の理」と説いてゐるが、一般的に「仁」は広義には道徳全体をいひ、狭義には「いつくしみ」または「なさけ」の意味と理解されてゐる。

以上のことからこの「得仁堂」は明らかに伯夷叔斉の譲国の一事に由来し、義公の伯夷叔斉への敬慕の念は、その木像を制作せしめて堂内に安置し、これを神仏の如く崇敬するに至ったものと考へることが出来よう。

以上の如く、『史記』伯夷伝と義公の事蹟とを対比しながら検討して来たのであるが、これらの事から『史記』伯夷伝は義公の譲国の自覚と決意を促し、さらには修史の志をも触発せしめた事を充分に考へる事ができるであらう。

(二)『史記・呉太伯世家』

次に太伯（泰伯）と義公の関係を見ていくことにしよう。

『史記』呉太伯世家に、

呉の太伯、太伯の弟仲雍、皆周の太王の子にして、而して王季歴の兄なり。季歴賢にして、而して聖子昌あり。太王、季歴を立て以て昌に及ばさんと欲す。此に於て太伯・仲雍の二人乃ち荊蠻に犇る。身を文り、髪を断ち、用ゆべからざるを示し、以て季歴を避く。季歴果たして立つ。是を王季と為し、而して昌を文王と為す。太伯の荊蠻に犇り、自ら勾呉と号す。荊蠻之を義とす。従ひて之に帰すもの千余家、立てて呉の太伯と為す。太伯卒す。子無し、弟仲雍を立つ。之を呉の仲雍と為す。（下略）

とあり、これによると、呉の太伯には二人の弟がをり、父の太王は末弟の季歴に継がせ、更にその子昌に継がせようといふ考へであることを知り、次弟の仲雍と共に荊蠻（荊は楚の旧号、蠻は越の称）へ出奔し、身にほりものをし、髪を断ち、南蛮の風俗をして、後継者として相応しくない者であるとの態度を示した。果たして季歴が継いで王季となり、さらにその子昌が継いで文王となった。荆蠻では太伯の行為を義として、立てて呉の太伯と為した。太伯には子が無く、弟を立てて呉の仲雍とした。

ところで太伯の譲国は三回に及んだとされるが、三譲の事蹟については諸説がある。

『史記評林』の註によれば、

太伯の少弟季歴、文王昌を生む。聖徳あり。太伯、其の必ず天下を有つことを知る。故に国を季歴に伝へんと欲す。太王、病むを以て、薬を呉・越に採るに託して反らず。太王薨じ、而して季歴立つ。一譲なり。季歴薨じ、而して文王立つ、二譲なり、文王薨じ、而して武王立つ、遂に天下を有つ、三譲なり。（原漢文・以下同じ）

とあり、これによれば、太伯は季歴の子昌に聖徳があり将来必ず天下を有つであらう事を知ったが故に、先ず季歴に譲り、次いで昌に及ばさうと決意したのであったといふ。

そこで、第一に季歴に譲り、第二に文王に譲り、そして第三に武王に譲った。これが太伯の「三譲」であるとしてゐる。

ところが、この「三譲」については更に別の説があり、同書には「釈に云ふ」として

太王病む、薬を採るに託し、生きるに之に事ふるに礼を以てせず、一譲なり。太王薨じて反らず季歴をして喪に主たらしめ、之を葬るに礼を以てせず、二譲なり。髪を断ち、身を文り、用ふべからざるを示す。歴をして祭祀を主たらしめ、之を祭るに礼を以てせず。三譲なり。

との説をあげ、「三譲」を太伯と季歴との関係に限定して解釈してゐる。

即ち、太王が病気になると採薬に託して国を出て生前に仕へず（一譲）、薨去後も帰国せず、季歴をして喪主たらしめた（二譲）、その後、断髪文身して異国の風俗となし、王を継ぐに相応しくない身であるとの態度を示し（三譲）、いづれも、王位継承者たるに相応しい礼を尽くさないことにより、少弟の季歴が王を継ぐように仕向けたのであるとしてゐる。

なほ、これらの行為を行った太伯については、孔子は『論語』泰伯第八の中で、

子曰く、泰伯は其れ至徳と謂つべきなりと。三たび天下を以て譲る。民、得て称するなし。

と述べ、この「三譲」について、鄭玄は次のやうに註してゐる。

大王疾む、泰伯因りて呉越に適き、薬を採る、大王歿して返らず、季歴喪主たり。一譲なり。季歴之を赴《つ》ぐ、来りて喪に奔せず。二譲なり。喪を免するの後、遂に断髪文身す。三譲なり。三譲の美、皆隠微にして著れず。故に人得て称するなし。

といふやうに、泰伯と季歴との関係に限定してはゐるが、その解釈に多少の相違がみられる。また、論語の「民、得て称するなし」について、三譲の美徳は皆隠微にして表に現れざる為、世間の人々には知られず、従って、泰伯の美徳を賞賛する者は無く、そこが泰伯の至徳たる所以であると孔子の意を説明してゐる所は注意すべき点であらう。

また、陳天祥は、泰伯の「三譲」の態度を次のやうに解説してゐる。

泰伯は商道のやうやく衰ふるを見、生民の其の生を聊んぜざるを憫むに方り、其の弟は賢なり、其の姪は聖なり。弟承くるときは、姪嗣ぐことを得。故に国を王季に致して以て文王に及ぼし、殷商を輔翼し、以て斯民を救恤せしめんと欲す。是れ其の譲を為すや、惟是れ天下の故を以てなり。然れども譲は美徳なり。己其の美徳を有すれば、父弟をして其の悪名を受けしむ。猶ほ其の至れる者に非ず。鄭玄曰く、大王疾めり、泰伯呉に適きて薬を采り、大王歿すれども返らずと。理或は然らん。既に采薬に託して去るときは、大王に於ては、長を舎てて少を立つるの嫌いなく、王季に於ては、弟を以て兄に先んずるの疑なく、其の授受の間、偶然止むことを得ざるに出でて然る者の如し。其の跡隠微にして、忠孝の至れる、孰か知りて孰か之を傾ふことを得ん。是れ其の至徳たる所以なり。故に夫子之を美めたまひしなり。

要するに、ただに隠微であるだけでなく、その王位の授受の間に、父子・兄弟の関係に於て、何ら不自然なものがなく、偶然に止むを得ざる結果に出たものであるとの行動を取ったところが、至徳たる所以であると述べてゐる。

これは太伯の譲国の記述であり、太王の長子太伯が甥の昌（文王）に譲るために先ず次弟の仲雍と共に身を避けて末弟の季歴に譲ったこと、また呉の太伯は子無くして卒したため、更に弟の仲雍に譲る事になった。従って太伯は二人の弟に二度に及んで譲国した事になるのである。

ここで伯夷・叔斉と太伯の譲国の事情を比較すると、伯夷・叔斉は父の命は弟にあったが、兄弟推譲して、共に出奔し仲子が継承したが、太伯の場合は父の意志は弟季歴及び甥の昌（文王）にあり、それを知った太伯は弟仲雍と共に身を晦まし、止むなく弟が継ぐやうに仕向けたと理解することができる。

ところで、義公の場合は、将軍の命令により世子となり、藩主となった。しかし、『史記』を読んだ義公は仁は譲国より大なるは無しと覚り、また長幼の序を乱すことは大義に非ずと判断したが、太伯・伯夷・叔斉の如く出奔も出来ず、そこで熟慮の末、太伯の「三譲・陰徳」に倣ひ独自の工夫をし、遂に兄の子を養ひ譲国することを決心したものと思はれる。

但し、ここで見落としてはならないのは、太伯が弟季歴および甥昌（文王）に譲ったのみならず、呉の太伯に子なくして弟の仲雍に呉の国を譲ってゐることである。

これは義公の場合、まず、実子はもうけないことを決意したこと、即ち自分に子があれば親子の情から嗣子と為し、或は第三者から嗣子として推薦されないとも限らないからである。結局、義公は兄の子綱條に譲ったが、思ひもよらず義公には実子常頼が出生してゐて請はれて兄頼重の養子となり高松藩の藩主となったのではあるが、常頼に子なくして頼重の子が第三代の高松藩主となり、遂に義公の血統は絶えてしまふのであった。

義公の譲国は、呉の太伯に倣ふこと、ここまで徹底してをり、義公も亦「仁を求めて仁を得たり」と云ふことが出来るであらう。

なほ。『史記』伯夷伝・呉太伯世家の影響に起因する義公の嗣子問題は、水戸家のみの問題に止まらず、宗家に当たる徳川将軍家の継嗣問題、延ひては皇室の正閏問題にまで発展していくのである。即ち義公に於ける修身・斉家・治国・平天下の実践上の問題である。

これについて少しく敷衍するならば、十八歳の立志による人倫の大義（父子の親・君臣の義）の自覚と学問に始まり（修身）続いて水戸家の継嗣問題を嫡子（長子）相続を正統とする原則を確立した。（斉家）

さらに、五代将軍綱吉の継嗣問題に際しては、綱吉の兄綱重（甲府宰相）の子綱豊を嗣子とするのが道であると強く主張して、遂に綱豊を六代将軍としたのは義公の功績であった。（治国）

さらに敷衍するならば、南北朝の問題については、北朝を正統とする当時の通説に対して、南朝を正統とする大旗を掲げて歴史的実証をし、朝廷の正閏問題に判断を下したことは『大日本史』の特筆の一つであることは周知のことである。

この南朝の正統性を実証したことは、延ひては皇位が後小松天皇へ継承されたことにより、現在の朝廷の正統性を証明することにもなり、決して現在の朝廷に対する尊皇の大義に反することにはならないものと思はれるのである。

四　義公と陶淵明

これまでは『史記』の伯夷伝及び呉太伯世家と義公の事蹟を比較検討してきたが、その結果、義公の譲国の決意と工夫、修史の志を立てた事との関連が更に密接なものであった事が明らかになった。

しかし、これだけでは義公の事蹟の中での重大な問題が解決されないのである。即ち引退に伴ふ種々の疑問、例へば何故に元禄三年十月に突然に引退したのか、或は何故に権中納言への任官を辞退しようとされたのか、或は何故に西山荘の規模・造作が質素であったのか、等々の疑問が何ら解決する事が出来ないのである。

これらの疑問を考察していく中で、手掛かりとなったのは「梅里先生の碑陰并びに銘」と陶淵明の「五柳先生伝」との関係であった。

この二つの文は題名・文体・語句など、極めて類似する所が多く以前からこの関連については指摘されてきた所であった。

しかし、これまた何故に義公は陶淵明に倣って自叙伝ともいふべき重大な碑文を書いたのかといふ事についての明確な説明はなされていなかったやうに思はれるのである。

卒然と見れば酒を愛し、隠逸の詩人といはれた陶淵明と君臣の大義を重んじ、修史事業に生涯を懸けてゐた義公とは異質なものと見られ、その本質にまで及んで注目されたことは従来ほとんどなかったのである。

次に、それらを踏まへて義公と陶淵明の関連を考察して見ることにしたい。

(一) 陶淵明の人柄

陶淵明（西暦三六五～四二七）は六朝時代の晋から宋にかけての人で、その記述は『晉書』・『宋書』・『南史』にあり、また梁の昭明太子の撰した「陶淵明伝」がある。

ここでは『晉書』・隠逸伝に収める「陶潜」によりその事蹟をみることにしたい(8)。

陶潜、字は元亮、大司馬侃が曽孫なり。祖茂は武昌の太守。潜少にして高尚を懐き、博学善く文を属す。穎脱不羈、真に任せて自得す。郷鄰の貴ぶ所と為る。嘗て五柳先生伝を著す。（中略）時の人之を実録と謂ふ。親老ひ家貧なるを以て、起ちて州の祭酒となるも、吏職に堪へず、少日にして自ら解きて帰る。州主簿に召くも就かず。躬ら耕し自ら資く。羸疾を抱き、復た鎮軍建威参軍と為る。親朋に謂ひて曰く、聊か絃歌して以て三徑の資と為さんと欲す、可ならんかと。執事之を聞き以て彭澤令と為す。素と簡貴にして私に上官に事へず。郡督郵をして県に至らしむ。吏白す、束帯して之に応ずべしと。潜歎じて曰く、吾れ五斗米の為に腰を折りて拳拳として郷里の小人に事ふこと能はざらんやと。義熙二年、印を解きて県を去る。乃ち帰去来辞を賦す。（中略）このころ著作郎に徴するも就かず。（中略）未だ嘗て造詣する所あらず。之く所は唯だ田舎及び盧山に至りて游観するのみ。刺史王弘、元熙中を以て州に臨む。甚だ欽みて之を遅つ、後ち自ら造る。潜、疾と称して見へず。既にして人に語りて云ふ、我が性世と狎れず、疾に因りて閑を守る、幸に志を潔くし声を慕ふに非ず、豈に敢て王公の軫を紆ぐるを以て栄と為さんや。夫れ謬は不賢を以てす、此れ劉公幹の謗を君子に招く所以にして其の罪細からざるなりと。（中略）弘、後に見へんことを欲す。輒ち林澤の間に於て之に候す。酒米の絶に至れば、亦時に相ひ贍る。其の親朋好事、或は酒肴を載せて往けば、潜も亦辞する所無し。一酔毎に則ち大適融然たり。又生業の家務を営まず、悉く之を児僕に委ぬ。未だ嘗て喜慍の色あらず、唯酒に遭へば則ち飲む。時に或は酒無くも、亦雅詠輟まず。嘗て言ふ夏月虚間、北窓の下に高臥し、清風颯と至り、自ら謂ふ羲皇上人と。性、音を解せず。素琴一張を蓄へ、絃徽具はらず。朋酒の会毎に則ち撫して之に和して曰く、但琴中の趣を識る、何ぞ絃上の声を労せんと。宋の嘉中を以て卒す。時に年六十三。所有の文集、並びに世に行はる。

これにより陶淵明の人柄をほぼ窺ふことが出来るが、概して陶淵明は隠遁間適の人であり或は詩酒逸遊の人と一般に見なされ誤解を受けて居るところが多い。その中にあって陶淵明の真髄は大義にありとして顕彰したのは我が国の浅見絅斎であった。絅斎は『靖献遺言』の「晋處士陶潜」の章の中で次のやうに講義してゐる。

大凡身天下国家の軽重に関はる事あつて、故有り見る事有つて仕へざる者、之を處士と謂ふ。處士の号其重き事かくの如し。漢より下處士を以て世に称せらるる者間これ有り。陶潜の如きは特に其傑然たる者なり。晋を以て之に冠らしむるは何ぞや。（中略）東晋は江南に僻居すと雖も、西晋の末なるを以て是を正統とす。其後安帝に至りて、政また衰へ劉裕権をとり国を専にす。天下これに倚りて安危す。然るに裕赤心国の為に力を尽し忠を尽さずして、主君の昏弱を幸として、国を簒ひ号を僭するの志あり。陶潜自ら陶侃が子孫にして、数世国家の臣たるを以て、これを悪み、其簒奪の機已に形はるるを見て、終にまた仕へず。裕已に位を奪ふに及びて、これを召せども至らず。其年号を用ひず。其義を全うして以て終る。是れ則ち表裏始終晋の臣たる也。

また、帰去来辞の講義に於ては、

此篇の名文と云ふ事は、世間にありふれて皆知りたる事なれども、只風流なの佳句があるのと云ふ計りにて、陶淵明大義の大根源から流れ出たる文章の骨を知らず。只文章家詩賦家者流の尊ぶ所となりたるこそ浅猿しけれ。（中略）此の篇の大旨淵明の気象の洒落高逸なる所を知るを要す。末句の「夫の天命を楽しんで復奚ぞ疑はん」と云へる者、淵明の胸襟の見処のつまる所、実に是に於いて見るべし。（中略）淵明の宋に仕へざる大義の出処も、此胸中より根ざし出づるなればこそ、義に安んじ悔ゆる事無くして、其節義を全くせられたれ。

と述べ、陶淵明の本質は名文佳句にあるのではなく、その奥の洒落高逸なる所に有ることを指摘されてゐるのである。

また、平泉澄博士も『芭蕉の俤』の中で「陶淵明」について研究評論され、陶淵明は済世救国に心をかけながら、時を得ずして山に入り世にかくれて隠遁の生活に身をまかせたが、彼は決して放逸の人ではなかった、その田園にかへり自ら耕したのは、ただ清節を守らんがためであり、道を守り義を思ふ故に、一寸の光陰を惜しみ、一日の再び晨なりがたきを歎いたのであると述べられてゐる。

(二)　陶淵明と伯夷叔斉

すでに陶淵明の人柄について一応の見解を見ることができたが、さらにその全集により陶淵明の本心を明らかにしていくことにしたい(9)。

初めに、本論と関係のある伯夷叔斉と陶淵明との関係について、その詩文の中から見て行くことにしよう。

まづ「読史述九章」に『史記』を読んでの詩がある。

余、史記を読み、感ずる所有りて之を述ぶ。

として順次、「夷斉」・「箕子」・「管鮑」・「程杵」・「七十二弟子」・「屈賈」・「韓非」・「魯二儒」・「張長公」の九章の詩篇を述べて行く。

夷　斉

二子国を譲り　　　海隅に相将ゆ
天人命を革め　　　絶景に窮居す
薇を采りて高歌し　黄虞を慨想す
貞風俗を凌ぎ　　　爰に懦夫を感ぜしむ

これは先に掲げた『史記』の伯夷伝に基づくことは云ふまでもない。伯夷叔斉はかつて互いに譲国し、ついで武王に君臣の道を説いて諫めるも用ひられざるを以て西山の絶景に窮居し、世の衰へを悲しみ、周の粟を食はずして遂に餓死したが、その貞烈の風、群俗を凌ぎ、柔弱の意気地のない懦夫をも感憤せしむるの気概があると述べてゐる。

第二の「箕子」の篇では、

郷を去るの感　　　猶ほ遅遅たるあり
いはんやこれ代謝し　觸物皆非なるをや
哀哀たる箕子　　　いかんぞ能く夷らげん
狡童の歌　　　　　悽たり其れ悲し

と詠じた。箕子は殷の太師で、殷の紂王が無道なるを痛諫して反って囚はれ、狂人の真似をして奴となった。その後、武王が紂王を滅ぼした為、箕子は周の臣となることを欲せず、五千人を率ゐて朝鮮に逃避し、朝鮮の君主となった。陶淵明は郷土を去るに臨んだ箕子の心境を哀れみ、その感慨を述べたものである。即ち、去るに臨んでは感慨深いものがあり、足は遅遅として進まず、まして国家の代謝に会ふの時には尚更である。箕子の力ではどうしても周を平げることは出来ないであらう。箕子の作れる狡童の歌を詠むに、その調べは凄惨にして、その音は悲しいと述べてゐる。

その箕子の亡国に遭遇した悲運は、同時に陶淵明が仕へた晋が宋のために滅亡するに遭遇し、宋に仕官する事を拒絶し、その正朔を用ゐることを拒否した自分の境地に相ひ通ずるものを感じてのことであらう。

伯夷叔斉といひ箕子といひ、共に革命に遭遇し、或は己の道を守って餓死し、或は故国を去り異国に道を守ったことに深い同情と共感を抱いて居たことは、陶淵明が辞官帰郷することにより己の節を守った行動と深い関係があらう。

前述した『靖献遺言』の「晋處士陶潜」は、この「読史述九章」の夷斉の篇を述べたものであり、陶淵明の詩文の中で最もその真髄を表してゐるものと見るべきである。

また、「飲酒　二十首并序」の中にも伯夷叔斉のことを詠んだ詩が見える。

其の二

積善には報ひ有りと云ふ　　夷と叔とは西山に在り
善悪苟くも応ぜずんば　　何事ぞ空言をたてし
九十にして行くゆく索を帯にす　　飢寒況んや当年をや

　固窮の節に頼らずんば　　　百世当に誰をか伝ふべき

「積善には報ひ有り」とは『易経』の「積善の家には必ず余慶あり」に基づくものであるが、また、『史記』伯夷伝の「仁を積み行ひを潔くする此の如し、而して餓死す」の文事を踏まへてのものであることは、次の「夷と叔とは西山に在り」と続く一節により明らかであり、「善悪、苟くも応ぜず」とは伯夷伝の「天道は是か非か」を受けてのものであらう。「固窮の節に頼らずんば、百世当に誰をか伝ふべき」とは、同じく伯夷伝の末尾の一節「巌穴の士、趨舎時あり、…いずくんぞ能く後世に施さんや」を受けてのものであり、「固窮の節」とは『論語』衛霊公「君子は固より窮す、小人は窮すれば斯に濫る」より出で、君子はもとより困窮する時もあるが、天命に安んじて怨恨することがない、その困窮を覚悟の上で清節を守る者のみが後世に名を残すことが出来るのであるとして、伯夷叔斉や顔淵の「固窮の節」を讃へてゐるのであり、同時に陶淵明自身も「固窮の節」を守る者であることを言外に含んでゐる事を知ることができよう。

　さらに、其の十一の詩にも、それらの気持ちを良く表したものが見られる。

　顔生は仁を為すと称せられ　　　栄公は有道と言はるるも
　屢しば空しくして年を獲ず　　　長く飢ゑて老に至れり
　身後の名を留むと雖も　　　一生亦た枯槁す
　死し去りては何の知る所ぞ　　　心に称ふを固より好しと為す

千金の軀を客養するも　　　化に臨んでは其の宝を消す
裸葬何ぞ必ずしも悪しからん　　人びとよ当に意表を解すべし

これには「固窮の節」を更に深めて、生死を達観し、生死を超越した悟りの境地を窺ふことが出来る。「心に称ふを固より好しと為す」と云ひ、「化に臨んでは其の宝を消す」と云ふ一節は、「梅里先生碑」に見へる「嗚呼骨肉は天命の終る所の処に委せ、水には則ち魚鼈に施し、山には則ち禽獣に飽かしめん。なんぞ劉伶のすきを用ゐんや」の境地と共通のものを見ることができよう。

以上の如く陶淵明と伯夷叔斉との関係を『史記』とその詩から見てきたが、これにより陶淵明が伯夷叔斉に対する深い理解と共感と敬慕の気持ちを充分に知ることが出来たと思ふ。

また、これにより義公が『史記』伯夷伝を読み、感憤して「譲国」と「修史」とを固く決意した所のものと同様に陶淵明にも深い感銘と共感とを抱ひてゐたことが知られるのである。ここに義公と陶淵明との共通の基盤を見て取ることが出来るのであり、義公が伯夷叔斉に感憤したと同じく陶淵明にも崇敬の気持ちを抱くに至った理由が理解出来るのである。

㈢　義公と陶淵明

義公の伯夷叔斉にたいする敬慕の念については、すでに明瞭であり、義公が陶淵明を崇敬する理由もまた伯夷叔斉を崇敬するという共通の基盤があった事が理解出来たと思ふのであるが、その義公の陶淵明に対する敬慕の念がもっとも明瞭に文章の上に表れたのが「五柳先生の伝」と「梅里先生の碑陰并びに銘」との関係である。

そこでこの二つの文章の関連について検討して見たいと思ふ。

(1)「五柳先生の伝」

①先生は何許の人なるかを知らず。亦其の姓字を詳にせず。宅辺に五柳樹あり。因って以て号と為せり。

②閒靖にして言少なく、栄利を慕はず。書を読めども、甚だしくは解するを求めず。意に会するあるごとに、便ち欣然として食を忘る。性酒を嗜めども、家貧にして常には得る能はず。親旧其の此くの如くなるを知って、或は置酒して之を招けば、造つて飲み輒ち尽くす。期は必酔にあり、既に酔へばすなはち退き、曽て情を去留に吝にせず。環堵蕭然として風日を蔽はず。短褐穿結し、箪瓢屡空しきも、晏如たり。

③常に文章を著はして自ら娯しみ、頗る己が志を示す。懐を得失に忘れ、此を以て自ら終はる。

④賛に曰く、

黔婁言へる有り、貧賤に戚戚たらず、富貴に汲汲たらずと。其の言を極むれば、茲れかくのごときの人の儔か。酣觴して詩を賦し、以て其の志を楽しましむ。無懐氏の民か、葛天氏の民か。

(2)「梅里先生の碑陰并びに銘」

①先生は常州水戸の産なり。其の伯は疾み其の仲は夭す。先生夙夜膝下に陪して戦戦兢兢たり。
②其の人と為りや、物に滞らず、事に著せず、神儒を尊んで而して神儒を駁し、仏老を崇んで而して仏老を排す。常に賓客を喜び、殆ど門に市す。暇有る毎に書を読み、必ずしも解することを求めず。歓びて歓びを歓びとせず、憂へて憂へを憂へとせず。月の夕べ花の朝、酒を斟みて意に適すれば、詩を吟じ情を放ままにす。声色飲食、其の美を好まず、第宅器物、其の奇を要せず。有れば則ち有るに随つて楽胥し、無ければ則ち無きに任せて晏如たり。
③蚤きより史を編むに志有り。然れども書の徴とすべきもの罕なり。爰に捜り爰に購ひ、之を求め之を得、微隣するに稗官小説を以てす。実を摭ひ疑はしきを闕き、皇統を正閏し、人臣を是非し、輯めて一家の言を成す。
④元禄庚午の冬、累りに骸骨を乞ひて致仕す。初め兄の子を養って嗣と為す。遂に之を立て以て封を襲がしむ。先生の宿志、是に於てか足れり。
⑤既にして郷に還り、即日攸を瑞龍山先塋の側に相し、歴任の衣冠魚帯を瘞め、載ち封じ載ち碑し、自ら題して梅里先生の墓と曰ふ。先生の霊、永く此に在り。
⑥嗚呼骨肉は天命の終る所の処に委せ、水には則ち魚鼈に施し、山には則ち禽獣に飽かしめん。何ぞ劉伶の鍤を用ゐんや。
⑦其の銘に曰く。

月は瑞龍の雲に隠ると雖も、光は暫く西山の峯に留まる。碑を建て銘を勒する者は誰ぞ、源光圀、字は子龍。

(3)「梅里先生の碑陰ならびに銘」と「五柳先生の伝」との比較。

文の構成上の共通点は、初めに①出自（家族）のことを述べ、次に②性格を述べ、続いて③陶淵明は文章を義公は修史について述べ、最後に④賛と⑦銘とを以て終る。(10)

相違点は義公は④藩主引退・譲国と⑥寿蔵碑の建立の事を述べてゐる点である。これはそれぞれの境遇の相違によることであり、止むを得ないものであらう。

但し、「五柳先生の伝」には見へないが、譲国の事は「帰去来辞」により、寿蔵碑の建立の事は「自祭文」に基づく所である事は後述したい。

(四) 義公の事蹟に見る陶淵明の影響

さらに義公の事蹟の中で陶淵明に関連するものを探って見ることにしよう。

①『梅花記』（二十歳前後）「晉の陶淵明が菊を東籬の下にとり、濂渓の翁ははちす葉の濁りにしまぬをたのしみぬ。ともにゆゑあるにや。」（『西山遺聞』）(11)

②三十八歳の時には緑岡に高枕亭を建て、その入口の円山といふ小丘に淵明堂を建立し陶淵明の像を安置したと云はれてゐる。（『常磐公園攬勝図誌』）

③「陶淵明帰去来図賛」（尾州光義卿画清光寺主儒）（『常山文集』一〇七四）

松　三徑に秀で、柳　四鄰を為す。
舟は軽くあがり、雲は岫より出づ。
門は設くと雖も、雅賓無し。
誰か裏に在らん、能く清貧を楽しむ。
壁上　晉の風致有り、淵明に非ずして何人ぞ。

この詩は、「帰去来辞」により陶淵明の郷里の情景を想像して詠じたものであることは明らかであり、それがまた西山荘の情景となってゐることは後述する所である。

④「菊」（輪王寺一品公辨親王の命を承りて詩を賦す）（『常山文集』二四二）

秋老一叢の菊、梅に先じて猶ほ霜を邀ふ。
竹園　五美を鍾し、栗里　重陽に属す。
誰か酌まん王弘の酒、独り醒む屈氏の英。
弱枝　碧玉を彫り、嫩陪　羅黄を畳む。
徑動幽貞の色、風は飜す元吉の裳。
眉を介す甘谷の寿、額を払ふ漢宮の妝。
満地星経の緯、籬を遶りて鶩頡頏す。

花は含む君子の徳、晩節　馨香を逞ふす。

この中にある「誰か酌まん王弘の酒」とは陶淵明と王弘との故事に基づくものである。（前出の『晋書』参照）

その他、『常山文集』などには、陶淵明の故事に因んだもの、或は陶淵明の愛した菊を詠じたものと思はれるものなどが数多く散見する。

これらによると、義公は二十歳頃から陶淵明に親しみ、三十四歳で藩主を継いだ四年後には淵明堂を建立し、陶淵明の像を安置したといふことには深い意味があるやうに思はれるのである。

㈤　義公が陶淵明を崇敬した本心

既に見てきたやうに、義公は伯夷叔斉により、譲国の決意と修史の志を立てるといふ重大な感化影響を受け、また陶淵明は伯夷叔斉の清節と義烈の精神を慕った事が、義公との共通基盤であると見たのであるが、しかし、陶淵明が伯夷叔斉を崇敬したといふことだけでは、義公が陶淵明に深く傾倒したといふ理由がいまひとつ希薄に思へるのである。

古来、伯夷頌を書いた韓退之を始め、伯夷叔斉を崇敬敬慕する人は数多くゐるにも関はらず、何故に陶淵明を選んだかといふことである。

そこで考へられる事は、陶淵明を慕つた本心は「帰去来辞」「田園の居に帰る」などに見られる辞官・帰郷の事蹟にあったのではないかといふことである。則ち心ならずして藩主となり、常に「戦戦兢兢」たる心持ちで過ごしながら、一刻も早く辞官・譲国して「田園の居に帰る」事を切に望む気持があつたのではないか。そして譲国したあと「先生の宿志、ここにおいてか足れり」といふ心境に至つたのであらうといふことである。

その点から義公の事蹟を考察して行くと、種々の疑問が解明されていくやうに思へるのである。

試みに「帰去来辞」と義公の事蹟を比較対照してみることにしよう。

①帰去来兮（かへりなんいざや）、田園まさに蕪んとす。なんぞ帰らざる。既に自ら心を以て形の役と為す。なんぞ惆悵として独り悲しまん。已往の諫められざるを悟り、来者の追ふべきを知る。実に途に迷ふこと其れ未だ遠からず。今は是にして昨は非なるを覚る。

②舟は揺揺として以て軽くあがり、風は飄飄として衣を吹く。征夫に問ふに前路を以てし、晨光の喜微なるを恨む。乃ち衡宇を瞻て、載ち欣び載ち奔る。僮僕歓び迎へ、稚子門に候つ。三徑荒に就き、松菊猶ほ存す。幼を攜へて室に入れば、酒有り樽に盈つ。壺觴を引いて以て自ら酌み、庭柯を眄めて以て顔を恰ばす。南窓に倚りて以て寄傲し、膝を容るるの安んじ易きを審かにす。園日に渉りて以て趣を成し、門は設くと雖も常に関せり。策老を扶けて以て流憩し、時に首を矯げて游歓す。雲は無心にして以て岫を出で、鳥は飛ぶに倦んで還るを知る。景は翳翳として以てまさに入らんとし、孤松を撫して盤桓す。

③帰去来兮（かへりなんいざや）、請ふ交を息めて以て游を絶たん。世と我と相ひ遺る、復た駕して言に焉をか求めん。親戚の情話を悦び、琴書を楽しんで以て憂を消す。農人余に告ぐるに春の及ぶを以てし、まさに西疇に事あらんとす。或は巾車を命じ、或は孤舟に棹さす。既に窈窕として以て壑を尋ね、亦崎嶇として丘を経。木は欣欣として以て榮に向ひ、泉は涓涓として始めて流る。萬物の時を得たるを善し、吾が生の行くゆく休するを感ず。

④已矣乎（やんぬるかな）、形を宇内に寓すること、復た幾時ぞ。なんぞ心に委ねて去留に任ぜざる。なんすれぞ遑遑として何くにか之かんと欲する。富貴は吾が願に非ず、帝郷は期すべからず。良辰を懐ひて以て孤往し、或は杖を植て耘耔す。東皐に登つて以て舒嘯し、清流に臨んで詩を賦す。聊か化に乗じて以て盡くるに帰す。夫の天命を楽しんで復た奚ぞ疑はん。

これを義公の事蹟と比較関連させて考察して見ることにしよう。

①義公が藩主の地位を辞退して田園の居に帰る事を希求する心境を表したものと解することが出来る。「已往の諫められざるを悟り、来者の追ふべきを知る」とは、正に義公の「戦戦競競たり」の心境を表すものであり、「実に途に迷ふこと其れ未だ遠からず。今は是にして昨は非なるを覚る」とは、藩主就任以来の義公の心境を表してゐると云へる。

②「南窓に倚つて以て寄傲し、膝を容るるの安んじ易きを審かにす。園日に渉つて以て趣を成し、門は設くと雖も常に関せり」とは陶淵明の郷里の邸宅の趣を述べたものであり、後述する如く、

義公が辞官・帰郷後の西山荘を想像させるものである。

③「請ふ交を息めて以て游を絶たん。世と我と相ひ遺る、復た駕して言に焉をか求めん」とは、辞官・譲国して、世俗との交際を絶ち西山荘で田園の生活に帰ることを意味し、「親戚の情話を悦び、琴書を楽しんで以て憂を消す」とは「月の夕べ花の朝、酒を斟みて意に適すれば、詩を吟し情を放ままにす」（梅里先生の碑）の境地を表すものであらう。

④「形を宇内に寓すること、復た幾時ぞ。なんぞ心を委ねて去留に任ぜざる」とは、三十年間もの永い年月、藩主の地位にあつたことと譲国した事を表し、後は「聊か化に乗じて以て尽くるに帰す。夫の天命を楽しんで復た奚ぞ疑はん」とは、「梅里先生の碑」に「嗚呼骨肉は天命の終る所の処に委せ、水には則ち魚鼈に施し、山には則ち禽獣に飽かしめん」といふ共通の思想的背景を為すものであらう。以上の如く、義公が陶淵明の辞官・帰郷の一事に最も心引かれるものを感じてゐたとすれば、この「帰去来辞」もまた従来と異なった読み方ができるのではないだらうか。

(六)　譲国・引退にともなふ種々の疑問

義公が陶淵明を崇敬・敬慕した理由は、その辞官・帰郷にあったと考へたのであるが、それにより、これまで疑問とされ謎とされてきた種々の疑問が説明出来るのではないかと思はれる。

(一)　既に疑問として指摘されてゐるもの

①なぜ六十三歳で突然に引退したのか。

従来、その理由として言はれて来たところは、病気のため・将軍との疎遠・辞職勧告・政治への嫌気などであった。(12)

いづれも、それなりの理由はあるが、陶淵明との関係から云ふならば、偶然にもその歿年と同じ年であるといふことに注意すべきではなからうか。

前述の『晋書』のほか、梁の昭明太子の「陶淵明伝」にも、

元嘉四年、将に復徴命せんとす。会卒す。

時に年六十三。

とあり、六十三歳で歿した陶淵明と同じ年令となった義公は藩主の引退を決意し、綱條に譲国したと見ることができるのではなからうか。

「累りに骸骨を乞ひて致仕す」(梅里先生の碑)とは、この年こそ譲国の時期と決断した義公は、他人には一見唐突に見へる如く、突然に致仕したのであらう。推測するにこれは予てよりの義公の決意であったことと思はれるのである。

②なぜ権中納言への任官を辞退したのか。

『義公行実』によると、元禄三年、辞官したとき、

亦、中納言に敍せらる。其の藩を守の日に在り、已に其の分を踰ゆ。いはんや間退の身にお

いてやと。固辞すること再四。執政、諭すに台命の重きを以てす、勢ひ回らすことを得ず。

とあり、また『桃源遺事』に、

　くらゐ山のぼるもくるし老の身は麓の里ぞすみよかりける

とあって、義公が真から辞退したかったことが知られるのである。

従来の説では、或は将軍へのレジスタンスであるとか、又はそれまで昇進が遅れたことは綱吉の意中から出たのであるなどの説明がなされてゐた。

しかし、藩主就任前後から陶淵明の辞官・帰郷の故事に倣ひ、引退・譲国を決意してゐたとすれば、義公にとっては、「富貴は我が願ひに非ず」であり、官位の昇進などには関心がなく、本心からの辞退であったと思はざるを得ない。

③なぜ元禄三年、田中村（日立市大和田町）の郷士大内勘衛門の家で越年したか。

「帰去来辞」の「かえりなんいざ、田園まさに蕪んとす。なんぞ帰らざる」の心境で辞官・帰郷した義公とすれば、「三徑荒に就き、松菊猶ほ存す」所でなくてはならず、水戸城中ではやはり心落ち着かないものがあったのではなからうか。また、「園田の居に歸る」の詩には、

　少うして俗韻に適するなく　性本と邱山を愛す
　誤つて塵網の中に落ち　一去三十年
　羇鳥は舊林を戀ひ　池魚は故淵を思ふ

荒を開く南野の際　　拙を守って園田に帰る

とあり、恐らくは陶淵明の故事に倣ひ、「拙を守って園田に歸る」ことを実行したものと思はれるのである。（註．『古文真宝』には、「歸田園居」に作る。）

なほ、「一去三十年」とあるが、これは義公の藩主在任期間と偶然にも合致してゐる。但し、今は陶淵明の経歴の上から見て、十三年の説が定説になってゐる。

④なぜ西山であったか。

義公の隠居の地が、太田（常陸太田市）の西山であった理由として、従来、三点上げられてゐた。第一は隠居所にふさはしい地理的、自然的環境であり、第二は精神的環境、久昌寺に近く、瑞龍山にも近く、更に伯夷・叔斉の首陽山と同名であること。そして第三に政治的環境として、佐竹氏の本拠であり、秋田へ転封後は佐竹氏の遺臣の土着の土地でもあり、従って水戸藩への協力体制の確立の必要性からこの土地を選んだとされてゐた。それらのいずれも理由あるものと思はれるが、既に述べた如く、陶淵明との関連から見れば、やはり陶淵明の郷里・邸宅を想定して定めたものではないだらうか。

「帰去来辞」に於ける陶淵明の郷里の情景との類似点については前述の通りであり、更に、陶淵明の「飲酒」の一首にも、

廬を結んで人境に在り。而かも車馬の喧しき無し。

君に問ふ何ぞ能く爾ると。心遠くして、地自づから偏なればなり

菊を採る東籬の下。悠然として南山を見る

山気日夕佳なり。飛鳥相與に還る。

此の中に真意あり。辨ぜんと欲して已に言を忘る。

とあり、その情景を想像せしめる叙述が見える。

義公は出家こそはしなかったが、隠者の如き境地を抱き、それに相応しい「仮のすみか」ともいふべき趣を以て西山荘を造作したと見ることが出来やう。そして「廬を結んで人境に在り、而かも車馬の喧しき無し」とは、正に西山荘の位置・環境を良く示してゐるものと思はれる。「菊を採る東籬の下。悠然として南山を見る」とは、義公の「梅花記」に「晋の陶淵明が菊を東籬の下にとり、濂溪の翁ははちす葉の濁りにしまぬをたのしみぬ。ともにゆゑあるにや」の言葉に対比してゐることは明らかであり、義公がかなり早い時期に陶淵明の辞官後の郷里を想像してその様な生活環境に憧れてゐたものと思はれるのである。

⑤なぜ西山荘の規模・造作が簡素なのか。

現在の西山荘は文化十四年（一八一七）に焼失し、文政二年（一八一九）に再建されたものであり、規模は当時の三分の一程度に縮小されてゐるが、その規模・造作などは当時の趣を良く復元してゐるものと思はれる。『桃源遺事』の付図には元の間取りと地形図が記載されてゐるので

現存のものと比較することが出来る。

それによれば、現存のものは義公が日常使用される居間として、御学問所（三畳敷）、御物置（六畳敷）、御寝間（六畳敷）、御座の間（十畳敷）、廊下、玄関などがあり、元の図面には、その他に側近の者が使用したと思はれる御小納戸・御用部屋・坊主部屋などが見え、また御台所・御風呂屋など数部屋が付属施設として設けられてゐたことが知られる。

要するに、規模は三分の一に縮小されはしたが、義公の日常使用する基本的な部屋は完全に復元され、側近や下働きの使用する部屋は省略されたと見ることが出来るのである。

また『桃源遺事』には、西山荘について次のやうな記述がある。

西山公の御山荘は取分佗たる御事也。御簷ハ萱を以て葺るか、上に芝きりといふ草生茂り、（中略）また西山の山口に白阪と云所は、民屋少々有り、その小径を挟て桃数百株を植させ給ひ、増井川の流に柴橋を懸させ、桃源郷と号し給ふ。御垣のめくりには、垂柳四五樹を御うえ、（下略）

とあり、その規模・趣を窺ふことが出来るのである。

その西山荘が大名の隠居所にしては余りに質素・簡略に過ぎてゐることが謎とされてゐたのであるが、今、これを陶淵明の「田園の居に帰る」を見るに、

方宅　十餘畝。草屋　八九間。

楡柳　後園を蔭ひ。桃李　堂前に羅なる。

といふ一節があり、陶淵明の居宅の様子を僅かながら伺ふことが出来るのである。則ち「方宅、十餘畝」とは屋敷の面積を云ひ、「草屋、八九間」とは草葺の家に八・九の部屋があることを示してゐるものであり、これを西山荘の屋敷の広さ、殊に西山荘が草屋葺の家であり、また部屋数が八・九であると見られることなどは、誠に陶淵明の「田園の居」に類似することの多いことに驚くほかは無い。さらには、「楡柳　後園を蔭ひ。桃李堂前に羅なる」ことに至っては、西山荘の桃の林といひ、五本の柳といひ、その詩そのままの景観であり、造作であると云へるであらう。

また「帰去来辞」に「三徑、荒に就き」とあるが、これは陶淵明の庭園に三筋のこみちがあり、それぞれ門・厠・井戸への道であるといはれてゐる。これも西山荘の庭には三つの道、則ち「三徑」のあることが知られる。

なほ、「桃源郷」とは、陶淵明の「桃花源記」によるものであることは付言するまでもないであらう。

以上の様な検討の結果、西山荘は陶淵明の居宅の様子になぞらへて造ったものと考へて間違ひはないと思はれるのである。

⑥引退後の生活は殊更に質素であったのはなぜか。

義公の生涯は質素・倹約を宗とした事は良く知られてゐるが、例へば『桃源遺事』に、尾張公を招請された時、質素なる普請、女中の粗末なる着物などを見て「かくのことく飽まで内の奢を禁し、色を好まれさる段、誠に感し入たる事也」と家臣に申し聞かせたとの事を記した後、「御内證の御様子ハ千石計取申され候御旗本衆なんとの内證とも之れ在るべきか」と述べてゐる。

義公は倹約を自ら実践することにより、家臣への節倹の教へとし、また日常の節約により大日本史編纂のための費用充当のことも胸中にはあったと思はれるし、さらには領民の負担を少しでも軽くするといふ藩主としての方針などによるものであり、そしてまた陶淵明の清貧に倣ったことによるものであらう。

そもそも陶淵明は既に述べた通り、『宋書』では列伝の中の「隠逸伝」に記述されて居り、彼は一時官職に就いたが、晋朝の滅亡に遭遇して、宋に仕へる事を拒否し、己の節を守って職を辞して田園に帰り、自然と酒を友とし清貧に甘んじた、いはゆる隠逸の人と云ふべき人であったのである。

ところで『大日本史』の列伝「隠逸」を見ると、藤原高光・源成信・藤原重家・源顕基・藤原為業・佐藤義清・鴨長明など七人が選ばれてゐるが、義公はこの隠逸の人に殊更に共感を抱いてゐたやうに思はれる。『桃源遺事』に、

水戸城ハ申すに及ばず、御領内御旅行の御道などに、隠者の住候を御聞き候へは、柴の扉へ

も立入せ給ひ候。(13)

とあり、また、同書には、

又　西山公常々仰られ候は、昔顕基の中納言とかやの願ひ給ひし如く、我も配所の月、罪なくして眺まほしきと仰られ候。

とあり、この「顕基の中納言」こそ『大日本史』の「隠逸」伝の源顕基である。

その伝によれば、顕基は大納言俊賢の長子にして、若くして学を好み、典籍を究めることを志し、後一条天皇に仕へ、参議、従三位権中納言に至った。しかし、早くより退素（出家）の志を抱き、常に言へらく、「願くは罪なくして配所の月を見ることを得ん」と。帝の崩御に遇ひ、梓宮（柩）を拝する時、燈を供へざりしを嘆きて曰く、「世情の菲薄なること、一に此に至れるか。古より忠臣は二君に事へず。吾復た朝に立つことを欲せず」と、遂に比叡山に登り出家したといふのである。

「罪なくして配所の月」を眺めたいとは、将来辞官・帰郷して配所の如き「西山荘」で月を眺めたいといふことであり、これを義公が「常々仰られ」てゐたといふ事であれば、義公の辞官・譲国を願ふ気持ちを顕基の中納言に託して、常日頃から時々口に出して云はれてゐたものと思はれるのである。

また、義公は江戸の小石川後楽園に伯夷・叔斉の「得仁堂」と共に「西行堂」を建立して、西

行の像を安置してゐたといはれる。(14)

この西行とは『大日本史』「隠逸」伝の佐藤義清その人である。その伝によれば、鎮守府将軍藤原秀郷九世の孫、勇敢にして弓道を究め兵法にも通じて居り、鳥羽上皇に仕へて北面の武士となり、また和歌の才を以て上皇に親遇された。しかし、親友の突然の死に遭遇し、遂に出家し西行と名乗った。「義清、豪家にして、才を抱き時に遭ひしが、一朝棄て去りて、牽恋する所なかりしかば、時人嗟嘆せり」と。その後諸国を周遊し、嘯咏自適の生活を送り、時に文覚と会見して威圧し、或は将軍頼朝に兵法を講義し、さらには僧慈円に顕密の教法を説いた。後鳥羽上皇は「西行は才思天成、常人の学びて得る所に非ず」と称して居られたと云ふ。(15)

さらに安積澹泊の『大日本史』の賛を見るに、

西行は志節高邁にして卓爾不群、林藪に嘯咏して風雲に笑傲す。遁世して悶無き者に近し。其の身を釈門に捨て、人倫を遺落するに至り、而して罪を聖人に得たるは、則ち当時の習俗、世を挙げて尚ぶ所なり、賢明の士と雖も、免れざること有り。

とある。これにより西行の生涯は、出家・辞官して自然に帰り、なほ節を持して権勢におもねらず、清貧に甘んじ、和歌の道を究めようとしてゐたことが分かる。これこそ陶淵明の生涯に極めて類似し、正に我が国の陶淵明と云ふことが出来よう。

義公は支那に陶淵明を見出し、我が国に西行を発見して、深くその志に傾倒して行き、その現れが「西行堂」の建立となったものと思はれる。

その義公の志は、一は辞官・譲国にあり、二は俗世を離れ自然を友とした隠棲にあり、三は権勢におもねらずして節を守り、己の為すべき道を究めようとされたものと考へることが出来るものと思ふ。

「梅里先生碑」に「仏老を崇めて、仏老を排す」とあるが、義公には儒教を根幹としながらも、仏教・老荘思想をも包含する深い人生観が見られ、これまた陶淵明に通じるものがあると云ふことが出来よう。

(二) さらなる疑問―「嗚呼」の意味するもの

以上の考察により、これまで疑問とされ、謎とされてきた諸点が解明出来たものと思はれるのであるが、陶淵明の文集を見ていく中で、さらにいくつか新たに気付いた点があったので、以下に述べてみたい。

(1) なぜ「綱條への遺訓」を書いたのか。

義公は元禄三年十一月二十九日、江戸出発に当たり詩一編を遺訓として綱條に残した。

我れ今年致仕して故郷に帰る。仲冬二十九日。夙に江戸邸を発つ。別るるに臨みて詩を賦し、男九成に遺す。文、点を加へず、口にまかせて漫りに道ふ。一笑胡盧

①元禄庚午の冬、跡を遁る東海の浜。致仕して印綬を解き、縦に葛天の民となる。

②盤旋す広莫の野、一洗す栄辱の塵。昔は首陽の薇に涎し、今は呉江の蓴を羹す。
③三十有年来、夙志焉において伸ぶ。予去りて又何ぞ、再会の時を知らず。
④嗚呼汝欽め哉、国を治むるは必ず仁に依れ。禍は閨門に始まる、慎みて五倫を乱す勿れ。朋友礼儀を尽し、旦暮忠純を慮れ。
⑤古謂ふ、君以て君たらずと雖も、臣臣たらざるべからずと。（原漢文）

この遺訓を前述の諸文と比較し考察して見ることにしたい。

①「跡を遁る」とは『史記』呉太伯世家の「太伯・仲雍の二人乃ち荆蛮に犇る」に倣ふものであり「葛天の民」とは「五柳先生伝」の「無懐氏の民か、葛天の民か」に基づくものであることは明瞭である。

また②「首陽の薇」とは『史記』伯夷伝によるものであり、「呉江の蓴」とは『晋書』にある張翰の辞官・帰郷の故事を述べたものである。

③「三十有年来」とは義公の藩主就任の寛文三年より譲国した元禄三年迄の三十年間のことを示し、「田園の居に帰る」に「一去三十年」とあるのに対比し、「夙志」とは後に「梅里先生の碑」に「先生の宿志、是に於てか足れり」と述べられる所のものである。（夙志と宿志は共に早くからの志の意味）

問題は次の④「嗚呼汝欽め哉」の基づく所であるが、これを陶淵明の「子儼等に與ふる疏」の文章の中に原典とも云へる語句を見出したのである。

これは陶淵明が五人のわが子に戒めとして書いたもので、

儼俟份佚佟に告ぐ。天地命を賦す。生必ず死有り。古より賢聖、誰か能く独り免れん。子夏言へる有り、曰く死生命有り、富貴天に在り。四友の人、親しく音旨を受く。斯の談を発する者、将窮達妄に求む可からず。寿夭永く外請無き故にあらず。吾が年五十を過ぎ、少うして窮苦、毎に家敝を以て、東西游走す。性剛才拙、物と忤ふ多し、（中略）詩に曰く高山は仰止、景行は行止、爾る能はずと雖も、至心に之を尚べ。汝其れ慎めや、吾復何をか言はん。

といふものであるが、達観した死生観、富貴や窮達を超越した心境などは「梅里先生の碑」に見る精神と共通する所が感じられるが、最後の文に「汝其れ慎めや、吾復何をか言はん」として我が子にその宗とし、向かふ所を指し示す一文は、義公の「遺訓」に類似した文体を見て取ることが出来、また、『書経』を引用して戒めた一節は、義公の「国を治むるは必ず仁に依れ」として修身・斉家・治国・平天下の教へを諭した一文と同じ精神を見ることが出来る。

従ってこの「遺訓」は陶淵明の「子儼等に與ふる疏」にその主旨と体裁とを倣ったものであると見ることが出来よう。

次の⑤「君以て君たらずと雖も、臣臣たらざるべからず」との出典は『孝経』に基づくものであるが、その精神は伯夷叔斉が武王を諌めて君臣父子の大義を説いた一説に基づくものであることは明確である。

なほ、「遺訓」の中に「致仕して印綬を解き」とあるのは『晋書』隠逸伝・陶潜伝に、

吾れ五斗米の為に腰を折りて拳拳として郷里の小人に事ふこと能はざらんやと。義熙二年、印を解きて県を去る。乃ち帰去来辞を賦す。

を踏まへてのものであらう。

(2)なぜ寿蔵碑「梅里先生の墓」を作ったか。

前述の如く六十三歳を迎へた義公は陶淵明の歿年（六十三歳）に至った時期を一つの人生の区切りとして譲国を実行したものと推定した。その意味から同時に自らの寿蔵碑を建立したものと解釈することが出来るが、それを裏付けるものとして陶淵明の「自祭文」を紹介しておきたい。

これは陶淵明が六十三歳の時、恐らく病中の作と思はれ、その後間もなく卒したとされる。

歳惟丁卯、律無射に中る。天寒く夜長く、風気蕭索、陶子将に逆旅の館を辞し、永く本宅に帰せんとす。故人凄其相悲しみ、同じく今夕に祖行す。羞するに嘉蔬を以てし、薦するに清酌を以てす。顔を候へば已に冥く、音を聆けば愈よ漠たり。嗚乎哀しい哉。（中略）空空として我行く、蕭蕭たる墓門、奢宋臣に恥ぢ、倹王孫を笑ふ、廓として已に滅し、慨焉已に遐か、封せず樹せず、日月遂に過ぐ、前誉を貴ぶにあらず、孰か後歌を重んぜん。人生寔に難し、死之を如何せんや。嗚乎哀しい哉。

陶淵明は死を目前にしてゐるとは雖も、未だ存命の時期に、自らを弔ふ文を書いたものであり、これは義公の寿蔵碑（生前に建てる墓）、則ち「梅里先生の墓」に相当するものである。実際に「梅里先生の墓」が完成したのは翌年の元禄四年のことであるが、その建立の意図は前年から抱いてゐたものであらう。

要するに「梅里先生の碑」は、前述の如く文体は「五柳先生伝」に倣い、精神は「帰去来辞」に借り、体裁は「自祭文」に倣ったと見ることが出来る。言はば陶淵明のもろもろの文章の総合的な結晶と見る事が出来よう。

(3)なぜ「楠公の墓」を建立したのか。

「楠公墓碑」の建立の事は、天和・貞享の頃より考慮されてゐたと思はれるが、実際に具体化してきたのは、義公の引退後間もない元禄三年の暮れからであった。翌年義公の命令を受けた佐々十竹（宗淳）は湊川の広厳寺の僧千巌と相談して、元禄五年に完成した。墓碑の表には義公自ら「嗚呼忠臣楠子之墓」と揮毫し、裏面には朱舜水の「楠公賛」の一文を刻んだ。

忠孝天下に著はれ日月天に麗く。天地日月無ければ則ち晦蒙否塞、人心忠孝を廃すれば則ち乱賊相尋ぎ乾坤反覆す。余聞く、楠公諱は正成なる者、忠勇節烈、国士無雙。（下略）

として、楠公はじめ楠氏一族の忠孝を、万世のために顕彰し、ここに日本人の指針を示さうとしたのであるが、義公がこの墓碑を建立した理由をこれまでの本論との関係から考察するならば、以下のやうなことが云へるのではなからうか。

則ち、義公は『史記』に倣ひ『本朝の史記』を編修しようとしたが、司馬遷が伯夷・叔斉の高節を顕彰したやうに、義公もまた本朝の伯夷・叔斉、則ち楠公の忠節を顕彰しようとしたのではなからうか。

単に載籍則ち『本朝の史記』（大日本史）に直筆大書するのみならず「楠公墓碑」を建立することにより、天下後世に顕彰し、我が国の君臣の大義、「君以て君たらずとも、臣臣たらざるべからず」といふ臣下たるの道を示すことにより革命を未然に防止しようとしたものと思はれる。

更に、伯夷・叔斉の高節が「青雲の士」たる孔子により顕彰され、また、同じく司馬遷により『史記』に記述された如く、義公は忠臣たる楠公を『本朝の史記』に記載し、顕彰することにより、延ひては自らを孔子、司馬遷に比して「青雲の士」となり「本朝の司馬遷」たらんとすることにより、文事に於て後世に名を残すことを密かに願ったのではなからうか。

をはりに

義公の嗣子問題の考察に端を発し、『史記』の伯夷伝・呉太伯世家を検討して、従来の諸説を検証し、裏付けしてきたが、さらに種々の疑問の追求の結果、遂に陶淵明の存在に注目するに至った。義公と陶淵明との関係は、従来あまり論じられてゐないため、論証のために思はずかなりの紙数を費やすことになった。これについて述べることは多々あるが大筋に於て論じ尽くしたものと考へてゐる。

最後に思ふことは、義公が如何に真剣に歴史に学び、先人に学ぶこと如何に徹底してゐたかをつくづくと考へさせられたことである。歴史は単なる懐古趣味に非ずして、小にしては己の生涯を決定し、大にしては国家の重大事を判断する基準となるものである事を深く心しなくてはならないであらう。

註

（1）「義公行実」「義公遺事」「桃源遺事」は『水戸義公伝記逸話集成』による。

（2）『大日本史の研究』所収、「大日本史の概説」。

（3）『水戸義公全集』所収、「水戸義公書簡集」。

（4）『二十大漢籍国字解』第五巻、「史記列伝」による。

（5）「西山公随筆」『水戸学大系』五　所収。

（6）「後楽園詩賦」（名越克敏編、県立歴史館所蔵）によると、「得仁堂」には「元伯夷叔斉ノ像ヲ安置ス、今、八幡宮トナル、堂内讃岐瓦ヲ以て甃トス」とある。

また現在の後楽園については、「特別史跡・特別名勝・小石川後楽園」（東京都後援協会発行）には伯夷・叔斉の木像の図が掲載してあるが、同園内の「得仁堂」の中にはその木像は既に無く、またその案内板には「等身像は名工前田助十郎の作にして現在なし」とある。しかし、平成元年水戸市市制百周年記念として開催された、水戸市立博物館での「水戸光圀展」に於て、伯夷・叔斉の木像が展示され注目を集めた。

(7) 簡野道明『論語解義』所収。

(8) 『晋書』巻九十五、第六十四、『和刻本正史』汲古書院刊、所収。

(9) 『続国訳漢文大系・陶淵明・王右丞集』所収。

(10) 修史のことは、義公の草稿には無く、吉弘元常の意見により加筆されたものである。

(11) 「西山遺聞」『水戸義公伝記逸話集成』所収。

(12) 瀬谷義彦氏『水戸の光圀』・名越時正氏『新版・水戸光圀』。

(13) 「桃源遺事」第百九十。

(14) 「後楽園詩賦」(名越克敏編、県立歴史館所蔵)に「西行堂」ついて「團瓢亭ト号ス、西行ノ像ヲ置ク、柳陰ノ額アリ、西行ノ清水流ルル柳陰ノ歌ニヨリテ二字ヲ掲グ、二字ハ時ノ老女左近書ス」と記述されてゐる。

(15) 平泉澄博士『芭蕉の俤』にも「西行」についての論文がある。

五　大日本史の体裁について

――シナ正史と比較して――

はじめに

昭和六十一年は大日本史が完成して八十年といふ記念すべき年であった。常磐神社に於いては十二月七日に記念祝典を斎行し、併せて、水戸史学会と共催で水戸学講座を毎月一回、前後六回にわたって開催した。

大日本史の編修は正保二年（一六四五）義公（光圀）が十八歳の時、史記の伯夷伝を読んで、伯夷叔斉の高義を慕ひ「史筆に由らずんば、何を以てか後の人をして観感する所あらしめんとして、慨焉《がいえん》として修史の志を立て」（大日本史叙）たことにはじまるといふことは周知のことである。

そして明暦三年（一六五七）義公、三十歳の時、史局を江戸の駒込の別荘に設けて編修を開始し、寛文十二年（一六七二）には、史局を小石川邸に移し、名づけて彰考館と称した。その後、水戸徳川家の事業として多くの史臣と長年月を費して、明治三十九年（一九〇六）に至り、遂に完成を見たのである。その間、実に二百五十年にわたる熱意と努力の成果であった。

ところで大日本史に関する研究は戦前、戦後を通して、多くの先学の業績があり、その論議もほとんど尽された感があるが本稿ではその体裁を中心に、シナの正史と比較しながら少し気付いた所を述べてみたいと思ふ。

一　大日本史の部分けとシナ正史

(一)　全体の体裁について

シナには「正史」と称されるものが二十二史ある。いづれも紀伝体で書かれて居り、はじめ「十七史」として、南宋の時に称せられ、明代に至り、毛晋の汲古閣に於いて合刻して整備され、更に、宋史、遼史、金史、元史を加へて「二十一史」として明代の南北監版に刻され、更に「明史」を加へて「二十二史」とした。

清代に至り、乾隆帝が四庫館を開き、旧唐書と旧五代史を補修して之に加へ「二十四史」と称したが、普通、二十二史を以て正史としてゐる。本稿で用ゐたのは、光緒丁未六月上海華商集成図書公司刊行の「欽定二十四史」本である。(1)

先づ、大日本史と二十二史（仮に正史と呼ぶ）との構成を一覧表にしてみた。（表一参照）

表一

書名	構成	巻数
大日本史	(百)本紀 (十七)列伝 (十)志 (五)表	三百九十七巻 目録五 総計 四百二巻
史記	(十二)本紀 (十)表 (八)書 (三十)世家 (七十)列伝	百三十巻
漢書	(十二)帝紀 (八)表 (十)志 (七十)列伝	百二十巻
後漢書	(十)本紀 (八十)列伝	百二十巻
三國志	[魏志] (四)本紀 (二十六)列伝 [蜀志] (十五)列伝 [呉志] (二十)列伝	六十五巻
晋書	(十)帝記 (二十)志 (七十)列伝 (三十)載記 (五胡十六国)	百三十巻
宋書	(八)帝紀 (九)志 (六十)列伝	百巻
南斉書	(七)本紀 (八)志 (四十)列伝	五十九巻
梁書	(四)本紀 (四十九)列伝	五十六巻
陳書	(五)本紀 (三十)列伝	三十六巻
魏書	(十二)帝紀 (九十二)列伝 (十)志	百十四巻
北斉書	(七)本紀 (四十二)列伝	五十巻
周書	(六)本紀 (四十二)列伝	五十巻
隋書	(三)帝紀 (十)志 (五十)列伝	八十五巻
南志。(史)	(十)本紀 (七十)列伝	八十巻
北志。(史)	(十二)本紀 (八十八)列伝	百巻
新唐書	(十)本紀 (十三)志 (四)表 (百四十二)列伝	二百二十五巻
新五代史	(十)本紀 (二十二)列伝 (二)考 世家 十国年譜 附録	七十五巻
宋史	(十六)本紀 (十五)志 (二)表 (百九十七)列伝	四百九十六巻
遼史	(九)本紀 (九)志 (八)表 (四十二)列伝	百十六巻
金史	(十一)本紀 (十四)志 (二)表 (六十七)列伝	百三十五巻
元史	(十三)本紀 (十三)志 (六)表 (八十八)列伝	二百十巻
明史	(十六)本紀 (十五)志 (五)表 (百八十)列伝	三百三十二巻 目録四 総計 三百三十六巻

これら一覧表に見られる特徴的なものを列挙してみると、先づ、大日本史は紀伝体であること云ふまでもないが、その構成が、「本紀、列伝、志、表」となって居り、正史とは体裁を異にしてゐることに気付く。

また、概して、正史の体裁が一定してくるのは、宋史の後で、これらの五史はいづれも「本紀、志、表、列伝」となってゐる。

次に、全体の巻数を見ると、正史の中で多い方では、宋史（四百九十六巻）、明史（三百三十二巻）元史（三百三巻）の順で、一方、大日本史は三百九十七巻であり、宋史に次ぐ大部のもので、規模の雄大なることが知られる。

次に、本紀を見ると、大日本史は百王の本紀、則ち神武天皇より後小松天皇までの百代で筆を止めたので、当然、百代の本紀であるが、皇統は今代に続いてゐること勿論のことである。

一方、正史を見ると、明史の十六本紀から隋書の三帝紀まで、平均して一王朝九・四代、即ち十代に満たない短命の王朝の連続である。これこそ武力放伐、革命の国の実態であり、我が国との大いに相違する点である。

㈡　列伝の体裁について

次に、列伝の体裁についての一覧表を掲げてみよう。（表二参照）

列伝は、本紀以外のすべての人物の伝を編修したものであり、義公が「皇統を正閏し、人臣を是非す」と述べた所の「人臣」についての部である。

第一表と第二表を比べてみると、列伝の篇目の数に大きな相違のあることに気付くであらう。則ち、第一表で、大日本史は、「(十七) 列伝」とあり、史記は「(七十) 列伝」とある点である。史記は、第二表に見るやうに、列伝が四十九巻あり、そのすべてを列伝篇目数に入れてゐるためであり、ここでは、第二表のやうに列伝を一篇目として表にしてみた。

先づ、列伝の巻数を見ると、正史では、宋史の二百五十五巻が最も多く、次いで明史の二百二十巻、新唐書の百五十巻と続き、他は百巻に満たない。一方、大日本史は百七十巻あり、かなり大部のものといへよう。

次に、その篇目を見ると、概ね各史とも共通するものが多くあるが、中でも、大日本史に特徴的なものは、将軍及び将軍家族、将軍家臣の各列伝があることと、名称上の違ひでは、孝子、義烈、諸蕃などがある。

一方、正史に特徴的なものは、循吏、酷吏、游侠、佞幸《ねいこう》、恩倖、姦臣などのほかに、シナ独特のものに、宦者《かんじゃ》、宦官、伶官《れいかん》、閹官《えんかん》、閹党などがある。これらいづれも、「宦官」のことを云ひ、去勢された男が、宮中につかへた者で、春秋戦国時代には「寺人」「奄人《えんじん》」、漢代以後には「宦官」、明、清代には「太監」といひ、宮中の実権を握り、内紛のもとをつくることが多かった。これは唐末のころ

表二

大日本史	后妃　皇子　皇女　列伝　将軍　将軍家族　将軍家臣　文学　歌人　孝子　義烈　列女　隠逸　方技　叛臣　逆臣　諸蕃　（外国）　百七十巻
史記	伯夷列伝　匈奴　南越　東越　朝鮮　循吏　儒林　酷史　大宛　游侠　佞幸　滑稽　日者　亀策　貨殖　（太史公自序）　七十巻
漢書	列伝　儒林　循吏　酷吏　貨殖　游侠　佞幸　匈奴　西南夷　西域　外戚　元后　王莽　（叙傳）　七十巻
後漢書	列伝　党錮　循史　酷吏　宦者　儒林　文苑　獨行　方術　逸民　列女　東夷　南蛮　西羌　西域　匈奴　烏桓　八十八巻
晋書	孝友　忠義　良吏　儒林　文苑　外戚　隠逸　藝術　列女　四夷　叛逆　七十巻
宋書	后妃　列伝　明四王　孝義　良吏　隠逸　恩倖　索虜　鮮卑（他）　夷蠻　氏胡　二凶　（自序）　六十巻
陳書	列伝　孝行　儒林　文学　三十巻
魏書	后妃　神元平文　諸帝子孫　昭成子孫　道武七王　明元六王　太武五王　上景穆十二王　文成五王　上献文王　孝文五王　列伝　外戚　儒林　文苑　孝感　節義　良吏　酷吏　逸士　術藝　列女　恩倖　閹官　匈奴劉聰　僭晋司馬叡　島夷桓公　島夷蕭道成　寔（他）　私署涼州牧　張　高句麗　百済（他）　氐楊難敵（他）　西域（他）　蠕蠕（他）　九十二巻
北斉書	神武豊后　高祖十一王　文襄六王　文宣四王　列伝　儒林　文苑　循吏　酷吏　外戚　恩倖　四十二巻
隋書	后妃　列伝　誠節　孝義　循吏　酷吏　儒林　文学　隠逸　藝術　外戚　列女　東夷　南蠻　西域　北狄　五十巻
北史	后妃　魏諸宗室　道武七王　－明元六王　－太武五王　景穆十二王　文成五王　－献文六王　－孝文六王　斉宗室諸王

（北史）
周宗室
周室諸王
隋宗室諸王
外威
儒林
文苑
孝行
節義
循吏
酷吏
隠逸
藝術
列女
恩倖
僣偽附庸
高麗（他）
西域
蠕蠕
突厥
（序傳）
百巻

旧唐書
后妃
列伝
外威
宦官
良吏
酷吏
忠義
孝友
儒学
文苑
方伎
隠逸
列女
突厥
廻紇
吐蕃
南蠻
西戎
東夷（日本）
北狄

安禄山（他）
朱泚（他）
百五十巻

新唐書
后妃
宗室
高祖
太宗
三宗諸子
十一宗諸子
諸帝公主
列伝
諸夷蕃将
忠義
卓行
孝友
隠逸
循吏

儒学
文藝
方技
烈女
外戚
宦官
酷吏
藩鎮魏博
〃鎮冀
〃盧龍
〃淄青横海
〃宣武彰義
澤潞
（突厥）
（吐蕃）
（回鶻）
（沙陀）
北狄
東夷（日本）
西域
南蠻

姦臣
叛臣
逆臣
百五十巻

旧五代史
后妃
宗室
（唐書第二）
后妃
宗室
列伝
七十七巻

宋史
后妃
宗室
公主
列伝
循吏
道学

儒林
文苑
忠義
孝義
隠逸
列女
方技
外戚
宦官
佞幸
姦臣
叛臣
世家
周三臣
外國
蠻夷
百六十二巻

遼史
后妃
宗室

列伝
文学
能吏
卓行
列女
方技
伶官、宦官
姦臣
逆臣
外紀
（國語解）
四十五巻

金史
后妃
始祖以下
諸子
列伝
世戚
忠義
文藝

孝友・隠逸
循吏
酷吏・佞幸
列女
宦官・方技
逆臣
叛臣
外國
西夏
外國
高麗
七十三巻

元史
列伝
儒学
良吏
忠義
孝友
隠逸
列女

釋老
方技
宦者
姦臣
叛臣
外國
安南
緬（他）
九十七巻

明史
后妃
興宗孝康
皇帝
—睿宗献皇帝—
諸王
公主
循吏
儒林
文苑
忠義

孝義
隠逸
方伎
外戚
列女
宦官
閹黨
佞倖
姦臣
流賊
湖廣土司
四川土司
雲南土司
貴州土司
廣西土司
外國
韃靼
瓦剌（他）
西域
二百二十巻

より流行を極めた纏足《てんそく》（女児の足の指を布で巻き足裏に折り込む）と共にシナに起った悪習であり、かつて我が国では一度も取り入れなかった所のものである。

大日本史の列伝の篇目について、かつて義公の指示したものがある。「御意覚書」の天和四年（一六八四、貞享元年）八月十一日の条に、

一皇后ヲ伝ニ可レ立、本紀トスベカラズ、

一皇子、皇女、盡ク伝ヲ立ツベシ、例ハ新唐書ノ皇子皇女伝ノコトクニスベシ。皇子ハタトヒ僧ニテモ伝ヲ可レ立、不レ可レ論二其有事無事一。

一皇后ノ諱ヲ題ニ出スベカラズ、諡カ若《もし》諡ナクハ姓ヲ標スヘシ、各其帝王ノ号ヲ上ニ冠ラシムベシ、タトヘバ玄宗楊貴妃ノゴトシ。

と述べて、細事にわたり指示してゐることがわかる。[2]

また、正徳五年（一七一五）の修大日本史例の一条に、

一凡そ事の伝ふべき無きものは、三公と為ると雖も伝を立てず。而して其の父祖に附す。孝友、義烈、和歌者流、方技、隠逸、節婦、才女の類の如き、事の伝ふべきものあれば、微と雖も、伝を立つ。（原漢文）

とあるが、この義例は、元禄九年の重修紀伝義例に基づくものであり、義公在世の時にこの篇目は確立されてゐたと思はれるから、これも義公の指示によるものとすることができよう。[3]

これについて、併せて考へるべきは、次の義公の史記評である。「西山随筆」の儒学の条に

一司馬遷が史記を見るに忠臣義士の功名高き人の伝くはしく是を載ス。然れは漢の紀信ハ高祖の身かはりに立て、身を火に亡せり。当時、紀信なかりせは高祖の命保かたからん。かほどの大忠を何ぞ列伝に載ざるや。或人、紀信ハ只此一事のみにて其外事実知れざるゆへに、特に伝を立ずといふ。大なる誤なるべし。天下の無雙の大忠節、誠に百戦百勝の功よりもすぐれたり。如レ此の人は蕭曹、張陳が伝とならべ立べき也。伝短とて省《はぶく》べからず。万世の教を垂る史記、此一伝を欠くこと残り多し。後の史、晋書、唐書の類にさのみ功名もなき短き伝ども多く有、省にハしかじ。

と述べて、史記が高祖の身代りとなった大忠節といふべき紀信の伝を立てなかったことを残念に思ってゐる心境を吐露したが、これによっても、義公が列伝に何を期待してゐたかが窺へるであらう。[4]

(三)　志の体裁について

はじめに、志の篇目一覧を掲げてみよう。（表三参照）

さて、全体の志目の数は、十五志から八志の間にあり、その志目名も概ね共通するものが多いことが分る。

ただし、その篇目の順序に相違が見られ、正史では、最初のものに、天文（天象、司天）が七史、

表三

書名	志	志数	巻数
大日本史	神祇　氏族　職官　国郡　食貨　礼楽　兵　刑法　陰陽　仏事	（十志）	百二十六巻
史記	礼（書）　楽　律　暦　天官　封禅　河渠　平準	（八書）	八巻
漢書	律歴　礼楽　刑法　食貨　郊祀　天文　五行　地理　溝洫　藝文	（十志）	十巻
後漢書	律暦　礼儀　祭祀　天文　五行　郡国　輿服	（七志）	三十巻
晋書	天文　地理　律暦　礼　楽　職官　輿服　食貨　五行　刑法	（十志）	二十巻
宋書	暦　礼　楽　天文　符瑞　五行　州郡　百官	（八志）	三十巻
南斉書	礼　楽　天文　州郡　百官　輿服　祥瑞　五行	（八志）	十一巻
魏書	天象　地形　律暦　礼　楽　食貨　刑罰　霊徴　官氏　釋老	（十志）	十巻
隋書	礼儀　音楽　律暦　天文　五行　食貨　刑法　百官　地理　経籍	（十志）	三十巻
旧唐書	礼儀　音楽　暦　天文　五行　地理　職官　輿服　経籍　食貨　刑法	（十一志）	三十巻
新唐書	礼楽　儀衛　車服　暦　天文　五行　地理　選挙　百官　兵　食貨　藝文	（十二志）	五十巻
旧五代史	天文　暦　五行　礼　楽　食貨　刑法　選挙　職官　郡県	（十志）	十二巻
新五代史	司天（考）　職方	（二考）	三巻
宋史	天文　五行　律暦　地理　河渠　礼　楽　儀衛　輿服　選挙　職官　食貨　兵　刑法　藝文	（十五志）	百六十二巻
遼史	営衛　兵衛　地理　暦象　百官　礼　楽　儀衛　食貨　刑法	（十志）	三十一巻

表三続き

金史	元史	明史
天文	天文	天文
暦	五行	五行
五行	暦	暦
地理	地理	地理
河渠	河渠	礼
礼	礼楽	楽
楽	祭祀	儀衛
儀衛	輿服	輿服
輿服	選挙	選挙
兵	百官	職官
刑	食貨	食貨
食貨	兵	河渠
選挙	刑法	兵
百官	（十三志）五十三巻	刑法
（十四志）三十九巻		藝文
		（十五志）七十五巻

礼（礼儀、礼楽）が四史、律暦（暦）が三史、ほかに営衛が一史ある。第二の篇目を入れれば、これらをほとんど網羅して居り、志の篇目として重視されて居ることが分る。

一方、大日本史では、第一に神祇、第二に氏族を掲げて居るが、いづれも正史には見られぬ篇目であり、我が国とシナの国柄の相違を示すものである。

栗田寛の撰する、志の総叙に、

皇統を正閏し、人臣を是非し、汗隆淑慝《をりゅうしゅくとく》の迹、紀伝既に備はる。政体を綜覈《そうかく》し、世道を経紀し、治乱盛衰の故、志表宜しく詳にすべし。……

夫れ祭祀は政教の本づく所、神を敬し祖を尊び、孝敬の義天下に達し、凡百の制度も亦是に由りて立つ。天皇は天祖の遺体を以て世々天業を伝へ、群臣は神明の冑裔を以て世々天功を亮《たす》く。君の民を視たまふこと赤子の如く、民の君を視まつること父母の如し。億兆心を一にして万世渝《かは》らず、各々其の力を献じて以て忠誠を致さざるなし。是れ海外諸蕃の絶えて無き所のもの、

故に神祇を以て首と為す。（原漢文）

とあり、神祇を以て志の巻首とした理由を述べてゐる。(5)

志の篇目として掲げる所のものは、夫々我が国の宗教（神道、仏教）、政治（氏族、職官、刑法、国郡）、経済（食貨）文藝（礼楽、陰陽）、軍事（兵）などのすべてを網羅し、古来からの沿革を叙述したもので、彰往考来、それらは直ちに実際の政治に実施運用することのできるものである。中でも、華夷内外の弁、我が国の外国の異なる所以を明らかにするものは、則ち神祇志であり、これにより、君臣の大義も明らかになり、道義の根本が確立されるとした。

また、大日本史の中でも志の分量が非常に多い。巻数は百二十巻であるが、各巻の頁数が多いので、その分量は全体の半分に近いほどである。このやうなものは正史には見られないところである。

ところで大日本史に志を置くことは、紀伝体の体裁を採用した時からすでに決定して居り、義公在世中に、その史料も多少集められて居たが、当時、専ら紀伝の編修に力を尽したので、志の編修は進まなかった。志の篇目も義公が選び、西山の史館の壁に十志の目が掲げられて居たが、やがて剝落しその全てを明らかにすることができなくなったといふ。

紀伝が一通り完竣を告げた宝永以後に次第に志の編修に力が注がれるやうになったが、余り進捗せず、依然として、紀伝の校訂に日時を費して居た。やがて、藤田幽谷らの努力によって、修志の気運が起り、中でも、その門人、豊田天功の奮起により大いに進行し、次いで天功の意志を継いだ栗田寛により大成された。

その間、志の篇目も、一時は十四志、十三志と変遷を経て、やうやく明治三十年になって今見る十志の篇目が決定したのである。(6)

㈣　表の体裁について

はじめに、表の比較一覧表を掲げよう。(表四参照)

大日本史と正史では、大分体裁を異にしてゐるが、これは国柄、王朝との違ひからくるものである。表については、義公在世中にすでにその作成を命じてゐたことが知られる。

藤田幽谷の修史始末、元禄九年正月の条に(7)

公、総裁に命じて曰く、紀伝校讎の次は、宜しく年表を草すべし、と。

とあり、早くより指示があったのであるが、実際に作成されたのは正徳年中からで、文化年代に大いに修正され、整備完成したのは明治に入ってからである。

則ち、公卿表は明治三十一年、臣連二造表は同三十二年、国郡司表、蔵人検非違使、及び将軍僚属表は同三十九年に上梓され、これによって、大日本史の全巻の開刻完成を見たのである。

大日本史の表は、正史のいづれに倣ったといふことは確認できないが、史記以下の正史の表は、宰相など中央の大官のみを取扱ってゐるのに対し、大日本史の表は地方官にも及び、中央と地方、公家と武家を網羅し、五表合して、一大官職表となってゐる。

表四

書名	表	表数	巻数
大日本史	臣連二造、公卿、国郡司、蔵人検非違使、将軍僚属	五表	二十八巻
史記	三代世表、十二諸侯年表、六国〃、秦楚之際、漢興以来諸侯、高祖功臣侯者、恵景間侯者、建元以来侯者	十表	十巻
漢書	異姓諸侯王、諸侯王、王子侯、高恵高后孝文、功臣、景武昭宣元、成哀功臣、外戚恩澤侯、百官公卿、古今人物	八表	八巻
新唐書	宰相、方鎮、宗室世系、宰相世系	四表	十五巻
新五代史	十国世家年譜	一年譜	一巻
宋史	宰輔、宗室世系	二表	三十二巻
遼史	世表、皇子世表、公主、皇族、外戚、遊幸、部族、属国	八表	八巻
金史	宗室、交聘	二表	四巻
元史	后妃、宗室世系、諸王、公主、三公、宰相	六表	六巻
明史	諸王、功臣、外戚、宰相、七卿	五表	十三巻

また、志と表は修史例を立てずに、巻首に叙を載せ、編修の趣旨を述べる体裁をとってゐる。

大日本史、表第一の「臣連二造」の首の叙には、古者、神聖の天業を経綸するや、祖宗を敬畏し、黎元を撫綏する所以のものは、其の極を用ゐざる所なし。崇祀以て教を為し、化民以て治を為し、治教惟一、祭政岐ならず。若し其れ皇化を梗《ふさ》ぎ、政教を害するものは、黜罰随て加はり摧伏せざるは莫《な》し。(中略)蓋し時に遵ひて宜しきを制す。施設の方異なりと雖も、祖宗を敬畏し、黎元を撫綏する者に至ては、其の致一なり。故に今其の臣、連、伴造、別、国造、縣主等、官民の史に見はるゝものを表出し、以て其の大略を著はす。国家盛衰の故、庶くは得て考ふべし。烈聖経綸の迹、亦以て其の一班を窺ふべきなり。臣、連、二造の表を作る。

と述べて、「国家盛衰の故」を考ふべき大略を表はす旨をあきらかにしてゐる。[8]

以上が大日本史とシナ正史との概括的な比較である。

次に、大日本史の体裁に関して若干の補足をしてみたいと思ふ。

二　大日本史の表記上の特徴

大日本史と正史の篇目上の体裁についてはすでに述べたところであるが、次に表記上の異同について触れてみることにしよう。

（一） 論賛の刪除

シナの正史には本紀及び列伝に簡潔な文で評論が添へられてゐる。史記には「太史公曰」とあり、前漢書には「賛」とあり、隋書、魏書には「史臣曰」とあり、唐書、宋史、明史、遼史、金史には「賛曰」とあり、北史、北斉書には「論曰」とあり、さらに後漢書には、散文を「論曰」とし、律語を「賛曰」と両方を用ゐてゐる。このやうに表現は異なるが、唐の劉知幾の史通以来、一般にこれらを論賛と称してゐる。

しかし、正史の紀伝のすべてに論賛があるわけでなく、遼史には省略されてゐる部分もある。史記の伯夷伝の如く、「或《ハ》曰《ク》、天道無《シ》レ親、常《ニ》与《クミス》二善人一《ニ》若《キハ》二伯夷叔斉一《ノ》、可《キ》レ謂《フ》二善人一《ト》者、非耶」といふやうに発疑の形式をとって自論を展開してゐる例もある。

但し、正史の中で唯一、元史のみは論賛を欠いてゐる。その理由を修史義例である「纂脩元史凡例」の中で次のやうに述べてゐる。

歴代の史書、紀志表伝の末、各々論賛の辞あり。今、元史を脩め論賛を作らず。但、事に據りて直書し、文を具して意を見《あら》はし、其の善悪をして自から見《あら》はさしむ。春秋に準じ、及び欽みて聖旨の示意を奉ず。（原漢文）

則ち、論賛を欠くのは、春秋に論賛がないことと、明の皇帝の意志を奉じたためとしてゐる。

さて、現行の大日本史には論賛が欠けてゐるが、かつて論賛を撰し、享保五年（一七二〇）に本紀、列伝を浄写して幕府に献上した時にはこれが添へてあったので、併せて世間に流布した。

論賛は享保元年二月二十日、粛公が安積澹泊に命じて撰文させた。修史始末に藤田幽谷これを按じて、

論賛の撰、初め其の人を難んず、衆議、安積先生を推す。遂に命じて之を為《つく》らしむ。数篇の文、日ならずして成る。

と述べてゐるが、この時、撰文の人を難んじた理由は、すでに栗山潜鋒は世を去り、三宅観瀾は幕府に招かれて水戸を去って居たからである。このため、澹泊は一人の力をもって一気にこれを撰文し終ったのである。

その後、史臣の中に論賛の是非についての論が起り、やがて、享和三年（一八〇三）文公（治保）は之を削除すべしとの意を示して史臣に評議させせるに至った。

岡崎正忠の「修史復古紀略」に〔高橋広備書牘〕を引用して、その間の事情を説明してゐる。(9)

上公、総司渡辺騰をして命を伝へしめて曰く、凡そ史の論賛ある、是れ皆、勝国、異代の得失を論じ、口を極めて是非す。固より妨げざる所。独り吾が天朝は百王一姓、方今の世、至尊垂拱、政を関東に委ぬと雖も、然れども君臣の名分は厳乎として乱れず、四海の内、正朔を奉ぜざるは莫《な》し。上世、遠しと雖も之を均うするに祖宗。今、其の得失を論じ忌憚する所無し。事体、已に

宜とする所に非ず。安ぞ先公の意に負《そむ》かざるを知らんや。寡人の意は悉く之を删去せんと欲す。宜しく評議すべし、と。

これを要約すれば、革命の国シナに於いては、前王朝を倒した勝国である現王朝が、前朝の君臣の得失を論じ、口を極めて是非したものが論賛であるが、シナに於いては別に妨げはないものの、我が国では百王一姓の天朝が今に現存し、君臣の名分も厳乎として乱れて居ないのであるから、前朝の得失を論ずるが如き論賛の必要は全くない。またこれを作ることは、先公（義公）の意に負くものであらうから、悉くこれを除去したいと云ふのである。

高橋広備はその書牘の中で、幽谷の語るところであるとして、

安覚（澹泊のこと）は史学に老《た》けたりと雖も、其の論賛の作は既に公薨の後に在り。一人の胸臆を以て百世を褒貶す。旨を西山に禀《う》く能はず、而して託するに先公の撰を以てす。恐らくは先公を誣ふるに似たり。已に英断を以て之を删《けず》る。吾子も亦析《さ》くるに春秋の義を以てし、腐令、一家の説、豈に襲《つ》ぐに足らんや。若し猶ほ或は人の言を患へば、元史已に其の例あり、亦何ぞ疑はん。

を引用して、高橋広備もこれに賛同する意を示した。

しかし、水館、江館の編修員の間に、大日本史の題号の問題と共に議論こもごも起り、論賛删去のことは決定を見なかった。

それより六年後の文化六年（一八〇九）、武公（治紀《はるとし》）は再びこの問題を取り上げ、総裁川口長孺

（緑野）に諮問した。川口の「史館事記」に、武公の諮問の応答を記して、

然らば則ち之を删るも復た異議無し。但、全く删去せば三大議明かならず、尤も惜しむ可しと為す。この三條の論賛を残すは如何

との意見に対し、長孺は広備、一正らと往復論弁し、遂に一正（幽谷）の、

三大議を以て公の表文に書せば、其の義、益々明白彰著ならん。

との意見にまとまり報答したところ、二月十二日、武公もこれを以て可とし、遂に論賛删去に確定したのである。(10)

幽谷はこの意をうけて、翌文化七年、武公の命を奉じて「進二大日本史一表」を作成した時、その中に、大友を帝紀に堕《のぼ》すこと、神功皇后を后妃に列したこと、南朝の正統たることを明快に述べ尽してゐる。

以上の如き論賛をめぐる君臣一体となっての論議は、まさに大義を明らかにし、華夷の弁を論ずる堂々の大議論となり、水戸の学問の確立の上からも注目すべき所であらう。

(二)　出典を注す

旧紀伝一百四巻が出来た時の天和三年（一六八三）の十一月五日、義公は吉弘元常、佐々宗淳に謂て、

凡そ館本の諸書、紀伝に採用すべきものは、宜しく朱勾、圏点を加へ、上方に標書すること一に介三郎の請ふ所に依れ。

と指示したが、これを修史始末の幽谷の按書に、

旧紀伝は出典を注せず、是に至りて、更に諸書を参考し、以て校正を加へしむ。断簡破牘の餘に因りて散絶残脱の言を纂《あつ》む。要は務めて実を摭《ひろ》ひ華を袪《のぞ》き、而して文を騁せ辞を弄することを得ざらしむ。公の見、卓たり。

と述べ、大日本史の本文に出典を注記することに決定したとしてゐる。

これについて、義公は翌貞享元年四月三日、追加して、

凡そ紀伝は日本紀、古事記、旧事紀等に據りて文を為るものは、出典を注するを須ゐず。其の旁に它の雑説を釆るものは、宜しく悉く其の考據書名を注すべし。

と細かに指示してゐる。

これらの指示に基づいて、同三年五月十日には、衆議して修史義例を補正し、紀伝編修の方針を確立した。

さらに翌四年正月には、紀伝本文の基準とすべき旧事紀、古事記及び六国史の校訂を行ひ、江戸の昌平黌に奉納した。

「桃源遺事」巻之五に、

一江戸御茶の水といふ處に
大樹公聖堂を御建被レ遊候付、諸大名より書物奉納なされ候處に、皆唐国の書を御納候由
西山公には日本紀、続日本紀、日本書紀、文徳実録、三代実録、古事記、旧事紀右七部の書を謬
を正し、俗字等まで御吟味被レ成、惣して書写仰付られ、御奉納被レ成候。

とあり、現在、彰考館に「義公考訂本」と称する稿本が存してゐることによって確認できる。

例へば「先代旧事本紀序」には、

大臣蘇我馬子宿禰等奉　勅撰
前権中納言従三位源朝臣光圀　考訂

といふやうに署名してあり、また、これらの奉納本には毎部に自から跋を付してある。
「常山文集」に収める所の「跋日本紀」には、

奉二納ス昌平坂大成殿文庫一。日本書紀三十巻、以二卜部家蔵本一、新ニ所二繕写一スル也。光圀熟二
読此書一ヲ也尚矣。至二天武紀中一ニ、不レ能レ無レ疑焉。蓋舎人為レ父ノ隠乎。今参二考諸ヲ群書一。
粗加二評論一。爲二後世修レ史者之一助一ト云。

と記し、とくに「史を修むる者の一助と為す」の一文を付したこと、義公の意のある所を知ることができよう。

このやうに義公自から六国史以下の史書を校訂するとともに、史臣今井弘済等に命じて、保元物語、

平治物語、源平盛衰記、太平記などを校訂させた。これが、「参考本」といはれる諸本で、現在、彰考館に、平治物語（刊本）源平盛衰記（写本）、太平記（写本）が所蔵されてゐる。

以上の如く、出典を注するに当っては、諸書を集めて校訂し、その出典の正確を期した。

そして、シナでは、正史にも編年史にも、その出典を注したものは全く無い。我が国では、日本書紀にわずかに散見するのみである。

ところで、「参考本」について一言付け加へて置くべきことがある。かつて加藤繁博士は「大日本史と支那史学」と題する論文で、

因みにいふ、いはゆる参考は支那でいふところの校勘に類して居るが、支那で校勘の学が盛になったのは、乾隆以後で、康熙の中期即ち義公が古事記日本紀以下の書を校訂された元禄初年には、それが僅に芽を吹きだしたばかりであり、従って我が国に影響するやうなことはなかった。水戸の史籍校訂は清朝史学の校勘に学んだのではなく、独立的に起り出でたものであったのである。

と、述べてゐる。(11)

㈢　月日の書法

紀伝の本文に月日を記載するに当って、義公は直ちに数字を以て書する方式を採用した。

例へば、日本書紀巻三、神武天皇の条に、

　　二年春二月甲辰朔乙巳、天皇定レ功行レ賞

とある記述に際し、大日本史では

　　二年壬戌、春二月二日乙巳、定レ功行レ賞

のやうに書したのである。

このやうな書法について、元文元年（一七三六）冬、安積澹泊が検閲の議を述べた中で

　　故に義公、干支の推歩に労するを嫌ひ、直に日を書せしむ。史の正体に非ずと雖も、而かも三代実録、既に其の例あり。

として、義公の判断を支持してゐる(12)。

ついでに、日本三代実録の書法を見ると、

　　嘉祥三年歳在二庚午一三月廿五日癸卯、

と書し、また、吾妻鏡にも

　　四月小〇九日辛卯（治承四年の条）

などとあり、必ずしも義公の創意とは云へないが、単にシナの正史の体裁にこだはらない独自の判断が見られる。

(四)　考証を入れる

大日本史には出典を注する他に、分註の形式で、出典や伝聞に異同があり、もしくは誤謬があり、疑問がある場合に、辨析考證して是非を明らかにしてゐる。

この分註については、義公の指示によるものである。「御意覚書」の元禄十四年の条に

一義経弓流之事ヲ平家、盛衰記ニ義経手柄之様ニ書タルハ甚誤ナリ。大将ハ大功ヲ建ルヲ以干要トス。小節ニ不レ可レ拘、此議論列伝分註ニ書著シ、尤盛衰記参考ニも書載可レ申事

とあり、この議論、列伝分註に書き著はすべしとあるが、現に見る大日本史、列伝第一百十四、将軍家族一の源範頼、源義経の伝には記載されてはゐない。

分註の例として、同伝の文治元年正月、義経が平氏を追討するため南海道に向ふ時の条、「帥レ兵将レ由二南海道一」の分註に、

源平盛衰記　○按ずるに、本書に云ふ兵十万餘騎と。而るに長門本平家物語に曰く、判官の兵六千餘騎、舟百五十艘に駕すと。蓋し、此に止まらざらん。然れども本書の言ふ所甚だ多し、疑ふらくは夸誕か。東鑑、屋島の戦の下方に云ふ、梶原景時以下の東士、百四十餘艘を以て屋島に到ると。亦た兵数なし、故に取らず。（原漢文）

と註して、兵十万餘騎と云ふ兵数に疑問を提し、本文に兵数を記さなかった理由を明らかにしてゐる。

このやうな大日本史の書法、体裁について、安積澹泊は、先に引用した元文元年の検閲の議の中で「史の正体に非ず」とした後に、

蓋し日本史は実録及び資治通鑑の体を参用す。故に諸書を参覈し、異同を甄別するときは、則ち温公の考異に似たり。此れ義公の雅量にして、而して後の良史に待つ所なり。（原漢文）

と述べてゐるが、要するに、大日本史は月日の表記法は三代実録にならひ、分註として考証を入れたのは資治通鑑の体裁に倣ったものとするのである。

資治通鑑は宋の司馬光（温公）の編年体の史書で、歴代の正史をはじめとして、多数の公私の記録を採用し、文中に考異を入れて異同を考証してゐる。

義公をはじめ水戸の史家は資治通鑑を重じてゐたから、そのやうな体裁をも大日本史に取り入れて、単なるシナの正史の模倣ではなく、大日本史独特の体裁が確立されてきたのである。

三　大日本史の進献と刊行

最後に大日本史の幕府及び朝廷への進献と刊行の経過を順を追って示してみよう。

(一)　享保五年（一七二〇）十月二十九日、本紀七十三巻、列伝百七十巻、序、目、修史例、引用書目など総べて二百五十巻繕写して幕府に進献。

八代将軍吉宗、水戸藩主第四代成公（宗堯《むねたか》）、享保本（草稿本、進献本）論賛を収む。朝廷への進献は中止。(13)

(二) 文化六年（一八〇九）七月二十四日、本紀、列伝二十六巻を開刻し、幕府へ進献。十一代将軍家斉、七代武公（治紀《はるとし》）、文化七年十二月朔、同刻本を上表を附して朝廷へ進献。上表文（藤田幽谷起草）光格天皇の勅語を賜ふ。

専ら国史に據り、博く群書を考へ、一大部の書を為す。

昭代の美事、堂構の業、勤労想ふべし。

これより先、文化六年二月二十六日、大日本史の題号勅許

(三) 文政二年（一八一九）十二月

大日本史の刻本四十五巻を朝廷に進献

(四) 嘉永五年（一八五二）二月二十九日、本紀七十三巻、列伝百七十巻の全部開刻なり、朝廷へ進献。

これより先、二月七日、幕府へ進献。

孝明天皇、十二代将軍家慶、十代順公（慶篤《よしあつ》）、烈公（斉昭）の跋文（青山延光起草）を附す。

嘉永版全百冊。

(五) 明治三十九年（一九〇六）十二月二十六日、本紀、列伝、志、表、全部完成、上表文を具して朝廷へ進献。四百二巻、二百三十一冊。明治天皇、十三代明公（圀順《くにゆき》）、後文及上表文（栗田勤起草）別に一部を皇后宮へも進献。

翌年、彰考館蔵書の永世保存の為の補助として、明治天皇より金壱万円、皇后陛下より金三千円御下賜。

なほ、民間に流布してゐる刊行本には次のやうなものがある。

㈠　明治三十三年（一九〇〇）本紀、列伝の全巻を刊行。この時、三種類あり。
(1)　洋装活字本、五冊、吉川弘文館発行
(2)　和装活字本、二十五冊、小版、同館発行。
(3)　和装本版本、百冊（嘉永版）大版

㈡　明治四十四年（一九一一）
(1)の洋装活字本の第六冊目として、神祇志。索引一冊。
(3)の和装本版本（本紀、列伝）の追加として、志、表を開版、版本全二百三十一冊。

㈢　明治四十五年（一九一二）譯文大日本史、紀伝五冊、山路彌吉（愛山）譯
発行者、安東守男。印刷、民友社。
再版、大正二年二月、三版、大正三年四月。

㈣　昭和三年（一九二八）頭書傍訓大日本史、十七冊。御大礼記念及び水戸義公生誕三百年記念。
傍訓清水正健、名越漠然。大日本雄弁会刊。(14)

㈤　昭和十五年（一九四〇）譯註大日本史。十二冊。皇紀二千六百年記念事業。

譯註、川崎三郎（紫山）

昭和四十四年に、改訂増補版が出たが全巻揃ひか不明。

をはりに

以上を見てきた如く、大日本史の体裁について、特にシナの正史と比較しながら検討してみたが、大体に於いてシナの正史に倣ふところが多くあるものの、細かに見れば、随所に創意工夫のあとが見られ、本朝の正史といふべきものが完成されてきたと思はれる。

革命の絶えないシナと我が国との国柄（国体）の相違は、歴史編修の上に最も顕著に表はれる。中でも征服王朝が前朝の歴史を順次、撰修し続けるといふ、一種、異常なる状況の下で代々の歴史が編修されてきたこと自体、まことに不思議に感ずるところであった。

或ひは編修者の中にも、ここに矛盾と悲哀を感じ、そして歴史への理想を抱きつゝ筆を執った者もゐたのではないだらうか。

註

（1）二十四史は茨城大学図書館所蔵本。

（2）御意覚書は『水戸義公傳記逸話集』所収。

（3）修大日本史例は『譯註大日本史』による。

（4）西山随筆は茨城県立歴史館所蔵の写本による。

（5）、（8）、（9）訓は『譯註大日本史』による。

（6）栗田勤『水藩修史事略』。

（7）修史始末（9）修史復古紀略（10）史館事記、いづれも『譯註大日本史』十二冊、後付に所収。

（11）『本邦史学史論叢』下巻所収。

（12）修史始末に引用。

（13）享保本の朝廷への進献は、三大特筆の一に南朝を正統と大書したことに対し、幕府有司の中に異議が起り、この問題は禁裡へ障りがあり、伝奏へも尋ねた所、朝廷でも異議があるとして中止となった。その背後には幕府儒官林信篤や、元彰考館総裁であった三宅観瀾らがゐてこれを阻止したといはれてゐる。（吉田一徳博士『大日本史紀伝志表撰者考』）

（14）この大日本史は明治三十九年をもって完成した後、清水正健が主として充分に校訂の手が入らなかった志と表について、序列を整へ、誤謬を正したもので、今日では最も信頼するに足る刊本である。但し、すでに朝廷に献上した後であったので、勝手に本文を変更することはできないとして、頭書といふ形式で行なってゐる。
その印刷に際しては、或は仮名交り文に書き下すかとの議論も起ったが、「大日本史」のやうな由緒ある典籍は原文を尊重して、そのまゝ世に伝へる方が宜しいといふことになった。

また装幀は旧水戸藩出身の横山大観画伯の意見により、背革クロースなど外見の華美をさけて、義公着用の道服に因める麻の布地をもって表紙とし、また、義公の筆蹟を集めて題簽とした。更に見返しの意匠は、大観画伯が、徳川家の紋所に縁のある二葉葵を図案化し、その印刷も洋装本には稀に見る木版九度刷といふ極めて凝ったものとなってゐる。（「『大日本史』刊行に就いて」より）

六　大日本史と論賛
――特に光圀の論賛執筆の意思について――

はじめに

現行の大日本史には論賛は無い。論賛執筆の議論が起ったのは、光圀（義公）の歿後、正徳四年（一七一四）からであり、享保元年（一七一六）、藩主綱條から安積澹泊に執筆の命が下された。論賛は享保五年（一七二〇）八月に完成し、十月には論賛を付した大日本史二百五十巻を幕府に献上した（享保本）。それから八十三年後の享和三年（一八〇三）に論賛削除の議論が起こり、文化六年（一八〇九）二月に削除が決定した。それ以後は、論賛は、安積澹泊の私的な著作物とされ、大日本史と切り離されたが、世上では大日本史の附属物として今日に伝へられてきたのであった。

そこで問題となるのは、光圀には果して論賛を執筆する意思があったのか否かといふことである。論賛削除の決定によって解決したかに見えたが、その議論は時に再燃して今日に至っても、賛否両論あって定論は見られてゐない。これは光圀にとっては大日本史編纂の根本にも係はる重大な問題であり、今後慎重に検討していく必要があらう。

一　論賛の伝本について

論賛の伝本には、小倉芳彦氏の研究によると、「大日本史賛藪」と題するものと「大日本史論賛」と題するものとの二系統あるやうである。(1)

「大日本史賛藪」と題するものは、仙台藩で抄出されたもので、延享三年九月付けの仙台藩学館教授高橋以敬の後叙によって、その事情が明らかにされてゐる。その一文に

延享丙寅の春、本藩、之を幕府に請ひて、本府に齎来す。内相内田希文氏に命じて、之を総宰し、諸臣をして之を謄写せしめ、儒臣をして之を校讐せしむ。数月を閲して其の功已に成る。希文氏、官暇に賛辞を抄出し、別ちて以て五策と為し、之を賛藪と名づけて、便覧に備ふ。蓋し、賛辞を読めば、乃ち其の人の賢否得喪、概見す可く、褒貶黜陟の意、亦見はる。敢て成書を棄すに非ざるなり。

とあり、仙台藩が幕府から大日本史（享保本）を借りて書写した後、暇を見て論賛を抄出し、賛藪と名づけたといふのである。

一方、「大日本史論賛」と題するものは、頼山陽の抄出によるものであり、その後書によれば

余の力、購得する能はず。故に姑く其の賛を抄す。賛は是れ書中の眉目、全体を概す可きなり。（略）又、日本史論賛、帝大友紀の賛・後醍醐紀の賛・将軍伝の序論・幕府文臣の序・北条義時伝の賛の如きは、皆大文字なり。大抵、文体は歐陽玄に似るも、奔放肆大なること、之に過ぐ。

とあって、山陽は大日本史を購入することが出来なかったため、論賛部分を抄出したといふのである。なほ、論賛は彼の主著「日本外史」の執筆の上で大きな影響を与へたと言はれてゐる。

水戸では彰考館総裁豊田天功の自筆による写本がある。刊本には戦前に大日本文庫、水戸学大系など数種あり、近くは日本思想大系『近世史論集』（昭和四十九年、岩波書店）に収められてゐる。(2)

ところで、「論賛」とは、シナ（中国）の正史（紀伝体）の夫々の記述の末に史官の論評を加へたもので、史記では太史公曰、漢書では賛、史官の撰するものは史臣曰などと称したが、いづれも総称して「論賛」と言った。シナの正史の同じ紀伝体の体裁を採用した大日本史では賛曰と称した。また、「賛藪」の藪とは物事の多く集り帰するところから、論賛集といふ意味で「賛藪」と称したものと思はれる。本稿では「論賛」に統一して使用することにしたい。

二　光圀の論賛執筆の意思に関する諸説

論賛が光圀の意思により執筆されたものか否かについての諸説を例挙し、論を進める手掛かりとしたい。

(一) 光圀に論賛執筆の意思ありとする説

(1) 井川巴水(『和漢両文　大日本史論賛集　完』の凡例。大正五年刊)

正徳五年の粛公の序に「綱條膝下に在り、毎に其の言を聞く」とあり、粛公の言動は修史に関しては、絶対優越の権威を有せり。(略)而して論賛は義公の時より既に作製する事に定まりたる確証あり。(修史始末、貞享四年八月、元禄十二年十二月の条を引用)此の如く義公は親しく史臣をして、大友本紀論・天武紀考證・帝大友紀議・神功皇后論等を作らしめたるは、予め史論を一定せしめ、徐々として論賛作製の準備を立てたること明らかなり。然るに義公は紀伝の本文すら成功を見るに及ばず、元禄十三年十二月六日薨去せられたり。是に於て粛公先考の志を継ぎ、(略)老臣安積澹泊に命じて、論賛を修撰せしめたり。(略)後生史臣の提議に因り、倉皇として論賛を削除し了せり。是れ義に於て為す可からず。

(2) 尾藤正英氏(「水戸学の特質」、日本思想大系『水戸学』所収の解説。昭和四十二年刊)

論賛を削除すれば光圀の修史の意図が不明確になる、として反対する意見も強かったが、ついに次の藩主治紀の裁決により、文化六年にいたって削除が決定された。この際にも題号の場合と同様に、論賛の執筆が光圀の没後になされたということが直接の理由とされたが、生前の光圀に論賛を作らせる意図のあったことは明らかであるから、これは要するに表面的な口実に過ぎなかった。

(3) 鈴木暎一氏（『大日本史』「論賛」の成立過程」、『水戸藩学問・教育史の研究』所収。昭和六十二年刊）

たしかに「論賛」は、光圀の生前に執筆されたものではないが、光圀が神功皇后や大友皇子に関する史論を史臣に命じて作成させていた事実に徴すれば、光圀に「論賛」を作る意図のあったことは明白であり、光圀と安積ら史臣との間には、この点で共通の理解が形づくられていたとみてよい。

(二) 光圀に執筆の意思無し又は疑問視或ひは削除に賛意を示す説

(1) 清水正健（「安積澹泊」の条、『増補　水戸の文籍』所収。昭和九年刊）

論賛は須らく削去すべき事宜を書して、之を文公に呈し、其の進止を取りて、遂に削除せり。爾来論賛は、大日本史と全く其の関係を絶ち、澹泊一家の史論として、伝ふべき事とはなりしなり。（略）今日は、宜しく更めて澹泊史論と題すべし。冠するに大日本史を以てし、義公の撰なりと云ふが如きは、僣妄の甚しき者なり。

(2) 久保田収博士(「水戸義公の学問的業績」、『大日本史の研究』所収。昭和三十二年刊)
論賛が義公の胸中に存してゐたかどうか、かなり疑問がある。論賛は史記に存してをり、義公が史記をその規範としてゐたところから考へると、義公が論賛を意図してゐたともいへるのであるが、「事に據りて直書すれば、勧懲自ずから見はる」といふ意向をもつてすれば、あへて論賛を必要としなかったのではあるまいか。

(3) 名越時正氏(「試練の中の日本学」『日本学入門』所収。昭和五十四年刊)
残った安積澹泊・大井松隣等は、列伝の完成を急ぎ正徳五年一応脱稿すると、これまで正式の題号の無かった本朝の史記を大日本史と呼ぶことに決めた。義公は恐らく完成の暁に朝廷に献上し勅撰の題号をいただくつもりだったと思はれるが、その真意も忘れられたのであらうか。また、安積澹泊は藩主の命を受けて、本紀・列伝の論賛を執筆したが、これも義公の意図したことではなかったらう。(略)やはり義公亡きあとの自信喪失と考えざるを得ない。

(三) 明言に及ばざる説

(1) 松本純郎氏(「安積澹泊に就いて」、『水戸学の源流』所収。昭和二十年刊)
論賛の作成が大日本史に附せらるべきか否かの問題は別として、蓋し此の時論賛を作成するとするならば、澹泊がその任に当る事は当然であらう。(略)同じく高氏の臣下たる立場に正閏の差別を設け、後醍醐天皇に対し奉る不忠が光厳院に対し奉る忠によつて抹殺されるといふ考へ方は、本を二にするものであつて許さるべき事ではない。（略）澹泊の考へ方は浅薄であるとしなければならぬ。（略）これは澹泊のみが負ふべき責任ではなくして、此の時完成されてゐた本紀列伝そのものが責を負ふものだといふ事である。何となれば列伝自体が義時も高氏も叛臣伝に入れて居なければこそ、その基礎の下に論賛は作り出されたからである。

(2)　吉田一徳博士（「大日本史論賛删除の議」、『大日本史紀伝志表撰者考』所収。昭和四十年刊）論賛が大日本史に附せらるべきか否やは別として、論賛を撰述するとせば、当時澹泊を措いて他に求め得なかったのである。義公の意思を継受し、唯一絶対の国体の尊厳を前提とし、明確な皇統精神の闡明を目標とし、大義名分により厳正苛辣な批判を下し、紀伝の精神を立体的に表現したとは嘗て高須芳次郎博士が説かれた所である（大日本史に現はれた尊皇精神第九章）。（略）論賛は安積個人の主観だけで書いたのではあるまい。元来安積は義公の三大特筆史観が確立し、新紀伝の編纂が開始された天和三年に特に義公の命で史館に入り、屢々公に近侍し、修史精神を最も確実に把握した第一人者である。（略）慎重に起草し、稿成れば江水両館総裁諸学士の批評を求め、更に駁語無きを期して三宅観瀾や室鳩巣の批正を乞い修正すべきは修正して成ったのである。何として安積一己の私見で百世を褒貶したと謂はれよう。

(3)　松本三之介氏（「近世における歴史叙述とその思想」、『近世史論集』日本思想大系、所収。昭和

四十九年刊）

論賛は、歴史上の人物や事跡の是非善悪を編者が厳しく論評したもので、勧懲の趣旨を一層明確にするところに、これを附するねらいであったことは言うまでもない。（略）それだからこそ、また澹泊の執筆した論賛をめぐって、歴史の曲直を論評する表現の適否が問題になったり、澹泊の歿後には、『大日本史』の刊行計画の過程で、論賛を削除すべきか否かが争われたりして、のちに刻本を朝廷と幕府に献上するに際しては、ついにこれを削除するという波瀾を呼ぶ結果にもなったのである。

以上の諸説、引用が長くなったが、これらの諸説により論賛についての諸氏の主張と問題の所在が明らかになると共に、光圀の意思の存否について決定的な論拠が示されてゐないことも理解できるであらう。

三　論賛の成立過程

論賛の成立過程を略述すると次のやうである。

正徳四年（一七一四）十月、水館総裁、大井・神代等、論賛執筆について提議。（江館総裁、酒泉・佐治）

享保元年（一七一六）二月、粛公（綱條）安積澹泊に論賛執筆を下命
享保五年（一七二〇）七月、澹泊、論賛完成。（四年五か月間）
享和三年（一八〇三）正月、文公（治保）論賛削除の意向を示すが、三大特筆が不明になるとの
　反対があり、決議に至らず。
文化六年（一八〇九）二月、武公（治紀）論賛の削除を決定。三大特筆については上表文の中に
　盛り込むとする。（幽谷代筆）

このやうに論賛執筆の提議から安積澹泊の完成まで、その間六年、執筆期間は僅かに四年五か月間に過ぎない。大日本史完成まで二百五十年を掛けた中で、極めて短期間に作成されたこと自体、澹泊の努力は評価するにしても異例な感じは拭はれない。

かつて藤田幽谷は、『修史始末』を著して日本史編纂の次第を明らかにした。その中で論賛に係はる箇所を列挙すると、次のやうである。(3)

○（享保元年）二月二十日、安積覚に命じて本紀・列伝の論賛を撰ばしむ。
○三月四日、本紀神武より允恭に至る、九帝の賛稿成る。館僚に示して商量を乞ふ。衆皆其の体を得たるを称す。
一正案ずるに、論賛の撰、初め其の人を難ず。衆議、安積先生を推す。遂に命じて之を為らしむ。数篇の文字、日ならずして成る。殆ど宿稿あるに似たり。何ぞその速かなるや。苟も史学に老け

たるものに非ずんば、孰か能く与からん。粛公の命、輿論に協ふ所、真に其の人を得たるかな。
○九月、覚、賛稿を江戸に送り、三宅緝明に示して駁正を乞ふ。
一正諸を小宮山編修に聞けり。老牛の論賛を観瀾に示すや其の言に曰く、往年台兄館に在り、栗潜鋒と修撰の事を共にせり、僕竊かに謂らく、異日論賛の筆潜鋒と台兄とにあらずんば不可なりと。豈に図らんや、台兄幕府の辟に就き、潜鋒地下の人と為らんとは。僕乏しきを斯の任に承く。実に堪ふる所にあらず。今删潤を台兄に乞ふ。願くは台兄少しも仮借せず、自ら之を為るが若く、意に任せて筆削せば、幸甚し、と。（中略）今試に論賛を取て観瀾の駁語と比校するに、往々其の言に因りて改正するものあり。観瀾の評隲、固より已に称するに足れり。而して老牛先生の善に服し、己れを忘るるも亦見るべし。然れども、亦悉く観瀾の意を用ゐて文を為し、反つて冗長に失するものあり、議せざる可からざるなり。（中略）亦案ずるに、観瀾の駁語、僅かに清和紀に至りて止む。蓋し、其の幾ならずして歿し、其の他に及ぶに遑あらざりしを以てならん歟。
○其の後、又之を室鳩巣に示す。鳩巣の駁語今数条を存す。悉く列伝中の語なり。
○十二月、安徳より亀山に至る、十帝紀の賛成る。
一正案ずるに、本紀の論賛其の成るの速かなる、往復書案に見るもの此の如し。列伝の論賛其の属稿の年月、詳らかに考ふべからずと雖も、要するに其の成る、享保五年以前に在る也。

文中、三宅緝明は観瀾と号し、かつて光圀に仕へ、後、幕府の儒官となる。小宮山編修は楓軒、老牛は澹泊、栗潜鋒は栗山潜鋒のことである。また、清和紀とあるが、論賛駁語には宇多紀まで見える。なほ、幽谷引用する所の、澹泊の三宅観瀾に賛稿を示した時の言に「異日論賛の筆潜鋒と台兄とにあらずんば不可なり」とあるのは、後述〔七の（二）安積澹泊の論賛についての認識、の項〕で触れる「賛は入らざる物との了簡」と矛盾するものと思はれる。即ち、正徳四年十二月七日付けの往復書案の中で、論賛は必要が無いものと理解して修史・校訂に当たって来たと言って置きながら、享保元年九月の段階では、将来論賛を執筆する時には栗山潜鋒と三宅観瀾でなければ不可能であると考へてゐたと言って、観瀾に駁正を乞ふてゐるからである。二年前の言葉を忘れた訳ではあるまいから、恐らくは、澹泊が命令により論賛の執筆に取りかかった後、その任の重さと己れの老齢を思って、出来得るならば、今は亡き史論家栗山潜鋒や旧僚三宅観瀾の史筆に期待したい気持ちが生じてきたのではなからうか。そこで観瀾に、後日、大日本史を幕府に献上する事などを慮って、事前にその批正を求めるに当たって感慨を込めて述べた一種の口上と考へては如何であらうか。

なほ、論賛執筆の経過については、県立歴史館『茨城県史料』の近世思想編・大日本史編纂記録の中に収録された「往復書案」で大部分を確認することができる。(4)

また、鈴木暎一氏は、それより前に「『大日本史』「論賛」の成立過程」で、『修史始末』の引用の不備を批判するなど詳細に論述してゐるので参照されたい。(5)

四　安積澹泊について

㈠　略　歴

論賛執筆に当たった安積澹泊については、先輩諸賢の研究が数多く見えるが、その略歴は次のやうである。

・明暦二年（一六五六）十二月十三日、水戸に生まれた。幼名は彦六、諱は覚、字は子先、号は澹泊、晩年は老圃、老牛、碧於亭の号を用ひた。

・寛文五年（一六六五）十歳の時、朱舜水に師事、十五歳までの間、中断があり、指導を受けた期間は僅かに三年位。

・天和三年（一六八三）二十八歳、史館編修に任ぜられる。この年、三大特筆の史観が確立し、旧稿を改訂する時期。

・元禄六年（一六九三）鵜飼錬斎の後任として彰考館総裁。享保十八年（一七三三）致仕。

・元文二年（一七三七）紀伝を検閲して功を竣はる。十一月二十日、銀十枚を賜はりて慰労される。十二月六日、病に伏す。十日、水戸梅香の宅に終る。年八十二歳。

(二)『修史始末』に見る業績と批判

大日本史の編修に史官の中で最も永く携はった人物は澹泊を除いて他に存しない。従って、修史の経過を記述した幽谷の『修史始末』の中でも、論及する所が多く目に付く。それらを概略すると次のやうである。

元文二年の条に徳田庸の澹泊先生を祭るの文を載せた後に、幽谷は追悼の言葉を寄せ、その功績を顕彰してゐる。

(1)　業績の評価

澹泊先生の史館に於ける、駿功偉烈、卓乎として盛なるかな。修史に先んじて生れ、其の功を終へて歿す。豈偶然ならんや。論賛の作、古今を馳騁し、和漢を淹通す。他人に在りては則ち其の博洽ならざるを病み、先生に在りては其の博洽に失するを病む。今日校讐実に百年論定まるの秋、先生を九原に起す能はざるは、是れ憾むべきなり。

と澹泊を高く評価してゐる。

(2)　批　判

高く評価はするものの、修史に関する澹泊の方針、態度については、かなり厳しい批判を加へてゐる所が多い。

○ 澹泊が藤原公宗を叛臣伝より外すに当たって「当時世家右族の為に諱む」と言ったことに対して、幽谷は「夫れ皇統正閏、君子輒く言ひ難き所、義公南北の際に於いて、年を編し時に繫ぐ、竊かに寓意あり、本紀すら既に然り、況んや列伝に於いてをや。事に拠りて直書する、何の嫌ふところかこれ有らん」と述べ、更に「天子の為に諱まずして公卿の為に諱む、豈放飯流歠して歯決する無きを問はんや。人臣を是非する、之を何とか謂はん」と批判した。(元禄四年の条)

○ 享保四年十月、澹泊が総裁に「今宜しく(藤原)菅根を時平に附し、(菅原)道真・(三善)清行、各自一伝と為すべし」と指示したことに対して、幽谷は「菅根・清行は皆菅公に叛く、而して時平に党す。実に一種の人物なり。老牛、清行の文辞に眩み、以て端人の君子と為すは過てり」と断罪した。

○ 享保五年六月、澹泊が「叛臣源義朝に過ぐるは莫し、而して其の頼朝の父たるを以て、已むを得ず、諸を叛臣伝に載せずと」したことに対して、幽谷は「義朝の罪、実に誅を容れず而して頼朝の為に諱むは何んぞや。豈に此の書を以て覇府の諛史と為さんか」と批判した。

(三) 澹泊の述べた「光圀の遺志」

『修史始末』の中に、澹泊が「光圀の遺志」を伝へた箇所があるので、注目して置きたい。

○享保十九年、澹泊は伊藤友益に建議して「覚、往年日本史を校訂し、本紀、業已に功を竣る。而して列伝は則ち草稿未だ全からず。訂正するに由無し。幕府、観を覓むるに及びて、校訂繕写、苟も速なるを取るのみ。時に覚方に紀伝論賛を撰ぶ。」と述べた後、「且つ義公の本意も亦先づ紀伝を成し、然して後、志を修むるに在るときは、則ち宜しく速に紀伝を校訂し、以て剞劂に授くべし」

といひ、これが義公の遺志であったと述べてゐる。

（往年とは正徳五年のことであらう。）

○正徳五年四月、紀伝命名の議論が起こった時、「始め安積覚等以為らく、義公の時、未だ嘗て名を命ぜざるものは、紀伝志表悉く成るを竢て、之を天朝に奏し、天朝勅して其の名を賜はらんことを欲してなり」と述べたにも関はらず、「再び之を両館に諮る。遂に命じて大日本史と曰ふ。」

といふことになった。これは前述の名越時正氏の澹泊批判と呼応する所である。

以上のやうに『修史始末』に見られる、安積澹泊の修史の態度、人物評価、幕府に対する配慮など、現状に妥協する曖昧な態度は、後述するやうに論賛にも現れてゐるのである。

(四)　澹泊の評価

名越時正氏は「澹泊　安積覚」の中で、次のやうに評価されてゐる。(6)

光圀や潜鋒の死後、彼の名声は次第に斯界に高まったが、水戸史学の純粋さが徐々に失はれた嫌ひがあった。ことに彼が享保年間の始めころから学問的交渉を深めた室鳩巣・新井白石・荻生徂來等幕府側の学者に対する態度は、謙虚さの反面妥協的傾向を感じさせるものがある。これについては、かつて松本純郎氏が『水戸学の源流』の「安積澹泊について」の一文で厳しく批判したのに対し、故吉田一徳氏は『大日本史紀伝撰者考』の中で反駁した。前者は稍酷に過ぎ、後者は寛に過ぎる感はあるが、実際徳川幕府権力に対する阿諛の念があればこそ、前に述べたやうに史的批判に曖昧さを露見していることは見落とせないことである。それは水戸学派の停滞と恐らく無縁ではあるまい。

なほ、同氏は、『日本学入門』等の著書の中で、澹泊と三宅観瀾・室鳩巣・新井白石・荻生徂來等との交流や幕府御用学者の幕府中心主義や国体、歴史についての理解の内容について詳論されてゐるので参照されたい。(7)

また、荒川久寿男氏は、三宅観瀾の『中興鑑言』、新井白石の『読史余論』について詳細に検討批判され、かつて『水戸史学』で発表された。(8)

五　論賛の内容について（原文は漢文、日本思想大系本の和訳による）

(一)　論賛概論

論賛の内容は、概論すれば朝廷衰亡史、幕府成立史の如き感ありと、かつて荒川久寿男氏が喝破された所である。論賛の論旨は概ね政治の混乱、綱紀の乱れの原因は、基づくところ天皇の失徳や失政に責任があるとして、藤原氏や武家の政権奪取を正当化しようとした点に主眼が置かれてゐる感じがある。

松本三之介氏はその解説「近世における歴史叙述とその思想」の中で、「澹泊が治乱興亡を論ずるにあたって、基本的には儒教的な徳治主義の立場からこれを行ったことは言うまでもない。」と述べ、続けて、藤原氏や源氏の実権掌握について、

「豈、帝の失徳、以て自ら取る有るに非ずや」（陽成天皇紀賛）と天皇の失徳が原因とされ、鎌倉幕府の成立についても「其の由る所を窮めれば、則ち朝廷、以て之を啓くこと有るなり」（源頼朝伝賛）と、後白河天皇については「帝の闇主たる、古今に其の比少なし」と厳しい批判を述べてある。尊氏の政権掌握についても同様で、朝廷への叛逆は「人神共に憤る所」と厳しく批判しながら、「朝廷自ら紀綱をやぶるの致す所なり」（足利尊氏伝賛）として根本の原因は後醍醐天皇の「中興の功業」にもかかわらず、結局「艶妻嬖せられて賞罰濫れ、諫臣去りて紀綱紊る」（後醍醐天皇紀賛）という失徳にあるとされた。

と概説してゐる。(9)

また、小倉芳彦氏は論賛の「解説」の中で、神器の正統の論拠、将軍伝の創設の経過に触れ、そして承久の変に際して後鳥羽上皇の召しに従はず、官軍と戦って死んだ伊賀光季について、「朝廷側にとって逆臣だが、鎌倉幕府にとっては忠臣である、「其の禄を食む者は其の難に死す」というのが家臣の本分であって、もし光季が院の西面の武士だったら、北条氏に仕えた態度で王室に尽忠したことだろう」と論じたこと等を取り上げた後、「いずれにしても、論賛の微妙な修辞の奥にあるものを読み取るのは容易ではない。」と嘆じてゐる。(10)

(二) 建武中興と後醍醐天皇紀賛

前述の松本氏の評論にも触れてあったが、論賛の中で最も議論の多い「後醍醐天皇紀賛」について検討を加へていきたい。

賛曰く、斉の襄公、九世の讐を復し、春秋之を義とす。帝、北条高時を族誅し、以て三帝播遷の恥を刷く。其の事、襄公より難くして、中興の功業、以て憲を不朽に垂る可し。(略)而るに足利尊氏、倒戈の功を以て恃みて、不臣の志を蓄ふ。狡猾桀黠なること、高時に比して、更に甚だしきこと有り。故に隠岐の狩は、猶ほ再航の期有りしも、吉野の駕は永く回轅の日無きは、何ぞや。艶妻嬖せられて賞罰濫れ、諫臣去りて紀綱紊る。忠臣義士の肝脳、草野に塗るる有りと雖も、終に之を能く救ふ莫きなり。特だ、惜しむらくは、其の撥乱の才は、以て俊傑を駆使するに足るも、聡叡の蔽はれて、忠・佞を甄別する能はざりしを。延喜の治を復せんと欲するも、其れ得可んや。（略）然りと雖も、帝の英邁の気は、百たび折るるも橈まず。其の、神器を新王に伝ふるを拒むの語は、義、正しく、辞、厳なり。（略）正統の在る所、炳として日月の如し。豈、偉ならずや。

後醍醐天皇の建武の中興の功績は「不朽に垂る可し」と高く評価し、一方、足利尊氏は「不臣の志を蓄ふ。狡猾桀黠なること」甚だしいものがあるとした。しかし、吉野から京都に遷御することが出来なかったのは「艶妻嬖せられて賞罰濫れ、諫臣去りて紀綱紊る」ためであると後醍醐天皇の失徳を指摘しながら、「帝の英邁の気は、百たび折るるも橈まず」と述べ、末尾に「正統の在る所、炳として日月の如し。豈、偉ならずや」と結んでゐる。天皇の徳を批判しながら、一方では「帝の英邁の気」を高く評価することは明らかに矛盾するやうに見える。

この論賛の手法は全編に共通するもので、一通り歴史的評価を下した後、天皇の失徳・失政を取り上げ、武家の抵抗を弁護し、最後に再び賛辞を加へて、それへの批判を躱《かは》してゐるのである。

この後醍醐天皇への批判は、すでに三宅観瀾の『中興鑑言』に表れてをり、これについては前述の荒川久寿男氏が「中興鑑言」論で詳しく批判を加へられた所であった。その中で、論賛の主旨と共通する所であることも指摘され「太平記を妄信して帝徳を誹議する観瀾の論は、その文は華なりといふも、その見や軽忽の譏りを免がれないであらう。」と述べ、そして補記に「なほ安積澹泊も観瀾の所論と共通性をもつ。」として、さらに「後醍醐藤原皇后伝賛」、「後醍醐天皇皇子伝賛」を引用して観瀾と共通してゐることを例証し、「或ひはこれ当時史館の通論だったらうか。」と結んでゐる。

また、名越時正氏は「水戸学派における建武中興」の中で、旧稿本と現行本とを比較検討した結果、旧稿本にあった「女謁による恩賞の紊れと、大内裏営造による士民の苦窮と不平、これに乗じた足利高氏の叛の記事が、現行本では女謁云々が全く見えず、大内裏営造については、士庶の不平云々は全く見えず、高氏の叛については建武二年の条に「冬十月足利尊氏……拠鎌倉反、以誅新田義貞為名」と記するのみである。

と指摘して、後醍醐天皇紀末の文については史館において或る時期にかなり議論によって加除添削乃至改稿があったことが想像されると推論された(11)。

これから考へると、澹泊の建武中興批判の論賛は現行本以前の紀伝（享保本）の記述により執筆したものであることが明らかであり、後醍醐天皇や建武中興についての研究が不十分な時期に成ったものといふことができる。

これについても、名越氏は、同書の中で以上を総括して、『中興鑑言』をはじめ「論賛」の中興批判又は列伝の一部に見る同様の論述の起こった原因として三点を挙げられ、第一は、中興の挫折を惜しむ余り、その原因を追求し、正しい判断を下し得なかった故に生じた批判であり、第二は、『太平記』を妄信したためで、史料の不足、研究の粗漏にあったこと、第三に才知に任せて傲慢な態度で無責任な評論を立てたことを慎むべきことであるとされた。

六　論賛の削除の経緯

(一)　文公の上意と高橋廣備の意見

論賛の削除の問題は、立原・藤田両派の対立に端を発した所謂大日本史三大議の一つである。その一は志表廃止の議、その二は題号更改の議、そして三は論賛削除の議であった。

享和三年（一八〇三）正月、高橋廣備が論賛削除の上意の旨を水館へ送った意見書が発端であった。[12]

○　高橋の伝へた文公（治保）の上意は次のやうな内容である。

『凡そ史の論賛ある、是れ勝国異代の特質を論じ、口を極めて是非す。固より妨げざる所。独り吾が天朝は百王一姓、方今の世、至尊垂拱、政を関東に委ぬと雖も、然れども君臣の分、嚴乎として乱れず、四海の内、皆正朔の奉ぜざるは莫し。上世遠しと雖も之を均うするに祖宗。今其の得失を論じ、忌憚する所無し。事体已に宜とする所に非ず。安ぞ先公の意に負かざるを知らんや。寡人の意は悉く之を删去せんと欲す、宜しく詳議すべし』と。

その要旨は、シナの正史に論賛があるのは、「勝国異代」則ち革命によって滅ぼされた前の王朝のことを現王朝からその特質を論ずるものであり、シナにおいては支障はない。しかし、わが国は「百王一姓」革命の無い国であり「今其の得失を論じ、忌憚する所無」い論賛自体よろしくない。それはまた義公の意思に背くものであるから、削除したいと思ふ、といふのである。

○　これに続いて、高橋廣備は意見を述べて、紀伝体の体裁は司馬遷の『史記』から始まり、その紀伝の末に論賛を付けた。それ以後歴代の史臣は皆これに倣って論賛を付けるやうになったものである。また論賛は元々「一家の私議」即ち、史臣個人の評価であって天下の公論といふべきものではないとした。

○　幽谷は廣備と論賛について論じた時、「苛酷に傷む者有り或は冗長に失する者有り」問題が多い、恐らく光圀の本意はこのやうなものではないであらう、といふ意見であった。

○　幽谷との話の中で、光圀の卓見は「皇統を正閏し、人臣を是非し、以て一家の言を成すと曰ふと雖も、然れども其の筆削の大旨は惟々其の実を務め、其の華を求めず、寧ろ繁に失するも、簡に過ぐる勿し。その删裁の如きは後の大手筆に俟つ」といふ所にある、といふことが話題になったといふのである。

○　孔子の編纂した「春秋」は「公是公非、事に據りて直言し、未だ嘗て別に一語を加へ而して其の得失を論ぜざるなり」といふ態度であった。そして「其の善悪得失の如き、観者の意の如何に存るのみ」として私見を立てなかった。

○そして、安積澹泊は史学に優れた者であるが、論賛を執筆したのは、光圀の薨去後のことである。光圀の本旨を西山の墓前に伺ふことはできない。一人の私見で百世を論評することは、光圀をあざむくものといふべきものである、と廣備は批判した。

以上のやうに長文の意見を陳述したが、この時は論賛を削除すると三大特筆が不明瞭になるといふ水館の桜井安亭・大竹親従らの反対意見があって決定をみるに至らなかった。やがて文化六年（一八〇九）二月に、武公（治紀）の裁決により論賛削除が決定したことは前述の通りである。

(二)　論賛削除についての諸説

この論賛削除の議について、前述の清水正健は『水戸の文籍』の中で、全面的な賛意を表してゐるやうに理解できる。これに対して、吉田一徳博士は、「大日本史三大議に現れた両派の対立」の中で、人格上好ましくない性癖を有する高橋は安積の論賛の欠点を指摘して之が删除に懸命し、且つ口を極めて文公の英見卓識の上意を以てしているが、果して公の自発的意見であるかは頗る疑わしい。何となれば坦室文稿以外には徴証すべき傍証さえも存しない。因循姑息、優柔不断な公の性格から推しても、純然たる自主的意見とは考えられないであろう。

と述べて、高橋の人格的欠点を指摘し、さらに藩主文公の性格までに及んで、その主張の妥当性に疑問を呈してゐるが如何なものであらうか。(13)

また、鈴木暎一氏は、「「論賛」削除をめぐる問題」の中で、尾藤正英氏の「水戸学の特質」を援用して、

客観的にみれば、「論賛」の削除こそ逆に光圀の意志に反するものというべきであるが、高橋らがこの論を唱えたのは、前期の編纂を支えてきた儒教の歴史観を放擲し、「百王一姓」のもとでのわが国固有の国家制度のあり方とその変遷に関心を集中するとともに、天皇を道徳的批判の対象から除外してこれを絶対視、「名」と「実」との一致を求めない、いわば日本的秩序というべき価値を置こうとしていたからである。

と述べて、論賛削除は光圀の意志に反するものと断定してゐる。(14)

これは、前述のやうに論賛の執筆は光圀の意思であったとする主張に関連する意見である。論賛削除の意見は、高橋のみならず、幽谷も同意であったことは『修史始末』に散見する主張によって窺ふことができやう。また、文公の六年後に当たる武公の代に再度確認の上削除されたことから考へると、立原派が去った後とはいへ、当時の史館の大方の賛同を得られた結果のことと思はれる。

七　論賛執筆と義公の意思について

(一)　執筆の発端から見た論賛

論賛執筆の経過については、鈴木暎一氏の「『大日本史』「論賛」の成立過程」の中で、往復書案に基づき詳細に述べられてゐることは前述の通りである。論賛と光圀の意思について考察するに当たって、改めて論賛執筆に至った事情について再検討して見たい。

(1)　論賛執筆の発端

論賛執筆の発端は、正徳四年十月頃、水戸の彰考館総裁の大井松隣（介衛門）、神代鶴洞（杢大夫）が提案したと思はれる。そのことは、十月二十一日付け水館総裁宛、江戸彰考館総裁酒泉竹軒（彦大夫）、佐治竹暉（理平次）の書案によって知られる。当時は、校訂作業もかなり進んで、清書に入る時期であった。その書案に、（字句は便宜上仮名などを加へ読み下しとした）

傳本紀段々校正相ひ済み清書成され候由、先づ以て珍重に存じ候、夫れに就き論賛等付け申さず候ては罷り成るまじく、皇子皇女傳、歌人、文藝其の外別段の名目之れ有る傳には、序論御付け成さる可く候、右類の傳共は、上代にて大形部分け相ひ見へ申し候、その外列傳にも一冊宛に論賛付け申す可き由、成る程、左様之れ無く候て叶はざる儀、御尤もに存じ候、仰せの如く論賛別して文筆入れ申す事に御座候へは、前広に御心懸け御仕立て、先づ下地出来候はば其の上幾度も修飾を加へられ、然る可き儀に存じ候、

とあって、水館総裁からの論賛執筆の提案に対して、江館総裁からは「左様之れ無く候て叶はざる儀、御尤もに存じ候」と返答し、提案に同意を表明した(15)。

続いて、十一月二十八日付けの水館総裁宛同書案に、

論賛の儀打ち寄り申し談じ候処、其の元御目論み定めて後漢書の躰にて五六人又は七八人同傳に成され、賛、傳尾に壱つ宛成され候て御座ある可く存じ候、論は銘々之れ有るまじく候、或は十人に壱人宛抔にて之れ有るべく候、菟角其の人の骨髄精神を賛壱つに書き取り申す儀に御座候間、傳校正の折り柄、成されず候ては叶はざる事に候、又重ねて申され候ては大造の事に候間、此の序に御立稿成され、然る可く存じ候、先づ其の元にて御立稿成され候を一二傳御見せ成さる可く候、唯今迄、傳末に其の人の有増し書き取り置き申し候、論立て候はば、是れをも削り論に入れ申すにて之れ有るべく候、左候へば、余程傳も書き直し申さず候ては成り難く之れ有るべく候、

とあって、論賛は後漢書の体裁により五、六人か七、八人を同傳にし、傳尾に一つ宛に論じるかなどと提案し、賛は「其の人の骨髄精神」を書き表すものであるから、傳の校正中でもあり賛がなくてはならないと思はれる。ついては水戸で一・二書いて見せて欲しい。今まで、紀傳の末尾にその人物の概要を書いて置いたが、論賛が出来るならば、この部分を削って論賛に入れる必要があるであらうし、またある程度の紀傳の手直しも必要になってくるであらうと、返答してゐる。

なほ、名越時正氏は「水戸学派における建武中興論」の中で、現行の『大日本史』には、論賛はないが、本紀の中には仁徳天皇をはじめ反正、天智、天皇大友、順徳、後醍醐、その他の諸天皇において、譲位後又は崩御後に、かなりの字数を以て天皇の御性格や特筆すべきことを記してゐるが、元禄

九年の「重修紀伝義例」には、譲位後の綱要を紀末に記すことだけしか規定してゐないことを指摘された。これが「傳末に其の人の有増し書き取り置き申し候」といふ部分であり、この時、論賛の執筆との係はりが問題となったのと思はれる。

更に、十二月七日付け水館総裁宛同書案によると、

一先達て仰せ聞かされ候論賛の儀、此の方存じ寄りを申し進め候所、其元、校合の最中にて外の儀に及ぶ可き御暇之れ無く候に付き、唯今より立稿成され候には之れ無く候、菟角始終論賛之れ無く候ては叶ひ申すまじくとの御了簡にて、此の方の存じ寄り、先づ御聞き成され候ため、先達て仰せ聞かされ候由、一々御尤も其の意を得存じ候

と述べて、江館から見本を書いてくれるやうにとの要請に対して、水館では校正が多忙のため直ぐには書きはじめる予定は無い、ただ論賛がなくては体裁が整はないと思ったので、江戸の意見を聞いて見ただけであるとの水館の返書に対して、江戸でも了解したと返答したのである。この往復書案によれば、要するに論賛は水館から提案し、江館の賛成は得たものの、水館では直ちに執筆に取りかかる心づもりは当面無かったといふのである。

これから見られる論賛の執筆の提案の一つの理由は、大日本史の校訂作業が進み、間もなく完結する時期になって、シナの正史に対比して紀伝体の体裁上から論賛がないのは史書として整はないといふ判断があったのであらう。

そして結局、両館総裁らは執筆に取りかからないまま月日を送り、正徳五年四月に『大日本史』の書名が正式に決定し、十一月に綱條の叙文が書かれ（大井松隣代筆）十二月六日の光圀の忌日に、論賛を付けずに本紀七十三巻、列伝百七十巻を義公の廟に供へることになった。

(二) 安積澹泊の論賛についての認識

十二月七日付け水館総裁宛同書案の続きに、論賛執筆について安積澹泊の意見を聞いたことが記されてゐる。

一論賛とは仰せ聞かされ候共、歴史大概論斗りの方多きに付き、安兄に御相談、賛は入らざる物との了簡にて候、史臣の語は論斗りを付け申すにて候へば、尤も韻語には成さざる積りに御座候、猶又了簡致し、追々存じ寄り申し進む可きの旨、其の意を得存じ候

論賛は歴史の大概論であるので、先輩の安積澹泊にも相談したところ、「賛は入らざる物との了簡にて候」といふ返事であったといふのであった。即ち、澹泊は今まで論賛は不必要な物と認識して紀伝の執筆や校訂作業を進めて来たといふのであった。

この澹泊の証言は、非常な重みを帯びてゐるものと思はれる。澹泊の史館に於ける重要な位置は、前章の安積澹泊の項で触れた所である。

そもそも論賛執筆については、当時史館の中心的人物であった安積澹泊でさへ、論賛は無き物と了

箇であったといふことは、光圀もかつて一度も指示したことが無かったと思はれる。その代はりに、各紀の末尾に簡略な評論を付しておいたのではないだらうか。

㈢　論賛執筆下命書の内容

享保元年（一七一六）一月になって、江水両館の総裁は共同提案の形で、安積澹泊を執筆適任者として藩庁に申請し、同二月二十日、正式に下命があった。往復書案によると「享保元年（一七一六）二月、粛公（綱條）安積澹泊に論賛執筆を下命」するとして、次のやうな内容になってゐる。

大日本史成就致し候に付き、此の度十志并びに続編等の儀も仰せ付けられ候、それに就き其方儀、他年熟練致し候事に候条、論賛等仰せ付けられ候条、神武より末々まで一様に出来候やうに宿勤にて仕るべき旨、仰せ出す者也。

ここで注目すべきことは、この論賛と修志と続編が三点セットで下命されたことである。論賛は澹泊が担当し、修志と続編は史館総裁が担当することになったのであらう。

正徳四年は、前述の如く紀伝の校訂が終了する時期であり、「大日本史」の題号問題も決着し、また叙文も完成し、長年の修史事業が一区切り付く時期であった。

この問題について幽谷は、『修史始末』正徳五年十二月十五日の条の中で、

これより先、江館総裁酒泉弘、佐治毘、紀伝方に成り、史館将に廃されんとするを憂ひ、自ら謂

らく、史館の命脈を繋留せんと欲す。その策二あり、曰く修志、曰く続編、修志は則ち先天の元気、続編は後天の元気なり、と。諸を水館総裁に謀る。総裁大井広・神代壽以為らく、志は則ち義公の遺志、修めざるべからず、続編の如きは則ち、酒泉・佐治の好尚に出づ、為さんと欲せば則ち為せ、吾が与かる所に非ざるなり、と。然れども、其の間に依違し未だ顕言して之を非とせず。弘・毘乃ち謂らく、両館の議協へり、と。遂に箚子を作り、二人及び広・壽等の名を署して続編を修めんことを請ふ。

と述べて、修志と続編は「史館の命脈を繋留せん」がための提案であったと批判した。また、続編と修志の編纂は、江館総裁から提案されたことが知られ、それに対して論賛の執筆は水館総裁から提案されたことは前述の通りである。

修志については、水館総裁のいふ如く光圀在世中にすでに指示・検討されたことであり、紀伝完成のあとはこれを継続するのは当然のことであった。しかし、続編については水館総裁も反対し、幽谷の批判を始め、幾多の議論があって論賛と同様、今日に及んでも決着がついてゐない。

ここで指摘して置きたいことは、続編問題は、単に「館脈挽繋」のためのみならず、背後には南朝正統論に絡んで、北朝の扱い方から起こった問題であったことである。

そのことは正徳五年十一月の書案によって明らかである。(16)

「十七日大井兄御手書相達候」として、

一通観大勤引き受け又続編と申すは、取り越し候様思し召し候由、至極御尤もには聞へ申し候へ共、後小松以下紀傳立て申さず候得ば、北朝の取り納め相ひ済み申さず、今の世に大に障り申し候に付き（略）一日も早く北朝後小松を落ちつけ安心致し度く候、

一南朝は真の天子なれ共吉野郷中斗り御手に入れ候、和泉、河内并びに東北国、西国辺々、宮方少々御座候へ共、わつかの事にて御座候、北朝方は日本国中大かた手に入れ候て、天下の政事并びに寺社方、諸門跡、諸親王、諸大臣、皆北朝のかけにて立て申し候に付き、南朝百倍の富貴と見へ申し候（略）今の天子は北朝の御子孫にて御座候へば、第一不遠慮にあしらひいたしがたく存じ奉り候（略）後小松以下を大日本史続編などと別物の様に遊ばし候得ば、前後相ひ障り無く申さず、南朝も立ち北朝も道理聞へ申す可しと存じ奉り候

今の天子は北朝のご子孫であるため、南朝正統論だけを記述したのでは差し障りがあるといふのである。結局、この北朝の扱ひについては、後でも触れるが後小松天皇紀の首に記載することになった。ここに北朝正統論の立場を取る林家を始めとする幕府儒官の影響と現実への妥協主義が見られ、更には幕府擁護のために、将軍伝の創設にまで発展するに至るのである。

(三)　紀伝体の体裁から見た論賛

論賛執筆の提議の理由として先に紀伝体の史書としての体裁を整へるためと推論した。シナの正史

は全て紀伝体であり、元史を除いては全て論賛を付してゐる。[17]

そこで光圀が何故に紀伝体を採用したのか、また論賛執筆についてはどのやうに理解すべきであるのかについて考察を進めたい。

安積澹泊の「書重修紀伝義例後」に、

編年、事を記するは史なり。紀傳、体を分つも史なり。編年は実録の祖にして、紀傳は諸史の帰なり。舎人親王日本書紀を撰みしより以降、歴世因循、著はして実録と為す。曰く紀・曰く志・曰く表・曰く傳、帝王の徽猷を綜覈し、臣庶の行事を臚列し、治乱興廃、礼楽刑政、類聚群分、勧懲並び存して、燦然見る可きものは、実に我が西山公の創為する所にして、彰考館の由て建つ所なり。夫れ年代の悠久、機務の浩繁、実に拠て直書し、事に即て義見る。義を推して以て例を明らかにするに非ざれるよりは、豈能く経世の大典を成さんや。

とあり、編年史と紀伝体とを明快に分析し、光圀が紀伝体を創為した次第を解説してゐる。[18]

これによれば、紀伝体の特徴は、①帝王の徽猷を綜覈し、②臣庶の行事を臚列し、③治乱興廃、④礼楽刑政を⑤類聚群分して、⑥勧懲並び存してゐる所にあるといふのである。そこで注目すべきは、紀伝体は①と②を厳格に区分してゐることである。即ち紀（本紀）は帝王（天皇のみ）を記述し、伝（列伝）は臣庶（天皇以外の全ての記事）について記述するといふ体裁であることである。尤も、「本朝通鑑条例」にならったとされてゐる寛文期の修史義例では、「皇后は、無事と雖も、必ず紀に立つ」とあったが、「御意覚書」の貞享元年の条に「皇后を傳に立つ可し。本紀とすべからず」との光圀の指示があり、その後は本紀から除かれた(19)。

安積澹泊は元文元年打越樸斎に答ふる手簡の中で、当時を回想して次のやうに述べてゐる。

覚曰く、五十年前、僕始めて史館に入る。時に人見又た総裁たり。所謂紀傳なるものを出して以て僕に示す。北朝の五主を降して列傳と為す。足利の黨悉く書して賊を以てす。（修史始末の天和三年八月二日の条に引用）

即ち、天和三年、澹泊が彰考館に入った頃は「旧紀傳」には北朝が列伝にあり、足利氏一族が全て賊とされてゐたといふのである。

これは当時の紀伝の未熟な状態を示してゐると同時に、逆に、これによって義公の当初の修史の方針が読み取れるものではないだらうか。その意味では貴重な証言といふことができよう。

即ち光圀は紀伝体を採用することにより、本紀には天皇（始めは皇后も）のみを記載し、例へ北朝の天子、将軍と雖も列伝に書して君臣の別を明らかにしようとし、また、列伝の部分けにより、足利氏一族を叛臣伝或いは逆臣伝に入れてその逆賊たることを明らかにしようとされたのではなかろうか。そのため、幕末に禁門の戦ひに敗れた真木和泉守が自刃に臨んで「大日本史恐ろしく候」と言はれたのは、自分が大日本史の列伝の逆臣伝等に入れられることを恐れてのことと想像できよう。

光圀は日本書紀以下の六国史や幕府の本朝通鑑の編年体に対して、紀伝体を採用したのは史記に倣ったものとの指摘は早くからあったが、さらにその胸中には紀伝体により断然として君臣の義を明らかに示す所にあったものと推察したい。

そのために、光圀亡き後、澹泊ら史臣達は、北朝や将軍の扱ひについて侃々諤々の議論を展開する必要に迫られるのである。

なほ、大日本史の編纂に当たっては、単にシナの正史に倣ふことでは無く、わが国の国体を明らかにし、その特徴を顕現しようと努力してゐたことは、光圀在世中から行はれた度重なる修史義例の検討の過程を見れば明らかである[20]。

従って、シナの正史に倣ったからと言って必ずしも「論賛」が無くてはならないといふことにはならないであらう。

(1) 北朝五主と修志義例

紀伝体の体裁の採用と南朝正統論の主張により、当今の天皇の御先祖に当たる北朝五主の扱ひが重大な問題となった。この問題について検討を加へて置きたい。前出の安積澹泊「打越樸斎に答ふる手簡」の続きに、

当時受けて読み、漫然其の可否を省せず。後一二年にして稍見る所あり、竊に謂へらく、設へば異邦革命の世の如きは、前代の書を修む。其の書法或は然らん。今皇朝一姓相承け、嚮の所謂南北両宗は、鈞しく之れ祖の胤。而して北朝五主、即ち今の天子の祖なり。豈に降して列傳と為す

べけんや。然るに、後生晩輩、口に言はんと欲して囁嚅す。嘗て佐々介三と善し。窃に語るに此の意を以てす。介三、吉弘左介と与に総裁と為るに及びて、僕も亦修史義例を議定するに与る。侃々建言、遂に諸を後小松紀の首に帯書するを得たりと。

と述べて、北朝五主を「後小松紀の首に帯書するを得たり」としてゐる。この部分は、「修史始末」の天和三年の条に引用されてあるため、その頃に北朝五主の扱ひが確定したやうにも見られる。ところが、北朝五主の扱ひについて、元禄二年の「修史義例」や元禄九年の「重修紀伝義例」にもそれが見当たらず、最終の「修大日本史例」になって初めて「北朝五主、帯書後小松紀首」と記されるに至ったことは、但野正弘氏の「元禄二年修史義例の作成」の中で明らかにされてゐる。[21]

幽谷は、澹泊の手簡の引用の後、「一正案ずるに」として、

老牛先生、義例を議し、部分を定め、論賛を撰び、刊修検討、終身の力を竭く、其の史編に功ある、固より枚挙に遑あらず。ただ北朝五主を後小松紀に帯書する、其の説極めて是。而して人知るものある少なり。

と述べて、澹泊のこの扱ひが適切であったと評価してゐる。

さて、この北朝五主を後小松紀に帯書することは、何時の段階で行はれたのであらうか。

それを考察する史料として、前出の正徳五年十一月の往復書案を再度検討して見たい。この書案は十一月十七日に水館総裁大井松隣が筆写して江館総裁へ送付したものである。

その中で「後小松以下紀傳立て申さず候得ば、北朝の取り納め相ひ済み申さず、今の世に大に障り申し候付き（略）一日も早く北朝後小松を落ちつけ安心致し度く候」と述べ、「南朝は真の天子なれ共吉野郷中斗り御手に入れ候」、一方「北朝方は日本国中大かた手に入れ候て、天下の政事」など「皆北朝のかけにて立て候に付き、南朝百倍の富貴と見へ申し候」、また「今の天子は北朝の御子孫にて御座候へば、第一不遠慮にあしらひいたしがたく存じ奉り候」と述べてゐることに注目すべきである。

さらに続けて、「北朝は今の天子の御先祖　殿様初め奉り諸大名え下され候官位も北朝の御末より出し申し候に付き、御先祖を御おとし成され候ては御官位迄もたつとく之れ無く」、これにより「後小松天皇本紀の口に北朝代々天皇を書き立て、今の　禁裏に御先祖をあらはし申し候」へば、「臣子の礼儀も立ち、尤も　義公様御本意に相ひ叶ひ申すべく」としたのである。

これによって、北朝五主の扱ひは、正徳五年の段階で決定したとする事ができよう。

(2)　続編議の発端

同書案の後段に、

去り乍ら、後小松本紀斗を南朝の末に附け候ては天に二の日に罷り成り候間、南朝切りに北朝をおとし後小松天皇を巻頭に遊ばされ三四代斗り本紀仰せ付けられ、北朝皇妃傳皇子皇女をも其の内へ組□候へは、当暮北主家人傳目録之外に仕立て差し上げ申すよりは躰もよく御座候、後小松

以下を大日本史続編などと別物の様に遊ばし候得ば、前後相ひ障り無く申さず、南朝も立ち北朝
も道理聞へ申す可しと存じ奉り候

と述べて、後小松天皇の前で一端打ち切って、その後は、後小松天皇を巻頭にして続編を編纂しては如何かと提案したのである。これが続編議の発端と思はれ、当今の朝廷への配慮、そしてその朝廷から官位を授かってゐる「殿様初め諸大名」の権威を高めるための配慮から、改めて北朝を中心とした大日本史続編の編修を提案したのである。先に幽谷は続編計画を「史館の命脈を繫留せん」がためと批判したが、その背景にはこの問題があったのである。

(3)　大友本紀論等と論賛との関係

『修史始末』の貞享四年八月の条にある大友本紀論及び元禄十二年の条の神功皇后論の執筆の記事を証拠に、光圀に論賛執筆の意思があったとする論があることは、前述のとほりである。しかし、これらの諸論はいかなる目的で執筆されたのであったのか、果して論賛執筆と関係があったのか、『修史始末』について考へて見たい。

〔貞享四年〕八月十五日、吉弘元常大友本紀論を著はす。総裁野傳天武紀考證あり。〔安積覚、帝大友紀の議あり〕

一正、旧紀傳の目録を按ずるに、天智・大友・天武本紀は野傳の撰。已天和已前に成る。而して其の大友を立てて帝紀と為すは　義公の特見に出づ。固より已に千古の冤を雪ぎ、一世の惑を弁

ずるに足る。是に至りて考證著論以て其の説を申明す。頼に吉弘の文あり、其の歳月を著はし、詳かに其の本末を攷ふることを獲たり。亦以て史林の談柄と為すべきなり。
（元禄十二年）十二月、皇后・皇子・皇女の三傳成る。
〔往復書案〕公、安積覚・栗山愿及び三宅緝明・多湖直等に命じて神功皇后論を作らしむ。公も亦其の意を僧道昶に口授して論を作らしむ。

以上の内容であるが、一見して明らかなやうに、大友本紀論は三大特筆の一つである天皇大友の本紀を立てるための考証の目的であり、天武紀考證は天智・大友・天武の本紀執筆を担当した野傳（人見傳）が必要があって考証したものであり、また、吉弘元常が大友本紀を著したのは、大友本紀を確証するための論であったのである。

従って、これらの論著は論賛の執筆とは直接関係がなく、これによって光圀に論賛執筆の意思があったとする証拠にはならないものと思はれる。

なほ、その他の史臣にも、史論、史伝といふべきものがある。例へば、佐々宗淳「足利将軍傳」、「松野土方二義士傳」・「緑均君傳」・「疎魯利傳」（三傳は「十竹斎遺稿」所収）、丸山活堂「泰伯論」、鵜飼錬斎「源頼政傳」（『文苑雑纂』所収）などがそれである。史臣達は執筆の過程で、担当する分野について、夫々、研究と評論をしてゐたものと思はれる。大日本史や論賛との関係についての検討も必要であらう。

㈣　修史態度から見た論賛

大日本史の修史の特徴の一つに出典の注記があり、これは光圀の独創であることも既に研究されてゐる所である。「史館旧話」に義公の指示として、

國史を作ることは其方共の及ぶべき事にあらず。後世に才識抜群の人出でて國史を撰述せん時に、採択にもなるべきかと思ひて、この書を編修するなり。されば一事一条も独断専行せず、毎事引用書を注し置く次第なり。能くこの旨意を心得て、文辞の繁蕪を厭ひ、筆勢の苛健ならん事を思ひて事實を誤るべからず。寧ろ繁なるも簡に失する勿れ。寧ろ質なるも文に過ぐる勿れ。

と述べた事を記してゐる。光圀は修史の厳正を期するため、全国的に史料蒐集を実施し、文献の考証を行ひ、史臣の相互議論、史実の究明に努力した。しかし、当時史料の蒐集も考証も十分とは思はれず、後世の才識抜群の人、大史筆に待つといふ態度を堅持した。

そして、その方針の背後には「大日本史叙」にも述べられてゐるやうに、

史は事を記する所以なり。事に拠りて直書すれば勧懲自ら見はる。

といふ、春秋の筆法に準拠しようとしたことも考慮しなくてはならないであらう。

実際、前述の如く、後醍醐天皇紀の記述では、旧草稿本と現行本とでは、その後の研究により内容に改訂が加へられた事が立証されてをり、安積澹泊の執筆した後醍醐天皇紀の論賛は改訂以前の本紀

に基づいてゐるため、建武中興に対して苛酷な批判が展開されざるを得なかったといふ不備が生じたのである。このやうな一例からしても、光圀の深謀遠慮の配慮が出典明記の上にも表れてゐるのである。

従って、光圀の最大の関心事は紀伝の正確な執筆を期することであり、その完成は後世の大史筆に俟つといふ修史態度からして、その修史過程の段階において、光圀には論賛を執筆する意思は無かったものと思はざるを得ない。

以上の如く、論賛執筆の意思が光圀にあったのか否やについて検討した結果、光圀に論賛執筆の意思を明確に裏付けるものはなく、むしろ、今まで検討してきた結果からすれば、その意思は否定せざるを得ない。これについては諸賢のご批正をお願ひしたい。

をはりに

平泉澄博士は、「大日本史概説」の中で、

出典を明記して舞文曲筆を許さず、事によつて直書して私意私見をさしはさむ余地を与へないといふ大方針が確立せられたからこそ、二百五十年の長い歳月の間に、数百人の学者が之に従事して、しかも終始一貫、前後照応せる大著述が完成したのである。

と述べられた(22)。

この義公の修史過程における慎重な配慮は、単に出典の明記のみならず、そもそも紀伝体の採用の段階で、君臣の別を明らかにして断然変更せしめざる配慮があったのである。

その中でも、南朝を正統と断じたことは当時の北朝正統論の通念を覆したものであった。後醍醐天皇の建武中興を顕彰し、臣士の仰ぐべき理想として楠木正成を掲げることは容易なことではなかったと思はれる。

当時すでに、南朝を正統としたことに対して、史臣の中には多少の異論もあったが、南朝正統論を始めとする三大特筆について、光圀は「こればかりは某に許してよ、後世われを罪する事をしるといへども、大義のかかるところいかんともしがたし。」（年山紀聞）と述べたといふことは、これを明瞭に示すものといへよう。

北朝を閏統とし、北条、足利等の幕府・将軍を否定するといふことは、当時の学界における幕府是認、北朝正統論の史観に挑戦することであった。光圀はまさに生命がけの決断をしたものと言へよう。

光圀亡き後、史臣の間に動揺、意識の変化、現状への妥協などがあって、論賛の執筆、続編議などの問題が起り、或ひは将軍伝・将軍家臣伝などの妥協の産物が生じたにせよ、紀伝体の根本原則、三大特筆は少しも変更に及ぶことはなかった。

さらに考へて見ると、光圀であったからこそ、大日本史の編纂が貫徹でき、後世の人々をして「大日本史恐ろしく候」と、その向かふ所を指し示し、また、楠木正成顕彰の墓碑を建立して、百世の後の人々を感奮興起せしめ、遂に明治維新へと導きだす力を生み出すことができたのであらう。

註

（1）日本思想大系『近世史論集』所収の「解題」。
（2）『国書総目録』「大日本史賛藪」の項目に、写本が宮内庁書陵部その他に所蔵本の記載がある。
（3）『修史始末』の引用は『訳註大日本史』所収本によった。以下同じ。
（4）『茨城県史料』所収の「大日本史編纂記録」には、「往復書案」、「往復書案抄」、「史館雑事記」「史館日次記抜」及び「続編議及び撲斎正議」などを収録してゐる。平成元年刊行。
（5）『茨城県史研究』五十三号、昭和五十九年、『水戸藩学問・教育史の研究』所収。
（6）『水戸史學先賢傳』所収。
（7）『新版　水戸光圀』、『水戸光圀とその餘光』の所論、共に水戸史学会発行、錦正社刊行。
（8）『水戸史学』第十九号「『中興鑑言』論」、第二十一号「水戸史学と新井白石の史学――国体護持史観と武家革命史観」。
（9）日本思想大系『近世史論集』所収の解説。
（10）（1）の日本思想大系『近世史論集』所収の「解題」。
（11）『水戸光圀とその餘光』所収。

(12)『修史復古紀略』所収、『訳註大日本史』十二、後付収録による。
(13)『大日本史紀伝志表撰者考』所収。
(14)「論賛削除をめぐる問題」、『水戸藩学問・教育史の研究』所収。
(15)『茨城県史料』所収の「大日本史編纂記録」の「往復書案抄五　正徳元年~同四年」の条。
(16)『茨城県史料』所収の「大日本史編纂記録」の「史館日次記書抜」所収。
(17)拙稿「大日本史の体裁について」、『水戸史学』第二十六号所収（本書、第五章に所収）。
(18)『和漢両文　大日本史論賛集』所収による。
(19)但野正弘氏『新版　佐々介三郎宗淳』所収「元禄二年修史義例の作成」による。
(20)名越時正氏『『水戸光圀とその餘光』の所収「前期水戸学の国体論」、但野正弘氏（19）の書。
(21)但野正弘氏（19）の書。
(22)『大日本史の研究』所収。

七　栗山潜鋒の『倭史後編』について

はじめに

『保建大記』の名著あるをもって、天下に令名を馳せたのは栗山潜鋒である。潜鋒は元禄六年（一六九三）鵜飼錬斎の推薦によって水戸義公に仕へ、同十年、彰考館総裁の職に就いた。時に潜鋒二十七歳であったが、当時、総裁には他に安積澹泊（四十九歳）中村篁渓（四十一歳）大串雪蘭（三十九歳）らの人々がゐた(1)。

潜鋒はとくに義公の御意をもって、本紀、列伝の考校に携り、その完成を目ざして盡力した。その間にあって、潜鋒は『倭史後編』の編纂に着手し、宝永三年（一七〇七）四月七日、三十六歳の若さで歿する前年に、先輩格の総裁である安積澹泊にこの一書を托したのである(2)。

従来『保建大記』を主とする潜鋒についての研究は数多くなされて来たが、何故か、この『倭史後編』についての研究はほとんど等閑に付されて来た感がある(3)。

一般には、明徳三年閏十月の南北朝合一後を起筆とし、またその題名よりの印象から、『大日本史』の続編のつもりで編纂されたのであらうとの説が行なはれてきた。

それにしても『大日本史』の大冊に比して、この書は余りに小冊であり、しかも、後花園天皇紀の中途で稿を終ってゐることもあって、まことに評価の定め難い性格の書である。

さらに、何故か序文も跋文もないために潜鋒の編纂の目的も不明である。

今回、故あって、この書に接する機会を得たが、種々検討の結果、一応の見解を得ることができたので、順を追って稿を進め、大方の御批判を仰ぎたいと思ふ。

一　成立の事情に関する従来の説

(一)『大日本史』の続編とする説

清水正健の『増補　水戸の文籍』では、とくに解説を加へることなく、安積澹泊の「寄泉竹軒・佐治暉両総裁書」の一部を引用しただけである。[4]
この一文は、冒頭に、
旧臘大日本史成る。乃ち命じて志を修めしむ。此れ君上、善継善述の致す所（原漢文以下同）[5]
とあるが、「旧臘大日本史成」とは、正徳五年十一月六日、義公十五年忌に際して、『大日本史』紀伝清書本・二五七冊をその廟前に供へたことを指す。そして翌、享保元年正月には、かねて酒泉・佐治両総裁が続編及び志の編修願ひを出してゐたことに対して、粛公（綱條）がそれを許可した。これを聞いた澹泊が両総裁に書を寄せ宿願達成を祝すると共に『倭史後編』を贈って激励した一書がこれであり、その中で『倭史後編』の成立事情にも触れてゐる。

この一書はかなり長文のものであるが、『倭史後編』に関する貴重な史料であるので、少しく引用してその事情を明らかにしたい。

往年、潜鋒栗子、編摩の暇、私に諸家の記載を閲して、後小松・稱光・後花園三帝紀を作り、名づけて倭史後編と曰ふ。以て僕に示して曰く、請ふ我が為に删正せよと。僕熟読玩味、其の考察の精、力を用ふるの勤を歎じ、他日其の全書を見て、之を還さむことを約せしに、数月ならずして、栗子疾に罹りて起たず。後嗣未だ定まらず。僕其の散軼を懼れ、親故に託して之を取り、諸を匱に蔵する者、年あり。

とその経緯を明らかにした後、さらに潜鋒の心中を推察して、

其の志、まさに帝紀は後奈良・正親町朝に至り、将軍は義輝・義昭に至り、以て室町の盛衰を究めむと欲す。而して後陽成の朝に至り、以て信長・秀吉の興廃を叙せむと欲するも、亦た未だ知るべからざるなり。不幸にして蚤世、書成るに及ばず。其のわずかに成る者も亦た未だ稿を脱するに及ばず。

と、述べた後、

今日、適々続編を修挙するの窾に中る。此れ誠に栗子の宿志、伸びるを得るの秋なり。

としてをり、これによって澹泊は『倭史後編』は『大日本史』の続編とするに志があったとしたことは明らかであらう。

㈡　『大日本史』の続編に非ずとの説

澹泊の続編説に対し、吉田一徳博士は、恭伯世子徳川吉孚の御意によって編纂されたのであって、大日本史続編のつもりで私撰したのではないと断言してゐる(6)。

それは水館総裁大井松隣・神代鶴洞宛の酒泉・佐治両総裁の書翰に明徴があるとして、次の一文を示された(7)。

元来続編ハ恭伯様御繁昌之節、安兄へ申進候通にて候。其趣有増又此度申進候。恭伯様御意ニハ近代之事実、今世之鑑に罷成候間、紀傳一通り済候ハヽ、近代之事取集、仮名書に成とも先仕立指上可レ然段、何角思召共被二仰出一候付、覚兵衛近代之事ニ致二熟練一居申候由、談候て、如何様とも思召ニ相叶候様可二相成一段、御挨拶申上、早速其趣、安氏へ申遣候処、安氏大同心ニ而山中鹿之介議論等迄承候と申来候、且又栗山源介も先年思召ヲ請候而、和史後編草稿相見へ申候。是続編之発端ニ而候。

ところで、この書簡は「恭伯様御繁栄の節」とあることから、その没年である宝永六年以降のものであり「和史後編」の名があることよりすれば、前述の澹泊の書が寄せられた享保元年以後のこととならう。いずれにせよ、続編議が決定した享保元年頃のものとみて差し支へないものと思はれる。

さて、この書は全体の趣旨から見れば、やはり㈠の澹泊の書と同一のもの、即ち続編議についての一文であり、よしんば『和史後編』が恭伯世子の命を受けて編纂されたとしても、世子の御意は続編にあったとしてゐるのであるから、吉田博士の説の如く、大日本史の続編として私撰したのではないとは断定しがたい(8)。

しかも、酒泉・佐治両総裁の続編議については、後に大井松隣・打越樸斎らの批判もあり(9)、また、藤田幽谷は「修史始末」の中で、「挽留館脈之説、卑陋甚矣」と厳しく評してゐることからすると(10)、この一文も、為にする議論として、明徳三年より起筆してある『倭史後編』を引き合いに出して附会したものではないかとさへ思はれる。従って、この一書によって『倭史後編』の性格を断ずることには、尚疑問が残るとしなければならない。

二　内容の比較検討

以上の検討から『倭史後編』については、なほ不明の点が残った。次にこの書の実際について検討を進めることにしよう。

(一)　巻数と時代区分

この書は全三巻より成り、その区分は次の通りである。

○巻之一　後小松天皇

明徳三年（一三九二）閏十月壬午（五日）——応永十九年（一四一二）九月

○巻之二　稱光天皇

応永二十年（一四一三）正月——正長元年（一四二八）七月

○巻之三　後花園天皇

永享元年（一四二九）正月——寛正二年（一四六一）六月

この中で、後花園天皇紀は寛正二年で終ってゐるが、実際は、寛正五年七月に後土御門天皇に譲位されたのであって、その点から見ても、この書は未完とされる理由でもある。

さて、この書は次の文より始まる。

後小松天皇諱幹仁。後伏見天皇之玄孫。而後圓融院之長子也。明徳三年壬申冬閏十月壬午。天皇受二三璽於土御門殿一。自二後醍醐帝南狩一。至レ是五十餘年矣。（中略）

会源義満使三大内義弘主二講和一。南帝遂従レ之。入レ于二京都一。退居二嵯峨一。自レ是義満僭倨益甚。黜陟廃置。莫レ不二由出一。而至下怒二罵縉紳一曰中我欲レ為レ帝。細川畠山不レ能レ為二摂家清華㆒乎㆖云。

この後、編年の記事が続くのであるが、その体裁について、澹泊は前出の一書の中で、其の書、略、本紀の体に倣ひ、室町将軍を叙するに至りては、則ち編年の体を兼ぬ。（中略）其の出づる所を注して参據と曰ひ、其の緒餘を述べて支注と曰ふ。事、議すべき者あれば、すなはち評を著はして以て之を断ず。（原漢文）

と簡潔にその特徴を述べてゐる。

初め試みに、この記事を年表にして整理してみた。先づ、各巻に収められてゐる記事は凡そ次の通りである。

巻之一　約百項目

巻之二　約五十項目

巻之三　約百六十項目

次に「評」として論じてゐる所は以下の諸点である。

〔巻之一〕

①明徳三年閏十月の条。両統互立の由来と南朝の滅亡は天命によること。

②応永六年十月の条。義満の室町第・金閣等の造営の事が天下大乱の因となったこと。

③同十五年五月の条。古より衰乱の世は、兵馬の権重くして名位軽くなる。義満は明国に対して

「日本国王臣」と称したこと。

〔巻之二〕

①正長元年七月の条。義持が父義満の死後に太上天皇の贈號が議された時、これを辞退したこと、自分も終身、官内府に過ぎざること、明使を拒絶し外交を絶ったことなどから見ると、義持を賢と為すに足るが、惜しむべきは古書の亡びたが為に充分には明らかにできないこと。

〔巻之三〕

①嘉吉元年五月の条。古の忠義を称する者は天性に原づき、誠惻に発す。後世の義に趨く者、名を以てせざること鮮い。上杉憲実は名の重事たるを知る者であること。

さて、以上のやうな検討をした上で、次に他史と比較してみることにした。

(二)　他史との比較

(1)　『続史愚抄』（寛政十年成る）

この書は権大納言柳原紀光の編修で、亀山天皇より後桃園天皇までの三十三代、五百二十一年間の実録体の通史である。朝廷を中心とした公家社会の史実であり、とくに朝儀・公事についての記述が大半を占めてゐる。(11)

さて『倭史後編』と比較すると、記述の重複・類似する個所が多く見られる。しかし全体を見ると

『倭史後編』より詳細ではあるが、武将・争乱等の記事は少ない。

(2)『野史』(大日本史の略、嘉永四年成る)

この書は飯田忠彦の編纂で、『大日本史』の後を継ぐ為め、後小松天皇の明徳三年閏十月五日より起筆し、仁孝天皇までの凡そ四百二十年間を叙述した紀伝体の史書である。(12)

その自叙に、

余、総草にして司馬遷の史記を読み、慨然としてひそかに之を欽す。成童にいたりて西山君の史記を読み、始めて天子以下外夷までの紀傳、煥乎として以て徴するにたるべきを識る。独り明徳三年に止まりて傳へざるを惜む。余、その職に非ずと雖も、大いにその志を啓き之を続けむと欲す。乃ち筆を明徳に起し、而して文政に終る。体は史記に例ひ、文は国書に依る。(原漢文)

といふ様にその編纂に至る経緯を述べ、その「巻一」は、

巻一　本紀第一　後小松天皇

後小松天皇諱幹仁。後圓融帝第一子也。母通陽門院。永和三年。六月二十六日壬申。生。永徳二年。著袴。十一日庚寅。踐二祚于土御門殿一。

と書きはじめ、順次、年月を逐って編述し、至徳・嘉慶・康応・明徳と続いて、

明徳三年壬申。冬閏十月五日壬午。天皇受二三神器於土御門殿一。

の記述を経て、応永十九年に至ってゐる。

その、巻頭に「引用書目」として「通計一千一百四十部」の書目を掲げてあるが、『倭史後編』の名は見当らない。しかし、

　応永十五年五月六日甲寅。前征夷大将軍太政大臣義満薨。（出典名略）天皇爲不レ臨レ朝数日（倭史後編）

とあることによって、この書が参考にされたことは明らかである。

(3)『大日本史』（昭和三年刊本）

前出の『増補　水戸の文籍』によると、「太祖以下明徳に至る上下二千載の史記なり」とある。ところが『大日本史』には、後小松天皇紀があって、明徳三年以後、応永十九年の譲位の年まで編述されてゐる。

即ち、「後小松天皇上」には、

　第七十二　後小松天皇上　紀首掲北朝五主紀

として、次の系図に示す五主の記述がある。

後伏見─┬─①光厳─┬─③崇光
　　　　│　　　　　└─④後光厳──⑤後圓融──後小松
　　　　└─②光明

この五主に続いて、後小松天皇の記述があるが、明徳三年閏十月二日、後亀山天皇が三神器を持して吉野の行宮を発し、京都の大覚寺に遷られたところで終ってゐる。この時までは、講和の議は成立

したが、未だ神器が譲られてゐないのであって、言はばここまでは「北朝六主」といふべき時期なのである。(13)

続いて、

第七十三　後小松天皇下

明徳三年冬閏十月五日壬午。天皇受二三神器於土御門殿一。

との一文ではじまり、

(応永)十九年八月壬午晦。天皇譲二位于躬仁親王一。九月。上二尊號一曰二太上天皇一、聴二政院中一、薙髪法名素行智。

の記述を以て逐年の記述を終り、それより二十一年後、後花園天皇の御代に至り、

永享五年十月二十日己未崩、年五十七。葬二于泉涌寺一。遺詔稱二後小松院一。

と記して、最後に、

初自二後醍醐天皇南巡一至二明徳三年一、凡五十七年、皇統分レ緒、京畿阻レ域、及三帝受二神器一、海内一統、車書同二文軌一、世世相承、宝祚無レ彊。

の一文を以て、後小松天皇紀を閉じたのであった。

さて、この「後小松天皇下」の内容を『倭史後編』と比較するに、記述内容、文体、出典等に於いて『倭史後編』巻之一に極めて近似してゐることに気付いた。

そこで、この二書の相関関係を明らかにする手懸りを探したところ、幸にも彰考館に後小松天皇の草稿本が蔵されてゐることを知り、この三書を以て比較検討することにした。

(4)『大日本史』草稿本

この草稿本は十四枚、二十八頁より成り、朱点が加へられてゐるが、執筆者、校訂者を示すものは何も見当らない。

その本文は、

本紀第六十五　後小松天皇紀

後小松天皇諱幹仁、後伏見天皇之玄孫、而後圓融院第一子也、母通陽門院、北主永和三年六月二十六日壬申生

と記述が始まり、永徳・至徳・嘉慶・明徳と続くが、その間十一年を、わずか十数行で略述し、明徳三年に至り途端に詳細になる。即ち、

三年義満使下大内義弘、六角満高求上レ和二吉野一。閏十月二日己卯、東駕自二吉野一至二大覚寺一、五日壬午、天皇受二三神器於土御門殿一、

の如く記述され、以下大体に於いて、現行の『大日本史』に類する記事となり、巻末は、

及二帝馭宇一、海内一統、神器帰京、世世相承、宝祚無レ疆

の一文で終ってゐる。

以上の考察から、この草稿本は、「後小松天皇下」の草稿と見なしてよいであらう。

但し、北朝の扱ひについては未だ議論が定まらない時期であったやうで「北主」の字句などは後に削除されてゐる。

さて、この草稿本と『倭史後編』との関係はどうであらうか。少しくこの三書の異同の字句を抄出して検討することにしよう。

年月	倭史後編	草稿本	現行本
明徳三・十二・二十六	源義満	源義満	足利義満
応永元・六・五	儀同三司源善成	儀同三司源善成	准大臣源善成
同　二・四	左大臣藤原経嗣	左大臣藤原経嗣	関白藤原経嗣
同十三・十二・二十六	通陽門院崩	通陽門院	（この条なし）
同十四・三・五	上準母準三宮藤原氏號曰北山院	上準母準三宮藤原氏號曰北山院	號準三宮藤原康子曰北山院
同十五・三・八	（同文）（中略）帝留旬日	行幸前太政大臣義満北山第、留十日	（同文）二十八日丁丑、還レ宮
永享五・十・二十	法皇崩	法皇崩	崩

以上のやうなわずかな例証によっても、この草稿本は一段と『倭史後編』巻之一に近似してゐるこ

とが理解できよう。

ところで、この草稿本と『倭史後編』とがいづれが先に書かれたかについての考察は後に譲るが、少なくとも、時の総裁の地位にあった潜鋒が、『大日本史』の草稿本、或は校訂本を引用して、態々一書を編纂する必要性はなかったと思はれる。

従って、この草稿本は『倭史後編』を参考にして書かれたものとして差支へはなからう。

㈢ 『大日本史』の範囲

ここで『大日本史』の範囲について整理しておきたい。前出の『増補　水戸の文籍』には「太祖以下明徳に至る上下二千載の史記なり」とあり、一般にはこの説が行はれてゐるやうである。この著者、清水正健は水戸学の泰斗と仰がれ、昭和三年「義公生誕三百年記念会」による『大日本史』の刊行に際しては、「序列を整へ、誤謬を正し、句読返点を施し、難しい人名、地名等には振仮名をさへつけ」た人であり、「本年七十三歳の高齢を以て、孜々汲々、夜を以て晷に継き、印刷所に廻附するまで原稿を手に離さなかった」といはれてゐた人にしてさうである(14)。

また、昭和三十二年発行の『大日本史の研究』所収の諸論の中にも一様に明徳三年を以て下限としてゐることが見える。

さて、この明徳三年の説が由来するところの一因には、藤田幽谷の「修史始末」があるやうに思はれる。

その天和三年の条に、

十一月五日、公、元常・宗淳に謂ひて曰く。（中略）又曰く、紀傳の作、嘗て後小松を限りて筆を絶つ。然れども更に意思あり。後小松以後の事と雖も、其の紀傳の采擇に供す可きものは、宜しく朱点標書し、以て検閲に便せよ。（原漢文以下同）

といふ義公の指示を引用し（奉旨筆記＝御意覚書）翌日の項でこれに対する史臣の反応を記してゐる。

史臣曰く、一に明徳三年を以て断と為す。其の後一切録せず。神武以下明徳に至りて紀傳悉く成り、校補大完を待つのみ。然る後、更に明徳以後の事を検討し、以て紀傳を立つなり。且つ昨日の命、但、後小松以来の事を検討すと言ひ而して其の何朝に至りて止むかを言はず。宜しく再び命を請ふべし。

とあって、史臣の中にも当惑と混乱が生じたやうである。続いて、これを幽谷が評して、

一正按ずるに、今、明徳以後の紀傳の命を観れば、則ち、公も亦続編を修するの志あるに似たり。

と述べ、さらに、これに続けて、

正徳享保の際、酒泉・佐治二総裁、建議して続編を修せむことを請ふ

と記し、義公の指示と続編との関係に言及してゐるのである。

やがて、享保元年、粛公は、酒泉・佐治総裁に対し、続編と修志は義公の意志であるとして、その

編修を許可されたが、遂にそれは着手されないまゝに終ってしまったことは既に述べたところである。

さて、この経過を通観すると、かつて、明徳三年を以て下限をすると決定されてゐたが、天和三年に至り義公が、その「後小松以後と雖も、其の紀傳の采擇に供すべきものは、宜しく朱点標書し、以て検閲に便せよ」との指示を与へたが、史臣達はこの趣旨を「続編」の意向であるかのやうに解釈し、後年、史臣の議論がその方向へ進み、やがて、酒泉・佐治両総裁の建議となり、一度は裁可されたもののの遂に沙汰止みとなってしまった。

以上のやうに理解すると、結局、義公のこの意志は正しく理解されないまま、水泡に帰し、従って、明徳三年を下限とする、前の決定がそのまゝ継続されたことになる。

「修史始末」を見る限り、そのやうな解釈が成り立つやうに思はれる。

更に、蛇足をすれば、「本紀第七十三　後小松天皇下」の巻末、即ち、本紀の最後の記述に、

初自二後醍醐天皇南巡一至二明徳三年一、凡五十七年、皇統分レ緒、京畿阻レ域、及三帝受二神器一海内一統

との一文が、『大日本史』の下限が、明徳三年にあったかのやうな誤解を生じたのではないかと思はれる。

また、この『倭史後編』が、明徳三年より起筆してゐることも、その一因であったかも知れない。

『大日本史』の下限を明徳三年とするものは『増補　水戸の文籍』の他に、『野史』の編者飯田忠彦

も前出の自叙の中で、同様の見解をとってゐる。もっとも『野史』は、後小松天皇の生誕より記述してあり、その時代は『大日本史』の「後小松天皇紀上下」と重複してゐる。両書の冒頭の書き出しは極めて類似してゐるものの、内容は全く異なるものと云ってよい。従って、前述の如く『倭史後編』を参照したことは確かであるが『大日本史』が明徳三年以後までの記述があるところまでは検討しなかったのではなからうか。さうでなければ飯田忠彦が自叙の中で、明暦三年で終ってゐることを惜むとは云はなかったらうと思ふ。

残るところの『倭史後編』の明徳三年起筆の件については、次の検討を経てから述べることにする。

三　『倭史後編』の性格

(一)　内容の分類

さきに、この記事を分類し、年表に整理したが、さらにこの記事を類型に分けてみた。

一般に明徳三年の南北朝合一を以て、南朝と北朝の問題は総て解決されたとみられるが、実際は、足利義満の独断と便宜主義より和議が実施された為、後世に問題を残した。講和の条件内容について、北朝方では、ほとんど関与されず、一方、後亀山天皇方は、両統互立を含む講和の条件を義満によって総て無視されてしまった(15)。

ここに、その後の南北朝の対立抗争が生じたのである。

そこで、この記事を仮に南朝方、北朝方とに区分し、さらに武家方・補任・天変争乱等に分類してみた。

紙数の都合で、一覧表は割愛するが、本稿と関係のある南朝方の記述を挙げてみることにする。

（便宜上符号を付す）

〔巻之一〕

一―①（応永元年）二月、南帝を尊び太上天皇と曰ふ（原漢文、以下同）

〔巻之二〕

二―①（同三十一年）四月十二日、嵯峨上皇崩ず。是れを後亀山天皇と曰ふ。子あり、時に小倉宮と稱す。

二―②（同三十二年）秋七月丙寅。帝不豫。八月丁卯朔。帝疾劇し。（中略）右近中将有定の家士、金河式部、闕に至り、内侍所の媼、名は三條、小倉宮の旨を承けて呪詛する所あると告ぐ（下略）

二―③正長元年。四月二十七日。帝失心而して嗣なし。時に後亀山帝の子小倉宮、後二條帝の冑木寺宮、亀山帝の裔常盤井宮あり。上皇の立つる所を疑ふ。僧宗純奏して曰く、皇嗣宜しく伏見殿に就きて索むべしと。

七月二十日。帝崩ず。年二十八。（中略）稱光院と追稱す。二十八日。上皇、彦仁を以て子と為す。乃ち前右大臣藤原公光の第に登祚。時に年十歳。即日三璽を居に移す。

二―④初め源義満、大内義弘をして和事を主らしむ。蓋し後亀山帝を欵くに、両統互立を以てすること、乾元・延慶の故事の如し。而して後亀山の京師に入るや、亦窘蹙已むを得ざるの計に出づ。故を以て小倉宮常に覬覦を懐く。（下略）

〔巻之三〕

三―①（永享三年）三月二十四日。上皇薙髪して法皇と曰ふ。法諱、素行智。十月己未、法皇崩ず。年五十七。（北朝方）

三―②（嘉吉三年）九月廿三日、従一位藤原有光反す。兵三百人を以て、夜に乗じ禁中に入る。火を放ち乱殺す。一賊薙刀を揮ひ御座に逼らむとするあり。頓かに眩みて仆る。帝、因りて脱走するを得たり。（中略）賊、神璽宝剣を取る。南帝の裔、萬寿寺に居る者、名は金蔵主を擁す。（中略）二十五日。兵を遣はして之を討つ。（比叡山の）僧徒、官軍を導きて、中堂を攻めて金蔵主を斬る。有光父子を捕へて之を京師に誅す。（中略）唯、神璽のみ賊徒持ち去ると為す。在る所を知らず。賊徒は蓋し吉野の遺民なり。

三―③（文安元年）八月。熊野本宮の祠人白さく。南帝の裔二人、紀の北山に集まると。

三―④（同四年）十二月。畠山徳本、兵を遣はして紀の北山を攻む。将圓胤を斬る。（下略）

三―⑤（長禄元年）十二月二日。赤松氏の諸臣、二王子を紀の山中に殺す。（中略）一の宮を自天親王と曰ひ、二の宮を忠義と曰ふ。蓋し兄弟にして其の父誰たるかを知らず。或は曰ふ、後醍醐帝四世の孫と。又曰ふ。上野宮の族と。（中略）文安の初めより、二王子、北山を以て行宮と稱す。書を近縣に移し、而して其の書、唯、干支を以て行ふ。（中略）区区として帝を山谷の際に稱すること、殆ど十数年なり。

三―⑥（同二年）七月。是より先、赤松氏の士（中略）大和の人越智と謀を協せ吉野の民を説き神璽を得たり。

八月二十日。之を帝に進む。詔を下して赤松政則を赦す。

三―⑦（寛正元年）三月二十八日。楠氏の吉野に在る者を悉く之を四塚に殺す。

以上の如き記事が続いた後『倭史後編』は翌二年六月を以て突如として巻を閉じるのであるが、その編纂の趣旨がどこにあったかが自から明らかになってくる。

(二)　成立の時期とその背景

潜鋒が総裁となった元禄十年までに『大日本史』は神武天皇から後小松天皇に至る百王本紀が成り、六十七冊のうち二十四冊が義公の高覧に供され、井上玄洞、佐々宗淳が南北一統、百王本紀成功の事を御耳に入れた処、公の喜色は一通りではなかったといふ。

また、元禄十一年、澹泊の歳旦詩の一節に、

弛張粗ぼ備ふ百王の法、正閏同じく一統に帰するの時

とあることなどによって、当時の本紀六十七冊は、現行の本紀七十三の中、その第七十二後小松天皇上、即ち明徳三年閏十月の南北朝合一の成ったところまでではなかったらうか。そして、義公の薨去の年である、元禄十三年までに成ったのは、「元禄十三年辰十二月史館編輯書控」によれば

本紀　六十七冊　神武より後小松迄百代
后妃皇子皇女伝　四十冊　同前
列伝　五冊　神武より持統迄四十一代

といふことであった(16)。

次いで元禄十五年には、江戸・水戸の両館それぞれ分担することになり、江館は後嵯峨天皇より後小松天皇までを引受けることになったが、この頃、江館総裁であったのが、中村篁渓と潜鋒であった。恐らく、この時期から『倭史後編』の編纂が始められ、没する前年、宝永二年までの凡そ四年ほどの間に脱稿したものと思はれる。

潜鋒のこの書にかける情熱と執念は凄まじいものであったやうで、前出の一書に澹泊の記すところによれば、

当時、観瀾宅兄、相ひともに検討商確す。しばしば言ふ、其の晝は則ち館に登り、夜は則ち膏を

焚き、反覆辨論、其の要を得ざれば則ち輟まず、宅兄頗る困頓す。而して栗子、披閲自若たりと。

とあって、さすがの三宅観瀾も辟易したほどであり、さらに、

聞く者、多く謂へらく、栗子、資禀薄弱、何ぞ能く之に堪へむと。

と記して、潜鋒の早逝したのは、これによると述べてゐる。

ところで、潜鋒は何故に生命を賭してまでの情熱をこの編纂に打ち込んだのであらうか。

四　『倭史後編』編纂の目的と意義

以上見て来た如く『倭史後編』に関する考察の結果、次のやうな諸点が明らかになったと思ふ。

(一)　「後小松天皇下」の完結のため

元禄十三年当時、「後小松天皇上」までで停まってゐた本紀を明徳三年以降、応永十九年の譲位に至るまでを編述するため、『倭史後編』を著はしてその参考に備へたといふものが、その一つの理由であらう。それを『倭史後編』と対比してみると以下のやうになる。

○明徳三年閏十月五日壬午。三神器の授受及び合一後の後小松天皇紀┐倭史後編
○応永十九年八月壬午。譲位。┘├巻之一
○永享五年十月己未。法皇崩　　―巻之三

(二) 列伝の完成のため

前述の如く、元禄十五年、江館総裁であった潜鋒は、その分担範囲である後嵯峨天皇より後小松天皇に至る列伝の完成のためにも、明徳三年以後の史料が必要であった。そこにこの著の必要性があった。

(1)将軍、足利義満伝

『倭史後編』の中で、これに関連する所を列挙してみると、

○明徳三年閏十月の条、義満の南北講和の議及び「我れ帝たらむと欲す」の条その他、巻之一全編

○前述の「評」の中（巻之二）

①明徳三年閏十月の条（両統互立）

②応永六年十月の条（室町第の土木）

③同十五年五月の条（日明国交）

○巻之一及び二の義持の記事

(2)将軍家臣、細川頼之伝

○巻之一、応永十九年、義満薨去の条

(三)　南北朝の終焉を叙述するため

前に『倭史後編』の中で南北朝対立抗争に関する記事を抄出列挙してみたが、この件に関する所は時代的に見ると、後小松天皇紀以後のことに属するため、『大日本史』の後小松天皇紀には一切記載されてゐないのである。それでは何故に、『倭史後編』では後小松天皇以後の稱光天皇及び後花園天皇まで編述し、その後の南北朝のことを詳細に記載したのであらうか。

実は、この項目は、『大日本史』「本紀第七十一　後亀山天皇」の末尾に記載されてゐるのである。その記述と『倭史後編』前出の条（記号一―①など）を対比してみると次のやうになる。

○応永元年二月、上㆓尊號㆒曰㆓太上天皇㆒（倭史後編巻之一―①）

○同三十一年四月十二日丁巳、法皇崩、稱㆓後亀山院㆒（同巻之二―①稱光天皇の条）

○嘉吉三年九月、前権大納言藤原有光等起㆑兵入㆓禁中㆒、取㆓神璽宝剣㆒（下略）（同巻之三―②、後花園天皇の条）

○長禄元年十二月。赤松家士佯降㆓吉野㆒、殺㆓二王子㆒、取㆓神璽㆒帰㆓京都㆒云。（同巻之三―⑤）

○按二王子（中略）記曰一宮自天親王、二宮忠義大禪定門（中略）　吉野不レ及二再建元一、故以二甲子一行乎。（中略）此時後醍醐帝四代孫也。（下略）（同巻之三―⑤）

○赤松反二神器一之後、十津川宮居破乎。（同巻之三―⑥）

このやうに『倭史後編』と『大日本史』はその内容において符節を合せたるが如き観を呈してゐるのである。

そして『倭史後編』は、寛正元年三月の楠氏の絶滅を記して、翌年で擱筆してゐる。

さて、以上のやうな考察の結果から『倭史後編』は、澹泊の云ふが如く『大日本史』の続編のつもりで編纂されたのではなく、それを完結し完成させる為のものであったといふことができよう。

それでは何故に潜鋒は、後小松天皇以後、後花園天皇までの編纂を企図したのであらうか。

これに解答を与へるものが、前述した天和三年の義公の指示である。即ち、

後小松迄ニテ絶筆と兼而被二仰出一候得共、思召御座候間、後小松以後ノ事ニ而も紀傳ニ入可レ申所ヲハ、右之通、表題、朱点可レ仕候事

とあることであり、当時の史臣達は、この義公の「思召御座候間」の意味が理解できずに、続編の議論に走ってしまった。

しかるに潜鋒は、わずか三十歳前後の若年ながら、この義公の真意を理解し、その意志を成就せしめたのである。

「後小松以後ノ事ニ而も紀傳ニ入可レ申所」とは、まさしく、潜鋒の意図し編纂したところであったと思はれる。

このやうに解釈することによって『倭史後編』に関するいくつかの疑問も解消することができる。

第一は、この書が『大日本史』の続編と見ることによって生ずる体裁についての不自然さである。時の総裁たる潜鋒が続編として編纂したなら、当然、紀伝体としなければならない。それを、天皇については本紀の体をとるも、全体としては編年体とし、さらに出典、支注、参據を加へ、事に応じて評を設けて判断を下してゐるのは、『大日本史』の編纂に当る者が本紀、列伝に採用する時に便ならしめるためであった。

第二に、この書が、後小松・稱光・後花園の三代のみを編述し、しかも、後花園天皇紀は中途にして擱筆されてゐることについての疑問である。

澹泊は潜鋒が早逝されたが故に未完のまゝで終ってしまったとしてゐるが、既に述べたやうに、義公の意志を承けて、『大日本史』を完成させるためには、これで充分であったのである。

第三の疑問は、潜鋒よりこの書を托された澹泊の態度である。元禄十五年当時、澹泊は酒泉竹軒と共に水館総裁の地位にあり、潜鋒は中村篁溪と共に江館総裁として江戸に居た。そして『倭史後編』は専ら三宅観瀾と議論を交へながら編纂が続けられた。その刻苦奮励の様子は澹泊の耳にも届いたことであったが、潜鋒のこの書に托した真意のほどは或は充分に理解してゐなかったのではなからうか。

それは、後年、続編議の興った時にとった澹泊の『倭史後編』に対する取扱ひ方によって窺ふことができよう。

元禄十五年の当時には、澹泊はすでに五十四歳の高齢に達して水戸にをり、一方、潜鋒は三十二歳、観瀾は二十八歳、そして篁溪は四十六歳にして江戸にあって修撰に精力を傾注してゐた。澹泊は安心して修史の業をまかせて置ける状態にあり、ここに油断があった。それより十年の間にこの三人、或は歿し或は幕府に仕へて、皆、館を去り、再び澹泊の出番が来るのである。

「修史始末」の享保元年九月の条に、澹泊が、本紀・列伝の論賛の删潤を観瀾に依頼した時の言を記してゐる。

往年、台兄（観瀾）、館に在り。栗潜鋒と修撰の事を共にす。僕ひそかに謂へらく、異日論賛の筆、潜鋒と台兄とに非ざれば不可なりと。台兄、幕府の辟に就き、潜鋒、地下の人となる。僕、乏にして斯の任を承く、實に堪ふる所に非ず。今、删潤を台兄に乞ふ。（下略）

この一文によって、当時の澹泊の心境、いかなる所にあったか想像できよう。

また、元禄十三年十二月六日、義公の薨去に際しては、葬儀一切を掌ったのは、中村篁溪と潜鋒の二人であり、粛公より「義公行実」の撰定の命が、澹泊、竹軒、篁溪、潜鋒の四総裁に下ったが、ほとんど潜鋒一人の手になり、澹泊は「潜鋒の文、一辞も賛すること能はず」とただ感嘆するのみであった。

このやうに、元禄十年頃より十五年に至る義公の晩年、最も重要なる期間にその信頼を一身に受けたのが、篁溪と潜鋒の二人であり、恐らく澹泊の関与すべきところは、余りなかったのではなからうか。(17)

ここに、『倭史後編』に対する澹泊の理解の甘さがあり、さらには、義公の真意をくみとることが出来ずに、続編議などに賛同したりするのである。

第四の疑問として、『倭史後編』は『大日本史』を完成させるために書かれたことは立証できたが、それでは、一体誰が『大日本史』の本紀・列伝の中に編じ入れたのであろうか。

『倭史後編』を託された澹泊にしても、潜鋒の意とする所が出来ないまゝ、「諸を櫃に蔵すること年あり」として放置し、凡そ十年も経った享保元年になって、続編議が決定されるや、急いで櫃底より捜索して酒泉・佐治両総裁に提供したのである。

しかも、その前年には、本紀・列伝完成して義公の廟前に供へられてゐる。

さうすると、潜鋒の歿後、『倭史後編』の出る幕は全くなかった訳であり、従って、今までの本稿の考証は徒労に帰することになってしまふ。

そこで、再度、澹泊の両総裁に寄する書を検討してみよう。

往年、潜鋒栗子、編摩の暇、私に諸家の記載を閲して、後小松・稱光・後花園三帝紀を作る。

これによれば、潜鋒は総裁の職にありながら、「私」に諸家の記録を蒐集し、私的な著書を編纂してゐたことになる。

当時、観瀾宅兄、相ひ與に検討商確す。しばしば言ふ、其の書は則ち館に登り、夜は則ち膏を焚く。反覆辨論、其の要を得ざれば則ち輟まず。宅兄頗る困頓す。而して栗子披閲して自若たりと。

この文によると、三宅観瀾は、潜鋒の私的な著述のために夜更けまで、付き合い、また議論を交はして、意見を述べて協力してゐたことになり、潜鋒の熱心さに、しまいには観瀾も困頓したといふが、まことに変な話である。

聞く者、多く謂へらく、栗子、資禀薄弱、何ぞ能く之に堪へんと。天年を戕賊するは、未だ必ずしも此の書の累たらざることあらざるなり。

これによれば、潜鋒は元来身体薄弱であるにもかゝはらず、私的な著述のために無理を積ねて、遂に早逝してしまったといふことになる。

このやうな非常識なことを潜鋒がする訳はない。とすれば、澹泊のこの矛盾した記述は前述した如く、潜鋒の真意を理解することができなかった結果の表はれであるといへよう。

即ち澹泊の矛盾撞着は、『倭史後編』を潜鋒の私的な著述であるとするところから始まる。

既述の如く、元禄十五年当時、江館にあって、後嵯峨天皇より後小松天皇までの本紀・列伝を分担して修撰の業に従事してゐたのが潜鋒、篁渓・観瀾らであった。かねて、義公の御意として指示を受けてゐた「後小松以後ノ事ニ而も紀傳ニ入可レ申所」を達成するために、潜鋒が筆を執り、後輩の観瀾を相手に議論討議して、後花園天皇の寛正二年までの編史の完成を急いだに相違ない。そして、『倭史後編』が成立した頃には、同時に本紀・列伝への編入もほぼ完了してゐたと推察される。

そのやうに理解すれば、前述の澹泊の文も筋が通るであらうし、また、澹泊に『倭史後編』が渡された時には、江館での用が済んでゐたのではなかったと考へられる。

従って、潜鋒は澹泊に対して、余り語ることもなく、また、独立した著述としての序文も書くことなく終ったのであると思ふ。

をはりに

潜鋒はかって『保建大記』を著し、その中で、神器正統論を以て、保元の乱に判断を下した。そして南北両朝に分れるに及んで、再び神器のある所を以て南朝を正統としたのである。そして明徳三年南北朝合一の和議成るに及んで、後小松天皇に正統が帰するとした。しかるに嘉吉三年九月、南帝の裔、禁中に乱入して神璽を奪って吉野に潜行した。潜鋒は大義の上からこれを吉野の賊徒と呼んだ。しかし、その神璽の動向には重大な関心を寄せざるを得ない。やがて長禄二年七月吉野の民に説いて神璽が京都に還った。これが『倭史後編』の後花園天皇の中途まで編纂せざるを得なかった理由であった。

また『保建大記』には中国論の展開が見える。宋の明州刺史の上書に「賜」の文字があるが故に受けるべきでないとしたのは清原頼業である。一方、『倭史後編』には足利義満が明国に対し自から「日本国王臣源道義」と称したことを記述してゐる。潜鋒はこれに対し、「国を辱しむるの復た雪ぐべからざるを知らざるか」と云ひ、「不学の過ち、遂に此の如きの甚しきに至る」とし「あゝ、此れ又言ふに忍ぶべけむや」と慨歎するのであった。

かくの如く、潜鋒の精神、一貫して変らず、道義道徳において歴史を記述すること『倭史後編』にも明瞭に窺ふことができるのであった。

註

（1）大串雪蘭、この年歿す。元禄十二年、酒泉竹軒総裁となる。

（2）『倭史後編』の写本は彰考館その他に多くある。刊本は甘雨亭叢書に収む。

（3）平泉澄博士「保建大記と神皇正統記」（『本邦史学史論叢』）鳥巣通明氏「大日本史と崎門史学の関係」（『北畠親房公の研究』）その他。

（4）『増補水戸の文籍』昭和九年発行。同四十六年再版。

（5）「寄二泉竹軒佐竹暉両総裁一書」は、澹泊斎文集巻三所収（続々群書類従第十三）。甘雨亭叢書本『倭史後編』下の巻頭所収。

（6）吉田一徳博士『大日本史紀伝志表撰者考』四〇一・四〇四頁。
（7）宮田正彦氏「樸斎　打越直正」（『水戸史学』第十二号）に、続編議に関する詳細な研究がある。引用文はこれによって補ふ。
（8）「続編議」の中に「紀伝一通り済候ハヽ」が見えるが、『倭史後編』が纂編された宝永年間は、紀伝の完成を目前にして多忙を極めてをり、恭伯様の将来の為政書などを纂編する余裕はなかった。
（9）⑦の宮田氏の論にあり。
（10）「修史始末」（『幽谷全集』一〇〇頁他）。
（11）『続史愚抄』（国史大系本による）。
（12）『野史』活字本（昭和四・五年刊による）。
（13）『大日本史』「本紀第七十一、長慶天皇・後亀山天皇」は、元中九年（明徳三）の神器の伝授を以て終り、本紀第七十二、後小松天皇上も、明徳三年閏十月、和議成立を以て終る。
（14）昭和三年刊『大日本史』の付録『大日本史刊行に就いて』所収。
（15）義満の示した講和の条件は三ヵ条であった。
一、後亀山天皇は譲国の儀式をもって三種の神器を後小松天皇に渡す。
一、今後、皇位は南朝すなはち大覚寺・持明院の両統交互とする。
一、諸国の国衙領は大覚寺統、長講堂領は持明院の支配とする。（『日本の歴史』「南北朝の動乱」佐藤進一著による）
（16）本紀成立の経過は、吉田博士、前掲書による。
（17）義公の近侍者には、佐々宗淳もゐたが元禄十一年五十九歳で歿した。

八 「正名論」再考

はじめに

藤田幽谷が、寛政三年（一七九一）、十八才の時に、正名論を著はし、時の執政松平定信に呈上したことは周知のことであらう。また、これが幽谷の学問形成の上から見て、日本的自覚を確立させたものとして重要な位置を占めるものであることも、すでに諸賢の論ずるところである。

この小論では、正名論を分析し、その前後の事情や、その他の著論を比較検討した結果その解釈と意義について、諸賢の論と少しく異なるものを知るに至ったので、あへてその鄙見を述べようとするものである。

一 正名論の成立について

正名論の成立は一般に寛政三年であると云はれるが、他方、寛政元年であるとする説もある。

先づ、寛政三年の成立とするものに、幽谷の高弟、会沢正志斎の書いた「幽谷藤田君墓碑」、「幽谷藤田先生墓誌銘」及び「及門遺範」などに十八才の時とし、そして、石川桃蹊の「幽谷遺談」[1]でもその説をとってゐる。

他方、寛政元年とするものには、岡沢慶三郎編の「翠軒年譜」[2]、杉田雨人著の「長久保赤水」などがある。

この説の由来は、幽谷の嗣子東湖が識した「先考次郎左衛門藤田君行状」によるものと思はれる。[3]その行状によると、

寛政紀元、立原先生に従ひ、江戸に遊ぶ。（中略）居ること月餘にして家に帰る。亡《いくばくならず》何して、幕府執政白河源侯、君の名を聞き、其の文辞を観んことを欲す。（中略）迺《すなは》ち正名論を著はす。（原漢文）

とあり、いかにも、寛政元年に書かれたやうにとれる。

幽谷が師立原翠軒に従って、江戸に向ったのが、同年六月十六日であった。江戸では、始めて、柴野彦輔、吉田坦蔵、大田才佐等と相ひ識る。英名、都会に藉甚たり（原漢文）とその行状に記されてゐる。

江戸にはほぼ四ヶ月間滞在し、同年十月七日、水戸へ向ったのである。

問題は「亡何」（いくばくもなく）の解釈である。「亡何」を文字どほり「暫時」「少時」として、

その年内（二ヶ月の間）のこととするならば、その成立は或は寛政元年といふことにならう。

しかし、これを文章の全体から見ると、「月餘」と「亡何」とは対句をなしてゐることに気づく。「月餘」を四ヶ月を以て表はしたとすると、「亡何」は「数年」として、二年後の寛政三年のことと見てよいのではなからうか。

それを東湖があへて年号を記さなかったのは、一つにはすでに先輩正志斎が墓碑等に明記してあるので省略したためであらうし、もう一つは、正名論の呈出が江戸滞在と関連があるとして文脈の面からここに併記したものではなからうか。

いづれにせよ、正名論の成立は、幽谷の自筆稿本の奥書によって、寛政三年十月十四日であることは明らかである。(4)

二　正名論と松平定信との関係

正名論の呈出は、松平定信の要請によるものであることは、種々の点より見て疑ひないものである。それでは、定信は何故にその文章を観ることを欲したのか。その事情を述べるものは、東湖の識したさきの行状だけである。

白河源公、君の名を聞き、其の文辞を観んことを欲す。人或は君に謂ひて曰く、子の天材絶倫、一国の器に非るなり。苟も膴仕を獲んと欲せば、幕府に事ふるに若くはなし。今、白河侯、新たに江戸に爲政たり。務めて人材を抜擢し、而して子の文を求む。千載の一時、失ふべからざるなりと。君笑ひて答へず。すなはち正名論を著し、君臣の大義を述べ、以て之に応ず。白河侯、蓋し原《はじ》め君を聘するの意あり、正名論を出すに及び、事遂に寝《や》む（原漢文）

とあり、その招聘のことは、東湖も「蓋し」とことわってゐる所からして、確証があっての事ではなく、推量の域を出ないものであらう。

この点に関しては、今日の研究にあってもなほ推測の域を脱し得ない。例へば「定信のその意図が幕府に招聘しようとするものであったことも、定信の人物や当時の幽谷の名声から推して不思議はない。ただ「及レ出ニ正名論一事遂寝矣」といふことが果して真実か否かは多少問題である。(5)」とし、或は採用の中止は「恐らく事実に反するだろうが、実は東湖のそうした理解そのものに意味があると考えられる(6)」とする説などである。

そこで、定信の招聘の意志の有無についてその周辺の事情より探って見ることにする。

松平定信が老中首座に就任したのは、天明七年（一七八七）六月十九日、三十歳の時であった。それより寛政五年（一七九三）七月二十三日を以て辞任するまでの六年間を、世に「寛政の改革」といふ。

この定信の一世の治績を著はしたものに、渋沢栄一著の『楽翁公傳』(7)がある。今、これによってその間の事情を見ることにしよう。

当時は、所謂、田沼時代の弊風の残ってゐる時であり、紀綱はゆるみ、風俗は乱れ、学界も亦混乱してゐた。

伊藤仁斎の堀河学派、荻生徂徠の蘐園学派、細井平洲らの折衷学派など互ひに相ひ争い、共に朱子学に反対して、これを迂遠と云ひ偏狭であると罵り、徒らに博学洽聞を衒ひ、高論空理を喜び、国家の治安を顧みることなく、詩酒放浪、自ら高しとする弊風を生ずるに至った。

そこで定信は、学問を奨励し、また学問の方針を明示することによって学界の混乱を正さうとした。先づ、昌平黌の内容を充実することに最も力を用ひ、遍く有徳碩学を全国に求めて、その教授とした。

天明八年（一七八八）正月には柴野栗山（五十三才）、寛政元年九月には岡田寒泉（五十才）、同三年九月には尾藤二洲（四十七才）、同八年六月には古賀精里（四十二才）を抜擢して招聘した。

この四人は皆昌平黌の教授となり、文教の全責任を荷った大儒であった。(8)

定信は各地より、政界及び学界に賢才を登用しようとしたことは、天明八年の、

谷蔭に賢き人のあるならばわれに教へよ春の鶯

の歌によっても知ることができよう。

ところで、寛政三年の時点において、定信は幽谷を招聘する意志があったのであらうか。

第一に年令の問題がある。先の四人の学者が、登用された時の年令は、上は五十三才、下は四十三才であり、当時幽谷は僅かに十八才でしかなかった。

第二に登用の目的である。先の四人は、皆昌平黌の教授となり、定信の命令により、混迷した学界を指揮する重大な責務を荷ったのである。彼らは学識経験に於て、直ちに第一線に立って定信の手足となれた人物であった。

しかし、幽谷は、いかにその英名、都下に聞えたとは云へ、水戸藩に於てさへ、なほ、歩行士列、彰考館の下級の吏務に過ぎず、その学識経験に於て、有徳碩学の誉に於て、未だ足らざるものがあったとせざるを得ない。

当時は、天下非常の事態であり、その広く人材を求めたのも、直ちに活用できる、識見と人格を備へた人物を必要としたからであった。

以下の二点から、定信による幽谷招聘の説は甚だ疑問としなければならない。

三　正名論の構成

正名論の構成については、かつて、瀬谷義彦氏は『水戸学の史的考察』(9)の中で、次の如く七項目に分けた。

一、君臣上下之分の絶対性
二、聖人正名の精神と支那に於ける名分厳正の事実
三、我が国体の本義と、其の尊厳性の基礎としての名分
四、我が国に於ける政権の移動と、そこに現はれたる名分正否の認識
五、支那古聖の天子に対すると、日本天皇の至尊
六、天皇と幕府との政治上の関係と、現実の幕府に対する正名主義よりの批判
七、結語として為政上の正名の重要性

そして、一項より五項までは、義公精神の本質と変る所のものではなく、唯形を整へたものといふ程度で、六項では現実の幕府政治を「覇主之業」と明言しての批判には、確かに、義公精神より一段と現実的な要素が附加されて居ると説明してゐる。

小論では、内容の理解をより正確にする為に、煩をいとはず、次の如く十五項目に分けることにした。

① 「甚しいかな、名分の国家において、正しく且つ厳ならざるべからざるや」と正名の意義を述べ、終りに孔子の正名の説を引用。
② 周の時、孔子は春秋を作って、名分を明らかにし「天に二日なく、土に二王なし」と云った。
③ 湯王は徳に慙《は》じ、武王は未だ善を尽さずとし、文王は至徳である所以を述ぶ。

④ 日本は開闢より、「天を父とし、地を母として、神孫明徳を継ぎ、尊んで天皇」といふ。君臣、上下の名分は正しく且つ厳なるものがある。

⑤ 世の治乱盛衰を述べ、中葉以来、藤原氏は「権を専らに」し、「摂政」となる。それは「その政を摂するのみ、その位を摂するにあらざるなり」とし、「皆上の命ずるところにして、敢へて僭号をなすにあらず」であり、「天子垂拱」も由来する所ある。

⑥ 「鎌倉氏の覇たる」や「天下の兵馬の権専らこれに帰す」。

⑦ 「室町氏の覇たる」や「武人、大君となるに幾《ちか》し」。

⑧ 豊臣氏は「覇主之業」を致し、「天子を挟《さしばさ》みて、以て諸侯に令し」「藤氏関白の号を奪ふ」も「なほ臣礼を執りて、以て皇室に事へ、敢へて自から王と称せざるは、名分の存するを以てなり」従って「天皇の尊は自若たるなり」。

⑨ 東照公は「海内を平定し」「皇室を翼戴」し、「天下を鎮撫」した。「君臣の名、正しくして、上下の分、厳なり。その至徳たる、豈に文王の下に在らんや」。

⑩ 古の聖人、「朝覲の礼」を制するは、「天下の人臣」たる者を教ふる所以である。シナの天子も上天・皇尸に事へ、「命を受くるところ」あるを明らかにした。我が天朝は「皇統一姓」にして「天皇の尊は宇内に二なければ」「崇奉してこれに事ふる」こと、シナの戯に近きが比ではない。「天下の君臣たる者をして、則を取らしむる、これより近きはなし」。

⑪「幕府、皇室を尊べば、すなはち諸侯、幕府を崇び、諸侯、幕府を崇べば、すなはち卿・大夫、諸侯を敬す」然る後に、「上下相保ち、万邦協和す」とし、「甚しいかな、名分の正しく且つ厳ならざるべからざるや」と冒頭の文をもってしめくゝる。

⑫「今、夫れ幕府は天下国家を治むるものなり」「その天下国家を治むるものは、天子の政を摂するなり」。「幕府、天子の政を摂するも、またその勢のみ」と現状を把握し、「上、天子を載き、下、諸侯を撫するは、覇主の業なり」、しかるに、今は、異邦の人も「天子は国事に与《あずから》らず、ただ国王の供奉を受くるのみ」と云ふ如く、その実状は国王に近いとする。

⑬「皇朝自から真天子あれば、すなはち幕府はよろしく王と称すべからず」たとへ「王を称せずといへども、その天下国家を治むるは、王道にあらざるなり」「伯にして王たらざるは、文王の至徳」である、従って「その王にして覇術を用ひんよりは、その覇にして王道を行ふにいかんぞや」。

⑭日本は古より「君子・礼義の邦」と称された。「礼は分より大なるはなく、分は名より大なるはなし」「慎まざるべからず」。

⑮今の幕府は「天子の政を摂すれば、すなはちこれを摂政と謂ふ」。孔子の云ふ如く「名正しく、言順にして」然る後に「天下治まる」のであるから「政をなす者、豈に名を正すを以て迂となすべけんや」、と結ぶ。

この分類はあとの論を進める為の必要上から、本論の字句をなるべく残すやうに努めた。正名論は字数にして、千三百余字に過ぎない。これを分けて十五項目としたが、さらに全体から眺めれば、起・承・転・結の論体を為してゐることに気付く。即ち、①より④までは、名分を正すことの必要を説く大前提をなし（起）⑤より⑨までは、治乱盛衰の歴史を述べ（承）⑩より⑪までは、眼前の幕府の実状と名分を正すべきを述べ（転）⑫より⑮までは、正名が治世の根本であることを述べ（結）て終ってゐる。

さらに注意すべきは、字句の使用に当って名分上より厳密に区別してゐることである。

四　正名論の内容

正名論の内容については、前掲書の中で瀬谷氏が緻密に究明されたところであり、その後の幽谷研究もその成果に基づくところ多々あることを考へると、ここでも、一応その考察の推移に順ひ、検討を加へ、併せて鄙見をも述べてみようと思ふ。

㈠　幽谷の国体観の解釈について

同書では[10]「天朝開闢以来皇統一種」が幽谷の国体観であり「この神孫なる天皇の御尊厳は、如何なる強覇の主の起る事があらうとも、常に自若たるもの」であるとしてゐる。

この解釈は、先の十五項目の分類の中の④と⑧とを混同したものである。つまり「自若たるもの」とは⑧の豊臣氏に関するところで「名分の存するを以って天皇の尊が自若たるもの」としてゐるのであって、逆に云へば、国体は如何に尊厳なものであっても「名分の存しない」ときには、決して「自若たるもの」とはならないといふことである。

(二)　徳川幕府の名分上の解釈について

同書では、現実眼前の封建社会は幕府によって治められてゐる。その幕府は、上には「載㆓天子㆒」き、下には「撫㆓諸侯㆒」するもの、即ち、天子と諸侯との中間に位して、「治㆓天下国家㆒者」であるとしてゐる。

この解釈は、やはり⑨と⑫とを混同した為のものである。即ち、⑨では、東照公（徳川家康）は「翼㆓載皇室㆒」し「鎮㆓撫天下㆒」したのであるが、⑫の眼前の幕府は「治㆓天下国家㆒者」としてゐるのであって、東照公時代と今の幕府とは明確に区別されてゐることが分かる。

また⑫に「上、天子を載き、下、諸侯を撫するは、覇主の業なり」[11]とある一文は、⑨の東照公を「覇主之業」であると説明したものであって、今の幕府を指すのではない。

(三) 家康は覇たる者であり、将軍は覇主とする説について

同書では、眼前の幕府政治に於ては、天皇は「不レ與二国事一」の状態、即ち、天子垂拱の有様であり、然る時には幕府の業は当然、覇主之業として言表されねばならない。「及レ至二東照公之興一相二宇於東海一朝二諸侯一覇二天下一」と幽谷随筆[12]にいふ如く、家康も亦天下に覇たるものである。こゝに将軍は当然、覇主であるとしてゐる。

この説も前と同様、⑨と⑫を混同したことから出たものであるが、とくに幽谷随筆を援用して、家康を覇たる者としたことについては、「正名論」成立の問題にも関する重要なものであるので検討を要するものである。

正名論に於ては「覇」と「覇主之業」とを明確に区別してゐる。即ち、⑥と⑦では鎌倉氏、室町氏ともに「覇たるや」として、⑧の豊臣氏を「覇主之業」とし、⑨の東照公は(二)で述べたやうに「覇主之業」としてゐる。

その区別は、「臣礼」を執り「皇室を翼載」するといふ、名分の存否によるものである。

鎌倉氏は「端拱の重きに擬し[13]」、足利氏は「大君に幾《ちか》き」如きものであるから、これを「覇」としたのである。

それでは、幽谷随筆に家康を「覇二天下一」としたのはなぜであらうか。

この幽谷随筆は、巻之一の末尾に、

起二筆於夏五初四一、続書以至二今日一云。寛政庚戌、七夕後一日

とあることから、寛政二年五月四日より起筆し同年の七月八日に完成したものであることが分る。

この巻之一の十一条に、「昔人有レ言寧為二真諸侯一、無二仮天子一、善哉斯言也」で始まる、凡そ二百五十字のこの一文がある。

これは、字句の上からも正名論と殆んど同一であり、これによって正名論が前年から成立して居たことを知ることができるものとして、早くより諸賢の指摘するところであった。

確かにその文の大体と精神に於てはその通りであるが、細かに字句の上から比較検討すると、大きな差異のあることに気付く。

その主なものを列挙して見よう。

（幽谷随筆）

自三鎌倉氏開二莫府於関東一

将軍之於二天朝一未下嘗有中敢失二其臣礼一者上也

朝二諸侯一、覇二天下一

天子臣二将軍一、将軍臣二諸侯一

（正　名　論）

鎌倉氏之覇、開二府於関東一

将軍の字を削除し、豊臣氏のこととする。

控二制四方一、鎮二撫天下一

幕府尊二皇室一、則諸侯崇二幕府一

このやうな正名論に於ける字句の変更は、全て名分上より判断し決定されたものであることは、⑪の「尊」「崇」「敬」の用例などによって知ることができやう。従って、幽谷随筆では、鎌倉氏を「幕府」とし、東照公を「覇㆓天下㆒」としてゐるが、正名論では、それぞれ「覇」とし「鎮㆓撫天下㆒」と改めた理由は、名分上よりの判断が加へられた結果のことであらうことは明らかである。

それ故に、幽谷随筆の用例を援用して、正名論を解釈することは、幽谷の精神をないがしろにするものではなからうか。よってここで家康を「覇」とするのは誤りと云はねばならない。

また、幽谷随筆には「将軍」といふ言葉も正名論では「幕府」と改められ（同様に天子を皇室に）、さらに「幕府」といふ場合には徳川氏のみを指し、頭の一字をあける欠字の書法を用ゐてゐることによって、皇室と同じく尊敬の意味をもたせてゐる。

さらに、「覇主」と「覇主之業」は区別されなければならない。「覇主」とは、「覇主である君主」であり、王たるものである。「覇主之業」とは、先にも述べた如く「天子を載き諸侯を撫する」ものであるから、名分上区別する必要があらう。

㈣ 「天子垂拱」は幕府批判の理由となるか

同書では、㈢で引用したやうに、天皇は「不㆑与㆓国事㆒」の状態、即ち「天子垂拱」であるが故に、徳川幕府も覇主として批判されねばならぬといふ意味のことを述べてゐる。

この「天子垂拱」の文字は、正名論の中で二度ほど使はれてゐる。

「垂拱」は「端拱」と同じ意味に使はれ、その用法も由来する所がある。

例へば、書経の武成第五に、[14]

官を建つるに惟れ賢をし、位事は惟れ能をす。民に重んずるは五教なり。惟れ食喪祭。信を惇にし、義を明らかにし、徳を崇び、功に報ず。垂拱して天下治まる。（原漢文）

とあり、保建大記には、頼朝を論ずる段に、

遂に兵馬の権を擅《ほしいまま》にし、殆ど端拱の重きに擬す（原漢文）

とあり、谷秦山は「保建大記打聞」[15]にこれを釈して、

端《ただシ》レ身《ヲ》拱《ヌク》レ手《ヲ》コト天子ノ威儀ナリ、擬スルハ似セルナリ　天子ノ重キ御威勢ニ擬セテ身ヲ持ツナリ

としてゐる。

そして、神皇正統記にも、[16]

オヨソ政道ト云コトハ所々ニシルシハベレド、正直慈悲ヲ本トシテ決断ノ力アルベキ也（中略）決断ト云ニトリテアマタノ道アリ。一ニハ其人ヲエラビテ官ニ任ズ。官ニ其人アル時ハ君ハ垂拱シテマシマス。サレバ本朝ニモ異朝ニモコレヲ治世ノ本トス。

とあり、この政治論は、先の書経と通ずるものである。

以上のことより、「天子垂拱」とは「正しく手をこまねくこと」から「人君が無為にして天下を治める」といふ理想の姿を意味するものであり、従って、本来は天子の権が臣下に奪はれてゐる状態を指して用ゐるのではない。

但し、頼朝は「端拱の重きに擬し」たのであって、当然、批判されねばならない。

次に「天子垂拱」と「摂政」との関係について考察して見よう。

保建大記に

良房、幼主を弼《たす》け、基経、廃立を行ふに至りては、則ち天子孤立して、復た手を措く所無し。

（原漢文）

とあり、ここで「幼主を弼け」とは「摂政」のことであり「手を措く所無し」とは、即ち「天子垂拱」のことである。

また、神皇正統記では、シナと日本の摂政の由来する所を述べ、そして推古天皇の時、廐戸皇子（聖徳太子）が摂政となるに及び「コレゾ帝ハ位ニ備テ、天下ノ政、シカシナガラ摂政ノ御マ、ナリケル」とし、良房については、「但此藤原ノ一門神代ヨリユヱアリテ、国主ヲタスケ奉ルコトハ、サキニモ所々ニシルシ侍リキ」とし、よく輔弼の任を果したとしてゐる。これはさきの保建大記と同じ論である。

ところで、正名論では、藤原氏が摂政となったことについて「これ皆上の命ずるところにして、敢へて僣号をなすにあらず」とし「而して天子垂拱の勢もまた由来あり」と述べてゐるのは、神皇正統記や保建大記の論を受けたものであり、決して理想の姿とは云へないが、勢によるものとして一応これを肯定するものと解してよからう。

そして、眼前の幕府について「天子の政を摂するなり」とするのは、前の藤原氏の摂政を肯定した上でのことであれば、当然、幕府の摂政も肯定されてゐると見られるのではないか。従って「天子垂拱」の表現があることによって積極的意味での幕府批判が為されてゐるといふことはできない。

㈤ 尊王賤覇の思想と徳川幕府との関係

同書では、幕府批判論を進める中で、現在の徳川幕府も、よし撥乱反正、王室を尊ぶこと深かりし家康によって、かゝる専権の状勢を改めて始められたものと考へられようと、中葉以来の時運の然らしむる所に従って、即ち「其勢」をうけて覇主となり、天子の政を摂して居ることに変りはない、故に勢去ればこれは崩壊しなければならぬ必然性をもつと論じたが、当面の幕府政治は「尊二皇室一」といふ説明のもとに肯定されてゐるとせざるを得なかった。それでもなほ、幕府肯定、或は保留は、「何としても、徳川氏に対する感情的な因縁の介在に依るものと考へなければならない」とし、或は「明らかに儒教に於ける封建社会観による合理化、即ち儒教をかりて現実を合理化しようとする意識を見逃す事は出来ない」と云ひ、徳川幕府批判の不徹底さは、幽谷の感情的、儒教的社会観からくるものであるとしてゐる。

同書のこのやうな論理上の附会は、すでに指摘したやうに、「覇」と「覇主之業」の区別、或は、幕初と眼前の幕府との相異などに対する解釈のあいまいさからくるものであらう。

また、このやうなことになったのは「尊王賤覇」についての解釈の如何にもよるのである。

つまり、大日本史の編修の目的の一つに「尊王賤覇」が置かれ、義公をはじめ、しばしば、その大義を唱へて来た。その「賤覇」の対象として当然、徳川幕府も含まれるものであるとする立場からくるものである。

幽谷が寛政二年三月に著はした「送原子簡序」(17)に、

昔、孔子の春秋を作るや(中略)其の大義、炳として日星の如し。王を尊び覇を賤め(中略)我西山先公(中略)乃ち慨然として大日本史を修し、上は皇統の正閏を議し、下は人臣の賢否を辨し、帝室を尊び、以て覇府を賤む(中略)蓋し、聖人経世の意に庶幾からん。

と述べて、春秋の大義と義公(光圀)の精神は「尊王賤覇」に於て相ひ通ずるものがあることを論じてゐる。

云ふまでもなく、大日本史は、神武天皇より、後小松天皇までの歴史を述べたものである。従って、大日本史に於て「皇統之正閏」を議したのは、所謂、三大特筆とされる「天皇大友」であり「神功皇后」であり「南朝の正統」などについてであったらう。また「覇府」を賤めたのは、鎌倉、室町の覇府であったはずである。少くとも、大日本史の中で論ぜられたのは、ここに限定され、徳川幕府自体へは及んでゐないと云へる。

これについて、彰考館総裁安積澹泊が識した保建大記の跋に、

時に観瀾君、同じく史局にあり、相得て驩すること甚だしく、屢々此の書を将って折衷討論す。（中略）余も亦（中略）時に或は比の書を出し、亦相与に商量す。余、一言之を貶して曰く「此れ経生の常譚のみ。焉《いずく》んぞ貴ぶに足らんや」と、君も亦、以て迕《さから》へりと為さず、掌を抵《う》ちて談笑す。

とあり、保建大記に論ぜられる所は、「経生の常譚」であったといふ如きは、当時の史局に於ける議論がどの辺にあったかを知り得るであらう。

この澹泊は、大日本史賛藪(18)（賛）を著はし、将軍伝の中で鎌倉、室町を論じ、後には「烈祖成績」を著はして、家康の一代記を述べ、その序に(19)、

王を尊ぶは太平の基を開いて、義公、粛公の蒙士を訓誨する所以なり（原漢文）

とあるやうに、尊王と幕府政治の協和する姿を明らかにしたものであった。

また、義公は「桃源遺事」(20)の記すところによると、

西山公、むかしより御老後迄、毎年正月元旦に、御直垂をめされ、早朝に京都の方御拝しあそば

され候、且又折ふしは御はなしの序に、我が主君は天子也、今将軍は我が宗室（宗室とはしんるいかしらの事也）なり、あしく了簡仕、とりちがへ申ましきよし、御近臣共に仰聞され候

と述べ、又武公治紀は景山公子（後の烈公斉昭）に対して、

何ほど将軍家、理のある事なりとも、天子を敵と遊され候ては、不義の事なれば、我は将軍家に従ふことはあるまじ(21)

と教へて居り、そしてこの教へは、烈公の子であり、十五代将軍となった慶喜に伝へられ、それが幕末の非常な難局に際して、あくまでも「恭順」の態度をとらしめたのであった。

これが水戸家代々に伝へられたる家訓であり、或はこれを以て「尊王賤覇」の思想の表はれであるとするかもしれないが、しかしこれは最後の判断に於て、「天子を敵」としてはならないとしてその進退を誤まらせない為のものであって、日常に於ては、やはり「尊王敬幕」であり宗室として幕府に忠勤を尽したことには云ふまでもないことである。

要するに「尊王賤覇」と云ふ場合は、鎌倉、室町の覇府を賤しめたものであり、徳川幕府に於ては「尊王敬幕」の精神が存在してゐたのであった。

そして、この態度は、正名論を著はした幽谷の立場でもあったのである。

㈥　幕府摂政論について

幽谷が、名分上の立場から、眼前の幕府に対して説く所のものは、一は、王を称することを停めること、二は「覇にして王道を行ふ」こと、即ち、家康の如く「覇主之業」を行へと云ふことであった。しかし、勢は変じ難く、容易には「覇主之業」たらしめることができないことを痛感し、その判断の上から、幕府摂政論が出て来たのであると思ふ。

当時、幕府は実に於て「国王」の如き存在であり、「天下を治むる」ものといふ観念が定着してしまってゐた。そこで幽谷は、幕府＝治天下といふ従来の観念を、幕府を摂政に置きかへることによって、天皇＝摂政＝治天下と云ふ様に観念の一大転換を図らうとしたのではないか。そして、幕府は摂政として、天皇の政を摂るものであるとの認識に立って、「朝覲の制」を強調し、天下の人臣たるの道を教へようとしたのではなからうか。

それが幕府摂政論を説く意義であると思はれる。

㈦　正名論と尊王討幕論の関係

すでに述べたやうに、正名論に於ては、徳川幕府に対して「覇主之業」と規定したものの積極的な幕府批判は見られない。

しかし、後に正名論が、幕府批判の書であり、尊王攘夷論の根本思想となり、王政復古の運動の原理となったとする理解はどこから生れて来たのであらうか。

この辺の事情を明らかにする為に、仮に次の様な関係図を作って見た。

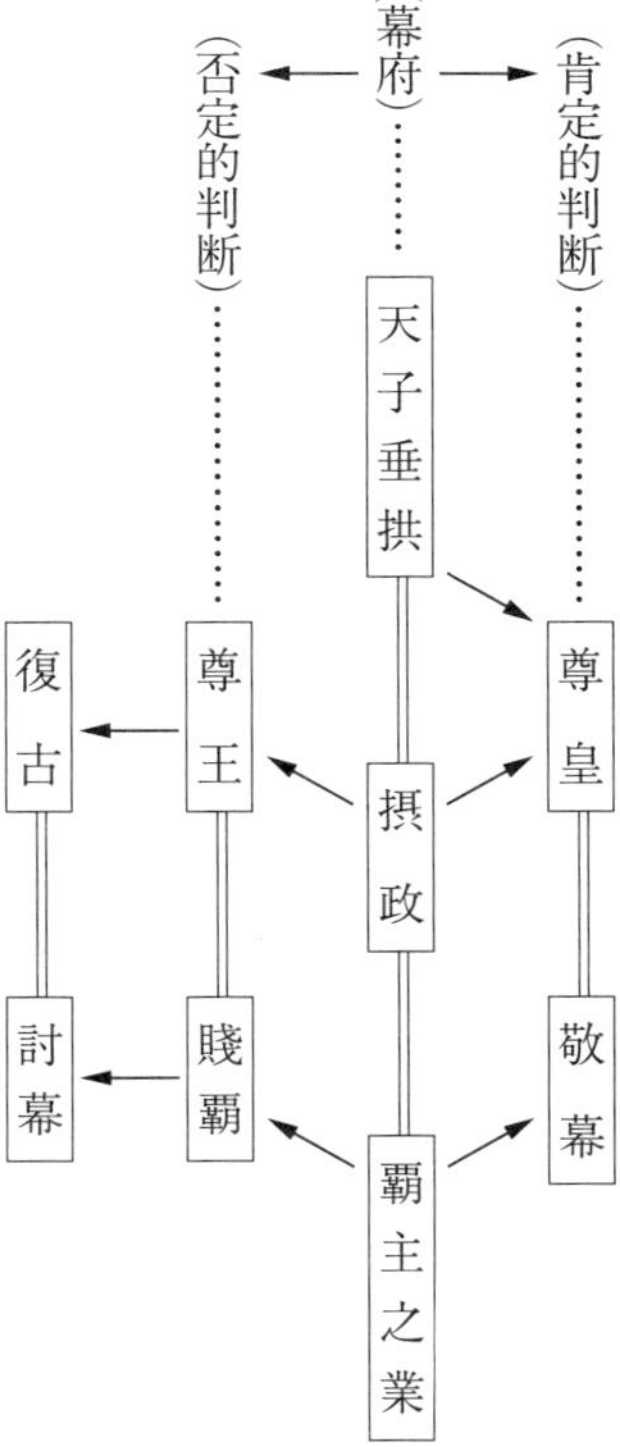

正名論の書かれた時点に於ては「天子垂拱」も「摂政」も「覇主之業」も皆、肯定的判断に立つものであり、結果として「尊王敬幕」が、幽谷の考へであったといへよう。

やがて、名分が乱れ、君臣上下の秩序が混乱し、それが、否定的判断の誘因となるのである。その原因の一つに外国の接近による幕府の無策と失政があり、次第に、幕府批判を醸成して行った。それが、アメリカの強請により、所謂、安政条約が、天皇の勅許を得ずして、幕府の独断によって調印されるに至って、従来の皇室と幕府との間の名分上の秩序に決定的な破綻をもたらすに至ったのである。[21]

この頃より「尊王攘夷論」或は「尊王討幕論」が一段と活発になって行ったことはすでに明らかなこ

とであらう。

今日の我々は、すでに、尊王討幕の運動によって、王政復古が達成されたことを知ってゐる。従って幕府は否定されるべきものといふ観念が潜在してゐて、ともすると、幕府に対して否定的な判断の目をもって見がちであったのではないだらうか。

それは亦、正名論の解釈に於ても、国体の尊厳と幕府批判の文辞を追ふの余り、その全体と深意を見落しがちであったとは云へないだらうか。

をはりに

正名論に関して、なほ論ずべき点が多く残されてゐる。その一は幽谷随筆より正名論の完成に至る間の学問上の飛躍的発展の事情について、その二は、藩主文公治保との関係についてである。しかしすでに紙数も尽きたので後論に譲ることにする。

正名論の思想は、かねてより熟慮を重ねて来たところであったが、時の執政松平定信への呈上といふ、華麗なる演出によって、世の注目を集め、天下に幽谷の存在を知らしめると共に、久しく沈滞して振はなかった義公精神を世に明らかにする契機を作ることにもなった。これ亦、正名論のもう一つの意義であらう。

その正名論の呈上は幽谷の十八歳の時であった。思へば、栗山潜鋒が、後西天皇の皇子八条宮尚仁親王に「保平反正録」（後の保建大記）を献上したのも十八歳の時であった。[23]正名論の呈上が十八歳であったのは偶然であったとしても、幽谷が潜鋒に深く傾倒し、密かに、自らを彼に比するところがあったことは、正名論の端々に表はれる文辞によって明らかである。

さらに思へば、義公が修史の志を立てたのも十八才の時であったといふ事は、時は異にするとも、古人立志の相通づるものあるを感ずることができよう。

註

（1）いづれも、菊池謙二郎編『幽谷全集』に所収。

（2）前田香径編『立原翠軒』所収。

（3）岩波書店刊　日本思想大系『水戸学』解題参照。
「先考次郎左衛門藤田君行状」は『幽谷全集』所収。

（4）（3）の解題参照。

（5）名越時正氏「水戸学派における武家政治批判と王政復古の思想」（神道史学第三十一）。

（6）（3）の解題。

（7）昭和十二年、岩波書店刊、その自序によって、この書は、三上参次博士、平泉澄博士、中村孝也博士の協力によって編纂されたことが分かる。

（8）寛政の三博士または三助と称するのは、前には栗山、寒泉、二洲を指し、後には、栗山、二洲、精里を指す。

（9）昭和十五年刊。

（10）その著の第三章第三節水戸学―後期「幽谷学に於ける国体論の意義」の中で詳説されてゐる。以下の引用は全てのこの節による。

（11）この正名論の読みは、岩波書店刊『水戸学』所収の「正名論」による。

（12）前掲『幽谷全集』所収。

（13）栗山潜鋒著「保建大記」、岩波書店刊『近世史論集』所収、三六五頁。

（14）大正十五年刊『漢籍国字解全書』による。

（15）享保五年、京都茨城方道刊（名越時正氏の写本による）。

（16）岩波書店刊『神皇正統記・増鏡』による。

（17）前掲『幽谷全集』所収。

（18）前掲『近世史論集』所収。

（19）昭和十年春陽堂刊、『大日本文庫』、国体篇所収「澹泊先生史論」。

（20）昭和十年刊。『水戸義公伝記逸話集』。

（21）明治二十五年刊『武公遺事』。

（22）吉田松陰「議大義」参照『吉田松陰全集』第四巻所収。

（23）名越時正氏「前期水戸学の国体論」『水戸史学』創刊号所収。

九　水戸弘道館の諸藩に及ぼした影響

——学館記を中心として——

はじめに

水戸弘道館は天保十二年（一八四一）八月に開館されたが、他藩の創建に比べて決して早いものとはいへない。

しかも当時の水戸藩内には財政不足などの理由で、学校建設の尚早論や不要論が出てゐた。九代藩主斉昭（烈公）は襲封当初よりの抱負であった建学の意向を強力に推進して行った[1]。

斉昭の趣旨に初めより賛同してゐた藤田東湖（彪）や会沢正志斎（安）らは、それ故にも、建学への期待と意気込みに強いものがあった。

東湖は、烈公の諮問に答へて、

此度の学校は天下一に不レ被レ遊候而ハ御建立の甲斐も無二御座一候

と述べ[2]、また、学校碑文（弘道館記）の起草を命ぜられては、

神州の一大文字にも可二相成一儀

と、正志斎にその心胸を吐露するほどであった(3)。

その結果、完成した弘道館や弘道館記は、所願にたがはず、天下の諸藩、驚嘆の眼をもって仰ぎ、水戸を目指して遊学する志士、後を絶たなかったのであった(4)。

弘道館については、既に多くの研究書があり、かつて『水戸史学』の第十五号で特輯をしたこともあったので、詳細についてはこれに譲ることとして、ここでは、他藩の学館記と比較することによって、水戸の弘道館が諸藩の学館記にどのやうな影響を与へたかといふ問題について検討したいと思ふ。

一　諸藩の学館記についての概観

江戸時代の藩校の文献として、明治十六年に文部省が編集した『日本教育史資料』がある。その巻十四に「学館記」の項があり、四十二藩校の学館記と国老の創設による三郷校の学館記が収録されてゐる。

それらの藩校には複数の学館記を有するものもあり、その他祭文などもあって、合せて八十一の記文がある。早いものでは正徳五年（一七一五）の佐賀藩郷校「肥前国多久邑文廟記」から遅いものでは明治四年（一八七一）の尼崎藩の正業館記に及んでゐて、最も多く書かれたのは、寛政期より天保期にかけてであり、いづれも漢文体である。

学館記の撰文は、公家、幕府の儒官、或は他藩の著名な儒者に依頼したり、自藩の藩主又は学者によって行はれてゐる。

公家としては、高知藩国老深尾氏の「名教館記」（文化四年）を撰文した菅原長親（従三位勘解由長官）、平戸藩の「維新館記」（寛政元年）を撰文した清原宣條（正二位清原朝臣）、林田藩の「林田建学記」（寛政六年）を撰文した紀正穀（従五位下朝散大夫豊前守）などがある。

また、儒官には、前述の「肥前国多久邑文廟記」（正徳五年）の大学頭林信篤（鳳岡）、鹿児島の「薩州鹿児島学記」（安永二年）の同林信言（鳳谷）、のほか、佐藤坦（一斎）や安積信（艮斎《ごんさい》）などの儒員がゐる。

次に、学館記が藩主の名で発表されてゐるのは以下の通りである。

古河藩　土井利実　盈科堂創設記（享保九年）
同　　　土井利和　盈科堂学館記（寛政四年）
同　　　土井利位　盈科堂記（文政十三年）
水戸藩　権中納言従三位源朝臣斉昭　弘道館記（天保九年）
高知藩　山内豊熙　澤流館記（弘化三年）
福井藩　源中将慶永　明道館之記（安政三年）
笠間藩　従五位下朝散大夫牧野貞明　時習館記（安政六年）

鳥取藩　従四位上行左近衛権少将源朝臣慶徳　尚徳館記（万延元年）

右の六藩以外は、いづれも撰文者である儒者等の名を掲げてゐる。

以上、諸藩の学館記を概観して来たが、それらの中で、特に本論と密接な関係があると思はれる学館記は、豊岡藩、鳥取藩、福井藩、笠間藩の四学館記である。

二　水戸弘道館記の起草と構成

(一)　起草より完成に至る経過

弘道館記の完成するまでの経過を年代順に見ていくと次の様である。

文政十二年（一八二九）斉昭藩主となる。

天保元年（一八三〇）斉昭、諸士の文武出精を命じ、意見を求む。

〇会沢正志斎、この頃「学制略説」を著はし、藤田東湖、上書して子弟教育を具申。

同　二年　会沢、小宮山楓軒、学校建設を具申。

同四年三月　斉昭帰国、「告志篇」を頒布。また、神儒一致、文武不岐の学校建設その他重大政策を諮問す。

同五年　斉昭、南郡視察、稽医館（小川郷校）延方郷校を見る。

藤田主書（貞正）、小宮山ら学校建設延期を主張。

斉昭、学校絵図を作成し、祭神について諮問。

同七年　斉昭、学校碑文につき会沢に草案作成を命じたが、故ありて辞退。

同八年六月十日　斉昭、御かながきの草案を菊池善左衛門（寛）に漢訳させ、東湖に示して記文の起草を命ず。

○六月十四日、斉昭、草案の評論を申し上げる様、東湖に命ず（その後、両人の間に意見の交換あり）。

○六月二十日　東湖、学校碑文を草す。

○七月二日　東湖、是の夜（弘道館記）を草す。

○七月三日　東湖、学校碑文を斉昭に奉呈。

○九月一日　斉昭、碑文を佐藤一斎に諮問を下すにつき、東湖に書翰草案を命ず。

○九月三日　東湖、書翰草案を奉呈、斉昭、これをもとに一斎へ諮問の書を送る。

○九月十一日　斉昭、一斎の「御評」東湖へ示す。

○九月十三日　斉昭、碑文を彰考館員、青山延于らに示す。

○九月二十七日　斉昭、青山及び会沢の批評を東湖に示す。

同九年（一八三八）三月、斉昭の裁定により「弘道館記」決定。

概略、右の様な経過を経て完成したのである。

弘道館記

弘道トハ何ゾ、人能ク道ヲ弘ムルナリ、①道トハ何ゾ、天地ノ大経ニシテ、生民ノ須臾モ離ルベカラザルモノナリ、弘道ノ館ハ何ノ為ニ設クルヤ、恭シク惟ミルニ上古、神聖極ヲ立テ統ヲ垂レタマヒ、天地位シ、萬物育ス、其ノ六合ニ照臨シ、寓内ヲ統御シタマフ所以ノモノ、未ダ嘗テ斯ノ道ニ由ラズンバアラザルナリ、②寶祚之ヲ以テ無窮、國體之ヲ以テ尊厳、蒼生之ヲ以テ安寧、蠻夷戎狄之ヲ以テ率服ス、而ルニ聖子神孫尚肯テ自ラ足レリトセズ、人ニ取リテ以テ善ヲ為スヲ樂シミタマフ、③乃チ西土唐虞三代ノ治教ノ若キ、資リテ以テ皇猷ヲ賛ケタマフ、是ニ於テ斯ノ道兪《いよいよ》明カニシテ、復尚フルナシ、④中世以降、異端邪説民ヲ誣ヒ世ヲ惑ハシ、俗儒曲學、此ヲ舎テ彼ニ従ヒ、皇化陵夷シ、禍亂相踵ギ、大道ノ世ニ明カナラザルヤ蓋シ亦久シ。⑤我ガ東照宮、乱ヲ撥《をさ》メ正ニ反シ、王ヲ尊ビ夷ヲ攘ヒ、允武允文、以テ太平ノ基ヲ開ク。

吾ガ祖威公、實に封ヲ東土ニ受ケ、夙ニ日本武尊ノ人ト爲リヲ慕ヒ、神道ヲ尊ビ、武備ヲ繕ム、義公繼述シ、嘗テ感ヲ夷齊ニ発シ、更ニ儒教ヲ崇ビ、倫ヲ明カニシ名ヲ正シ、以テ國家ニ藩屏タリ、爾来百數十年、世々遺緒《ゐちょ》ヲ承ケ、恩澤ニ沐浴シ、以テ今日ニ至ル、即チ苟モ臣子タルモノ豈斯ノ道ヲ推弘シ、先徳ヲ発揚スル所以ヲ思ハザルベケンヤ、此レ則チ館ノ爲ニ設ケラルル所以ナリ。

抑々夫ノ建御雷神ヲ祀ルハ何ゾ、其ノ天功ヲ草昧ニ亮ケ、威霊ヲ茲ノ土ニ留メタマヘルヲ以テ、其ノ始ヲ原《たづ》ネ、其ノ本ニ報ヒ、民ヲシテ斯ノ道ノ繇リテ來ル所ヲ知ラシメント欲スルナリ。其ノ孔子ノ廟ヲ營ムハ何ゾ、唐虞三代ノ道此ニ折衷スルヲ以テ、其ノ徳ヲ欽ヒ、其ノ教ヲ資リ人ヲシテ斯ノ道ノ益々大イニ且ツ明カナル所以ノ偶然ナラザルヲ知ラシメント欲スルナリ。

嗚呼我ガ國中ノ士民、夙夜懈ラズ。斯ノ館ニ出入シ。⑥神州ノ道ヲ奉ジ、西土ノ教ヲ資リ。忠孝二无《な》ク、文武岐レズ、學問事業其ノ効ヲ殊ニセズ、神ヲ敬ヒ儒ヲ崇ビ、偏党アルナク、衆思ヲ集メ、群力ヲ宣ベ、以テ國家無窮ノ恩ニ報イナバ、則チ豈徒ニ祖宗ノ志墜チザルノミナランヤ、神皇在天ノ霊モ亦将ニ降鑒シタマハントス。
⑦斯ノ館ヲ設ケテ、以テ其ノ治教ヲ統ブルモノハ誰ゾ、権中納言従三位源朝臣齊昭ナリ。
天保九年戊戌ニ次ル春三月、齊昭撰文、並ビニ書及篆額

(二)　弘道館記の構成

この弘道館記の内容、構成を見ると、次の様な七項目に分けることができやう。

①　天地の大経である道
②　天壌の無窮と国体の尊厳

③　西土の教への導入と皇猷の翼賛
④　中世以降の衰乱
⑤　東照宮（家康）の治教
⑥　教育の目標として、神儒一致、忠孝一本、文武不岐、学問と事業の一致
⑦　学館の統率者としての藩主の責任

これらを他の学館記と比較検討する基準として進めて行きたい。

三　豊岡藩稽古堂との関係

豊岡藩は但馬国（兵庫県）にある一万五千石の外様藩で、藩校稽古堂は天保四年（一八三三）、八代藩主京極高行によって創建された。

学館記には「稽古堂記」（天保六年）と「稽古堂建学大意」（天保九年六月）の二つがある。いづれも、近江の学者、猪飼敬所（彦博）の撰文である。

ここでは、後者の「稽古堂建学大意」に注目したい。

稽古堂建学大意

武略ハ亂ニ克チ、國ヲ開クノ大本ナリ、文徳ハ治ヲ守リ民ヲ安ンズルノ要務ナリ。故ニ曰ク文武併用ハ長久ノ道ナリト。

恭ク惟ルニ上古天朝ノ聖祖神武國ヲ開キ、至徳民ヲ化シ、上下ノ分正シク、忠孝ノ風厚ク天下治平ノ基ヲ建テ、萬世無窮ノ統ヲ垂レ給フ。其ノ後堯舜周孔ノ典、西土ヨリ來リ、歴朝ノ聖主、文徳ヲ修メ法制ヲ整ヘ、治化益々明カナリ。而ルニ中葉以来、綱紀寖《ヤウヤ》ク弛ミ、文武門ヲ異ニス、終ニシテ武抗シ文衰ヘ、海内大亂シテ干戈息《ヤ》ム無キコト二百餘年ナリ。

府朝ノ列祖、英武雄図ニシテ撥亂反正、皇室ヲ翼戴シ、海内ヲ綏撫シ、儒術ヲ崇ビ文徳ヲ修ム。此ニ於テ列國封建、職トシテ文武該《ソナハ》リ上下所ヲ得、兆民業ニ安ンズルコト二百餘年ナリ。治平ノ久シキ、古ヨリ未ダ此ノ如キ者有ラザルナリ。盛ンナルカナ。然リト雖ドモ昇平ノ久シキ、士大夫漸ク文武ノ本ヲ失フコト無カラザルナリ。

故ニ今學館ヲ建テ、首《ハジメ》ニ天朝歴世ノ盛徳ヲ仰ギ奉リ、次ニ覇府撥乱ノ鴻恩ヲ忘レルコト無ク、經義ヲ精究シ人倫ヲ明通シ、訓詁詞章ノ末ニ流レズ、文ヲ好ム者ハ武ヲ卑メズ、武ヲ嗜ム者ハ文ヲ輕ンゼズ、旦夕君上ノ徳意ヲ奉ジ、文武ノ道ヲ講習シ、懈怠スベカラズ、士子固ヨリ此ノ旨ヲ守リ忘ル勿レ。

天保九年戊戌夏六月　近江猪飼彦博謹述

この学館記を要約すると、

(1)　文武併用のこと

(2)　上古天朝、聖祖神武国を開く

(3)　堯舜周孔の典、西土より来る

(4)　中葉以来、文運の衰退

(5)　府朝の列祖（家康）撥乱反正

(6)　教育の目標、天朝、覇府の鴻恩に報ひ人倫を明らかにし、文武両道を説く

これを弘道館記と比較すると、字句や配列及び内容に於て多くの共通点を見ることができる。

この様な共通点を有する学館記が書かれたのは如何なる理由によるのであらうか。

(一)は偶然の一致であって、水戸とは直接関係がない場合であり、(二)は互に何らかの関係があった場合である。

そして、(一)の場合であるならば、撰文者、猪飼敬所（彦博）の見識の高さを評価すべきであらうし、(二)の場合とすれば、同じ天保九年の三月と六月の違ひであるだけに、この短期間にどの様にして「弘道館記」を知ることができたのかといふ問題が生じる。

そこで、(二)の場合と仮定して論を進めてみよう。

一般に「弘道館記」が広く知られるやうになるのは、一つはその拓本（搨本《タウホン》）によってであり、他

は藩主や家臣、学者達の交流によってである。

その拓本は当然、弘道館記碑の建立と関係してくるが、最初に彫刻が仕上がるのが、天保十一年の春のことであり、五月に拓本を取ってゐる。ところが斉昭は「其配孔宣父者何」とあったのを「其營孔子廟者何」と改めるため、碑面を一段けずって、天保十一年の九月に再度彫刻を命じた。

そして翌天保十二年、碑面の完成と共に、拓本用として、別に原碑通りに木版を作り、用紙も継ぎ目のない一枚紙を漉かして拓本をとり、朝廷、幕府、諸侯などに献呈した。(5)

以上のことから、拓本によって知り得たのではないことは時期的に明らかである。

次に、猪飼敬所の交友関係から検討してみよう。

敬所は京都の人で、京都で学び、のち但馬、伊勢、津に遊び諸侯の知遇を得た。天保九年九月には、津藩主藤堂氏の賓師となって津に家を移した。

その交遊するところ、縉紳家では武家伝奏の日野氏、廣橋氏であり、廣橋氏は敬所を伴って江戸へ行き松平定信に対面させようともしたほどである。その他、頼山陽、大塩後素など関西方面に知己を得てゐた。(6)

ところが『漢学者伝記集成』を見てみると、

佐藤一斎の如きは、虚心平気、深く己の文の削正せらるゝを悦び、遂に日本史を校せんことを望むに至るとあって、ここに江戸の昌平黌の儒官、一斎との関係が明らかになった。しかも、その交りは単なる面識者といふに留まらず、詩文の贈答、或ひは詩文の削正にまで及ぶほどであったといふ。

さういふことであれば、敬所が天保九年前後に稽古堂の学館記を撰することになれば、或ひは一斎に意見を徴し、そして一斎はこれに与ふるに「弘道館記」をもって参考に供したといふことも考へられよう。

尤も、斉昭が一斎に学館記の削正の諮問を命じたのが、天保八年九月三日のことであったが、その時の書翰の末尾に、

尤外の文章と違ひ政事へも拘り候事故、学校出来不レ申以前ハ他見等、無用に存候也

と、申添へてゐるほどであったから、一斎もみだりに他見を許すことはなかったであらう。(7) もし他見を許すとすれば、斉昭の決裁が下った天保九年三月以後といふことになり、すると、敬所は、いち早く一斎からこの学館記を得て、六月には「稽古堂建学大意」を撰文したといふことにならう。

これらの推論を裏付けるために、次に、その前後に書かれた敬所の学館記を比較検討してみよう。

幸ひにして敬所には、天保六年に撰文した「稽古堂記」がある。

玉琢セザレバ器ト成ラズ、人學バザレバ道を知ラズ、故ニ古ヘノ聖王國ヲ建ツル、君臣庠序学校ヲ設ケテ之ヲ教フ、人倫ヲ以テ士ヲ造リ、民ヲ化スル所以ナリ、(中略) 徒ニ記誦詞章ヲ事トシテ、實行ヲ修メズ、(中略) 新タニ此ノ堂ヲ建ツルハ何ゾヤ、蓋シ、士子ヲシテ經史ヲ學習セシ

メ、古ヘノ道ヲ稽ヘ、心ヲ正シ、身を修メ、入リテハ則チ孝弟、出デテハ則チ忠順、而シテ士風以テ正シク、民俗以テ化スルヲ欲スレバナリ（下略）

この様に、敬所は、古の道に循ひ、実学を修め、実功を立てることを勧めてゐるが、これと前出の「稽古堂建学大意」と比べると、文武併用のことに触れてゐない点をはじめ、多くの点で格段の相違がみられる。

これによって、猪飼敬所は天保九年六月の撰文に際しては、「弘道館記」を参照し、これを範としてゐたと考えてよいと思はれる。

そして又、これが水戸弘道館記の諸藩に及ぼした嚆矢とすることができよう。(8)

四　佐藤一斎と水戸との関係

豊岡藩の学館記をめぐって、はからずも猪飼敬所と佐藤一斎との関係が明らかになり、弘道館記の影響の及んだ経過を推定したのであるが、実は、一斎自身の撰文した学館記にも、水戸の影響を窺ふことができるのである。

一斎にも二つの学館記があり、一つは丹波の福知山藩の惇明館記（天保二年十月撰文）、他は、肥前の福江藩の育英館記（安政六年六月撰文）である。

「惇明館記」には、

福知山老侯ノ始メテ立ツヤ、篤ク治務ニ志シ、躬行以テ士民ニ率先セント欲ス、（中略）乃チ之ノ爲ニ言テ曰ク、學校ノ設ケ、夫ノ人道ヲ講明スル所以ナリ。人道ニ五アリ、曰ク父子、曰ク君臣、曰ク夫婦、曰ク長幼、曰ク朋友、此レ天下ノ達道ナリ（中略）古ノ教ハ此ヲ以テ教ト爲ス、學者此ヲ以テ學ヲ為セバ、則チ徳成リ學達シ、體立チテ用行シ、人倫上ニ明ラカニシテ、小民下ニ親シミ、乃チ上下相輯スルニ至ル、而シテ信以テ禮俗相ヒ與ニ惇ク、而シテ義以テ士民ニ明カニ、翕然トシテ仁讓ノ風ノ興起スルハ、其レ此レニヨラザランヤ（下略）

とあって、要するに文を云ひて武にふれざるところは、先の猪飼敬所と同様である。

これに対して、「育英館記」には、

肥前ハ吾ガ邦ノ西陲ト爲リ、而シテ五島ハ其ノ西極ニ在リ（中略）信齋公ノ襲封ニ至ルヤ、勵精治ヲ図リ、益々文ヲ修メ、更に武衛ヲ振フ、嘉永二年、幕朝、新タニ城郭ヲ築クヲ許シ、以テ守備ヲ嚴ニス、（中略）夫レ三代ノ隆ナルヤ、文武ヲ一途トナシ、王宮、國都以テ閭巷ニ及ビ、學アラザルハナシ、（中略）凡ソ修身、齊家、治國、平天下ノ所以ノ者、固ヨリ備ハザルハナシ、然リ而シテ干戈ヲ執リ、射御ヲ學ビ、出兵授捷ノ法モ亦タ必ズ學ベリ、所謂、文事アル者、必ズ武備アルナリ（中略）今ヨリ後、斯ノ館ニ入リテ學バン者ハ、能ク公ノ心ヲ体シ、夙夜懈ラズ、文以テ倫理ヲ明ラカニシ、而シテ忠孝ノ志ヲ立テ、武以テ社稷ヲ衛リ、而シテ敵愾ノ心ヲ抱ケバ

則チ士タルニ愧ジズ（下略）

と述べてゐる。

この中で「幕朝」の語はいかにも幕府御用学者といふ所であるが、よく「文武一途」を説き、「忠孝ノ志」を云ひ「武以テ社稷ヲ衛リ」と云ふに至っては、明解なる教育目標といふことができよう。さらに「斯ノ館ニ入リテ……夙夜懈ラズ」の一文は、弘道館の「夙夜懈ラズ、斯ノ館ニ出入シ」と符合するものである。

この学館記が撰文された、安政六年六月といふ頃は、わが国は多難な時代に遭遇してゐた。即ち、前年の四月に井伊直弼が大老となり、六月に日米修好通商条約に調印、八月には、斉昭が永蟄居、慶篤も差控、一橋慶喜も隠居慎となり、これより翌六年にかけて、安政の大獄となったのである。

この様な天下危急の中にあって、一斎は福江藩五島氏のために「育英館記」を撰文してゐたのであるから、いかに八十八歳の老令とはいへ、危機感迫るものがあったであらう。

さて、佐藤一斎は、安政元年（一七七二）美濃岩村藩の家老の家に生まれ、名は坦、字は大道、一斎又、愛日楼と号した。寛政三年、故ありて近侍の職を免ぜられ、ついで願ひによって岩村藩の士籍を脱した。その後、各地を遊歴したが、やがて林簡順の家に寄遇し、文化二年十月、林家の塾長となり、天保二年十一月、幕府の儒員となって、安政六年九月、八十八歳で歿した。

一斎は『近思録欄外書』や『白鹿洞掲示問』などの外に『傳習録欄外書』なども撰述し、内容は朱子学、陽明学の両方にわたる故にその学は「陽朱陰王」などとも称された。
　大学頭となった林述斎とは、同じ岩村藩の出であり、一斎は四歳年下であったが幼年より共に励んだ竹馬の友であった。天保十二年七月に述斎が七十四歳で歿すると、学界は一斎の一人天下の感を抱かしめた。『漢学者傳記集成』の天保十三年の項に、

黽勉事に従ひ、後進を誘掖し、経義を講説し敢て頽老を以て之を人に委せず、是に於て天下の人、目して以て山斗となし、景仰せざるなし、侯伯以下、迎聘して講を請ふ者、数十家、或は官舎に枉駕す。凡そ士庶の門に入る者、無慮殆ど三千人、四月特旨もて易を幕殿に講ぜしむ。辨説詳晰、賞命あり。

とあって、老いてなほ意気盛んなるものがあった。
ところで、この佐藤一斎を水戸ではどのやうに見てゐたのであらうか。
天保五年、斉昭が藤田主書（名は貞正、号は北部）に与へた書翰で、

今捨蔵（捨蔵は佐藤一斎坦なり）を大儒なりとて招寄せて講釋をさすれども、此捨蔵といふ者尤姑息学問なるへし（但浪人にして書物を懐になし、銭金を取て商にすれば其はづの事なり）たとへ用たりとも用を為事あるまじ、幼年よりかく迄骨折てわつかに愛日樓の詩文集を残す位の事にて、此詩文とてもなくてもすむ、見すとも済書物共也

と述べ、さらに、

捨蔵の講釋抔は聞ての費へ、名聞のみにして、二階堂検行の箏に勝るといふも名聞故也

と厳しい批評を下してゐる。(9)

それでは何故に、弘道館記の草稿の批正を一斎に諮問したのであったか。

斉昭は最初に水戸の学者の意見を聞いた上で、最後に一斎の意見を求める予定であったが、藤田東湖がこれに反対した。

東湖が会沢正志斎に与へた書簡に、

一斎へ御示し被レ遊候も宜敷候へ共、一番跡で一斎へ御示し被レ遊候而は、決を一斎に取候様罷成、不レ宜候間、却而一斎へ御示し主意を為二御吐一、又雲（延于）へも御示し被レ遊度候はゞ、是へ御示し主意を為二御吐一、其上に而館へ御懸、御極被レ遊候様、致度申上候處

とあって、これによって斉昭も考へ直し、最初に一斎に示すことになったといふことである。(10)

これに対する一斎の返書に（天保八年九月十八日付）(11)

御國元学校御取立之御含被レ為レ在候に付、尊慮之趣御書取を以蒙二盛問一謹而奉二拝見一候、御大意之乍レ恐不レ可二間然一之御事と奉レ存候、（中略）然を儒者唐贔負致し、本邦之事迹一向辨不レ申候は心得違之儀と奉レ存候、又聖學王道決て二に非ず候所、当今儒風不レ宜、治務有用之心得は毫毛無レ之候、是も可レ笑之一に御座候、文武素より一途に候へば、無文之武は真武に非ず、無武の文は是亦真文に非ずと奉レ存候（下略）

と、述べて、弘道館記の主旨、もっともの事であるとしてゐる。

しかし、東湖は一斎のこの返書について、

扨一斎は右様の事大嫌ひ之處、九五（烈公）より御懸に相成候へば、悉く媚を献じ、御尤々々と申上候よし、可レ笑々々、楓北の徒に御懸に相成候へば、決して宜きとは不レ申候處、一斎へ御懸故、先は右之通り也

と、一斎の阿諛の言を揶揄してゐる。(12)

さて、以上の事よりして、一斎に弘道館記の草稿の批正を諮問したのは、幕府儒官の非公開の事前了解が必要であった為とも考へられるが、さらに推量するならば、本来は大学頭林述斎に諮問すべき所、述斎は老病のためその任に耐へぬ為に、代りに一斎に諮問し、その本心を吐かせ、併せて事前了解の一札を取り付けることにあった為であらうし、さらには、東湖書簡にある如く、「楓北」即ち小宮山楓軒や藤田北郭ら反対派の意見をそれによって牽制抑止させることにあったと見ることもできよう。(13)

しかし、一斎は単に斉昭に阿諛しただけではなく、弘道館記の精神に大いに触発啓蒙させられたことであらうことは、前述の「育英館記」の撰文にも表はれてもゐるし、何よりも自分の長子槐をわざわざ水戸に遊学させてゐることによって明らかである。(14)

五　鳥取藩尚徳館との関係

鳥取藩主池田氏は、岡山藩主池田氏と同族兄弟の間柄で、三十二万石の御家門の大藩である。藩校尚徳館は宝暦五年（一七五五）五代池田重寛の時、重職鵜殿央堯の建議によって創建された。やがて、嘉永三年（一八五〇）八月二十五日、水戸斉昭の五男昭徳（五郎麿）が、池田慶栄の養子として迎へられ、同年十月二十九日、十二代藩主慶徳となった。（十八歳）

当時、藩内は保守、進歩の両党による政治的抗争が続いてゐたため、慶徳は藩体制の再建策として教育政策に重点をおき、学館を増改策し、文武両道の総合大学を建設しようと努力した。

それより十年後の万延元年（一八六〇）に「尚徳館記」を撰文するのである。

尚徳館記

人君治ヲ為スノ道ハ二、曰ク文、曰ク武。文ハ以テ己ヲ修メ人ヲ治ム、武ハ以テ姦ヲ防ギ邪ヲ遏ム、人臣ノ道モ亦文武ノミ、故ニ其ノ身ヲ立テ其ノ道ヲ行ヒ以テ将ヲ竭《イタダ》キ匡救ノ誠ニ順ヒ其ノ志氣ヲ養ヒ其ノ精力ヲ致シ、以テ國家不虞ノ用ニ供ス。是ヲ以テ古昔、聖王必ズ學校ノ政ヲ正シ文武ノ道ヲ明ラカニシ、洒掃應対ノ節ヨリ禮樂射御書數ノ事ニ至リ、皆其ノ師ヲ建テ以テ之ヲ教へ、人ヲシテ君タリ臣タルノ道ヲ知ラシムル所以ナリ。
吾岱岳公ノ尚徳館ヲ剏《ソウ》建スルヤ、宇部、加露二社ノ神ヲ祭リ以テ之ヲ落《ラク》ス、藩ノ學アル蓋シ此ニ始マレリ。然レドモ艸創ノ際、教政未ダ備ハラズ、規模未ダ盛ナラズ、時ニ公役ニ會シ、頓《トミ》ニ百事寝廃ニ至リ、故ヲ以テ公ノ志終《ツヒ》ニ果サザルナリ。
寡人不徳ニシテ水戸ヨリ来リ、先君ノ緒ヲ繼ギ、以テ其志ヲ紹述セント欲ス。是ニ於テ講説ノ堂、練習ノ榭、之ヲ經シ、之ヲ營ジ以テ國ノ子弟ヲ聚メ、日夕孜々トシテ業ヲ其ノ中ニ肄《ナラ》フ。聖廟已ニ成リ、又新タニ一社ヲ築キ二神ヲ祭リ、春秋、蘋蘩以テ崇敬ノ意ヲ表ス。因テ其ノ由ヲ記シ、諸ヲ石ニ刻シ、一藩ノ士ヲシテ文事武備偏見ス所無ク、且ツ君タリ臣タルノ道、是ノ二途ニ出デザルコトヲ知ラシメント欲スルハ、豈ニ寡人ノ私意ナランヤ、即先公ノ遺志ナルノミ。

萬延紀元甲申正月

従四位上行左近衛権少将源朝臣慶徳撰並書篆

宝暦の創建の時、尚徳館には、聖堂はなかったが、先聖の画像と国府一宮の宇部神社と加露明神を学館の床の間に勧請して文武の学神としてゐたが、慶徳の代になって、嘉永五年の拡張の際、聖堂を建てて孔子を祀り、安政六年には神社を建立して、宇部神社（武内宿禰）と加露神社（武甕槌命）の両武神を勧請して文武教学の祭神とし、神儒一致の精神を掲げるに至った。

慶徳は幼年より水戸に住して弘道館に学び、いつどこへ養子に迎へられても恥づかしくない様にとの父君斉昭の配慮のもとで養育されてゐたから、十代の若き藩主といへども、その指導力は充分に発揮されたことであらうし、何かと父君の後立てもあったであらうことも想像に難くない。

なほ、「尚徳館記」が撰文されたのが万延元年正月であったが、斉昭はこの年八月十五日六十一歳で薨じてゐる。学館記の慶徳の署名の書式は斉昭の署名と同じ様なものとなってゐることなども、斉昭との直接的な関係を裏付けるものといへよう。

六　福井藩明道館との関係

福井藩主松平氏は、三十二万石の家門の大藩であり、特に隣国にある百二万石の外様大名加賀藩前田氏に対抗する重要な位置にあった。

藩校は初め正義堂と称し、文政二年（一八一九）十二代松平治好の時創建されたが、武を尚ぶ藩風の中にあって、学問は余り進展を見なかった。

やがて、天保九年、田安家に生まれた慶永（春嶽）が福井に迎へられ、十五代の藩主となった。（十歳）江戸よりお国入りするに当って、慶永は、かねて敬慕してゐた水戸斉昭を訪ねて藩主としての心構へなどについて指導を仰いでゐる。

就藩した慶永は、中根雪江、鈴木主税らの協力のもとに藩政改革に着手し、ついで橋本景岳（左内）を登用して学制改革にも取り組んだ。

安政二年（一八五五）城内三の丸に文武学校を建てて、明道館と名付け、翌年「明道館記」を撰文した。

明道館之記

明道トハ此ノ道ヲ明カニスルコトナリ、凡ソ天下ノ事物、各々當行ノ理有ラザルナシ、所謂道ナリ。夫ノ父子ノ親、君臣ノ義ノ若キハ則チ是レナリ。

蓋シ、道ハ人性ノ固有ニシテ外ニ求ルヲ待タズト雖ドモ、自ラ其ノ生知ノ資ニ非ズ、苟モ學ビテ之ヲ明ラカニセザレバ、氣ノ稟ク所、物欲ニ拘《トラ》ハレ、蔽《オホ》ハレテ夫ノ當行ノ理ニ由ル能ハザルニヨルナリ。

恭ク惟ルニ上古神聖極ヲ建テ統ヲ垂レ給ヒ、列聖明ヲ繼ギ以テ四方ヲ照ス、道ノ明ナル亦以テ尚《クハ》フル無シ、而シテ又文教ヲ漢上ニ資《ト》リテ以テ我ガ神武ヲ賛ス、是ニ於テ此ノ道愈々明ラカニシテ、皇化遍ク敷キ、黎庶時《コレ》雍《ヤハラ》ギ、四夷賓服ス、寶祚ノ天地ト與ニ窮リ無キ所以ノ者、豈偶然ナランヤ。中世以降、此道漸ク衰ヘ異端其ノ間ニ乗ジ、皇化振ハズ、禍乱相踵ゲリ。

而ルニ我東照宮、天縦英武、又此ノ道ヲ明ラカニシ以テ弘濟屯難、内ハ皇室ヲ尊ビ、外ハ夷狄ヲ攘ヒ、遂ニ天下ヲ泰山ノ安キニ置ク、二百有餘年、此ニ亦烈ナラズヤ。吾祖浄光公、其ノ冑ニ親シミ而シテ雄武ノ資以テ其ノ業ヲ佐《タス》ク。封ヲ此土ニ受クルヤ、國家ニ藩屏タリ。然レドモ治平ノ久シキ、風安逸ニ移リ、俗功利ニ趨ク、

予嗣デ祖先ノ遺緒ヲ守リ、恒ニ其ノ任ニ堪ヘザルヲ懼《オソ》ル、而ルニ况ヤ方今洋警ノ急ナル豈ニ當ニ慨然トシテ盡クサザルベケンヤ。

故ニ今此館ヲ設ケ、士大夫ト與ニ此ノ道ヲ講明シ、推シテ以テ衆庶ニ及ボシ、文武相資《タス》ケ政教一致、倫理整正、上下誠一、藩籬萬一ノ責ヲ塞グニ庶幾カラン、國家無窮ノ恩ニ報ヒ以テ祖宗ノ業ヲ墜サズトシカ云フ。

安政三年乙卯月日　源中將慶永記

諸藩の学館記の中で弘道館記に最も類似してゐるのは、明道館之記である。この学館記は橋本景岳が「弘道館記」を模して作ったものであり、敢へて異なるところは、神儒一致、即ち学神と孔子廟に触れてゐない点ぐらいである。

安政四年には、かねてより福井藩中で評判の高かった熊本の横井小楠（平四郎）を招請する為、熊本藩と交渉し、遂に翌五年、賓師の礼を以って招くことができた。

小楠は江戸遊学中、藤田東湖らと交はり、尊皇攘夷論と実学尊重の点に於いて大いに意気投合するところがあった[15]。しかし、熊本藩校時習館の習弊を批判して実学を主張したため藩庁の学校派の人々と対立し、危険視され冷遇に甘んじなければならなかった。ところが、小楠の実学論は却って福井藩

の嘱望するところとなったのである。

かつて、小楠は嘉永五年三月に、福井藩の諮問に答へて「学校問答書」を撰した。

第一問 政治の根本は人材を育成し風俗をあつくするにこれあり候へば、学校をおこし候は第一の政にて候や。

答 和漢古今明君いでたまひては、必先学校をおこしたまふことにて候。しかるにその跡についてて見候に、学校にて出類の人材いで候ためしこれなく、いはんやこれより教化おこなはれ、風俗あつく相成候こと見え申さず……かつ当今天下の列藩、いづかたも学校これなきところはこれなく候。しかるに章句・文字をもてはやし候までの学校にて、これまた一向人材のいで候いきほひこれなく候。

といふ様な問答体で意見を述べて行き、第二問では、「学政一致にこころざし、人材生育に心をとゞめたまふことに候」と述べ、第三問では、「才識器量これあり、人情に達し世務に通じ候人を経済有用の人才」といひ、これを生育する必要を説き、そして第五問では、「道をしりたまふ明君いでたまひては、必死一家閨門のうちより講学おこなはれ」と言ひ、第六問では、「学校の風習、善となるも悪しくなるも教官の身にこれあり候へば、その人の撰もつとも以て大切に候」と述べ、第七問では学校の設けについて答へて末尾としてゐる。(16)

これらの構想は、実地の見聞と学問の結果得られたものであらうが、その実学といひ、学政一致

（政教一致）と云ふ所などは、東湖などによって喧伝された水戸の影響を認めることができやう。

福井藩校はこの小楠によって学制も整備されるに至ったが、藩主慶永も厚く小楠を信じ幕末非常の間にあって、大勢を誤らなかった影には小楠の寄与する所決して少なくはなかった。

七　笠間藩時習館との関係

水戸藩の隣藩でもある笠間藩は慶長以来、藩主の異動が多く、蒲生氏の入封より、松平氏、小笠原氏、戸田氏、永井氏、浅野氏、井上氏、本荘氏、井上氏と続き、延享四年（一七四七）牧野貞通が日向延岡より移封して以後明治に至ってゐる。越後長岡藩牧野氏の支族で、八万石の譜代大名である。

藩校時習館は文化十四年（一八一七）三代牧野貞喜の時、藩士秋元忠蔵（純一郎）の家塾欽古堂を時習館と改称させた時より始まる。

この年、藩士森田桜園（朗）が時習館記を撰したが教育方針の確立としての意味は少なかった。ついで、文政六年（一八二三）四代貞幹は学館の規模を拡張し、教授秋元忠蔵に命じて「時習館功令学則」を選ばせ、自から「時習館功令学則序」を撰して、これを以て、指導理念とした。

安政六年には、八代貞明（のち貞直）は、各地に分立してゐた校舎を城下中央の大和田に集めて、時習館、講武館、博菜館（医学館）を合併した文武総合学館を建設した。この年の四月には新たに

「時習館記」を撰した。

時習館記

上古天神基ヲ開キ、忠孝ノ訓、諸《コレ》ヲ三器ニ本ヅキ、寶祚ノ隆ナルコト天壌ト與ニ窮リ無ク、而シテ君臣以テ定マル。天胤ノ尊、萬世易ラズ、而シテ父子以テ惇、黎民皥々、蠻夷率服ス。皇化ノ四表ニ被ル、盛ンナリト謂フベシ。夫レ道ノ斯ニ在ルハ、人其ノ天性ヲ率ルノミ。父子アレバ則チ親アリ、君に臣アレバ則チ義アリ、夫婦ノ別、長幼、朋友ノ序ト、民彝ノ固有ニ因ルニ非ザルハ莫シ、神州ハ正氣ノ萃《アツマ》ル所、君臣父子ノ大倫、嚴正惇厚、萬國ニ首出ス。大本既ニ立チテ、而シテ五品克ク遜《シタガ》フハ固《ヨ》ヨリ論説ヲ待ツナキナリ。而シテ漢土モ亦神州ト風氣相ヒ同ジ、堯舜ノ教ヘモ亦徽《しるし》五典ニ在リ、孔子之ヲ祖述シ、其ノ道以テ大イニ萬世ニ明ラカニシテ、崇奉敢ヘテ易フルコトアルナシ。

應神ノ朝、文明ニ属シ、而シテ西蕃偶々《タマ》、經籍ヲ貢ズ。是ニ於テ堯舜孔子ノ言ヲ取り以テ神皇ノ化ヲ賛シ、大道益々昭《アキラカ》ニ、人倫愈明ラカナリ。

大化大寶ノ治教修備ニシテ、而シテ大學アリ國學アリ以テ教ヲ敷キ、四方駸々乎トシテ日ニ休明ニ赴ケリ。

然レドモ一治一亂ハ天下ノ常ニシテ、左道熾盛、兵禍相踵《アヒツ》グコト数百年ニシテ熄《ヤ》マズ。

慶元以降、喪亂既ニ平ラギ、奮武揆文、上ハ天朝ヲ尊ビ、下ハ四海ヲ撫シ、外ニ風草ノ警ナク、内ニ磐石ノ固メアリ、學校ヲ肇メテ教化ヲ弘メ、各國ノ風靡トシテ學ヲ設ケテ士ヲ養フ。我レ恭ク君ヲ崇メ、新タニ時習ノ館ヲ建テ、以テ子弟ヲ教導ス、子弟ノ入學スル者、日ニ衆シ、自清君ニ至リ其ノ地狹隘ヲ以テ、之ヲ他處ニ移シ、更ニ講武館ヲ設ケ以テ武技ヲ肄《ナラ》フ。貞明不肖ニシテ緒業ヲ紹纉シ、日夜憂思シ或ハ失遂アランコトヲ懼ル、廼チ國ノ中央ヲトシ、文武ノ館ヲ合シ、子弟ノ學習ニ便ニス、時習館ノ名舊ニ仍リ、而シテ宇倍神ト孔子ノ神トヲ合祀ス、宇倍ノ神ハ我が祖先ノ自ラ出ヅル所、神后ノ征韓ヲ佐ケ、天威ヲ海外に揚ゲ、百濟ノ經籍ヲ貢スルモ亦タ絲アリテ之ヲ致セリ。孔子道ヲ明ラカニシテ化ヲ賛ス、皆士民ノ瞻仰スル所、士民館ニ登リ、能ク自ラ奮励シテ、其ノ功徳ニ報答シ、天神ヲ遵奉シ忠孝ノ訓、五典五惇、文武一途、神州ノ正氣ヲ扶ケ、其ノ勇武ヲ振起シ、義ヲ見テ之ヲ為シ、以テ國家膺懲ノ用ニ供ス、是レ予ノ先君ノ意ヲ繼述スル所以ナリ。

安政己未夏四月　　従五位下朝散大夫牧野貞明撰

この「時習館記」は、牧野貞明の名で発表されてゐるが、実際は水戸の会沢正志斎の撰したものである。

この中で、天壤無窮の国体、君臣父子など五倫の道、西土の教への導入、東照公の奮武揆文、宇倍神（武内宿禰）と孔子を祀る神儒一致などを掲げた建学精神は水戸の弘道館記と共通する所の多い点、むしろ当然といへよう。(17)

をはりに

水戸の弘道館記は綿密なる思索と配慮のもとで、充分なる検討を経て作成され、君臣一体の苦心作である。そしてその精神は光圀以来の水戸の学問の精髄をこの一文に集約したものであって、天下一の気概に溢れたものとなってゐる。

他藩の学館記の多くは、一学者の撰文により、或は公家、林家、幕府儒員の学者に依頼したものである。

全国的に見て、盛んなる学館は、英明の藩主の指導のもと、政教一致の実現を目指して努力したところにあり、その学館記も闇斎学派（崎門学）か水戸学の思想的背景をもつ所に見事なる精神が発揮されてゐる。

さらに、今日的なものと比較してみると、第一に政教一致を理想とし、文教政策を治国の根本としてゐること、第二は文武両道、忠孝の人倫、修身斉家の徳育を重視してゐること、第三に報恩奉公の精神を喚起してゐることなどの諸点において大きな特徴があると云へよう。

今回は『日本教育史資料』に収録されてゐる学館記だけを対象として検討してきたが、この外にも学館記が存するであらうし、または、朱子の白鹿洞書院学規を掲示してこれに代へた学館記も多くあって、検討の余地はまだ多くある。

一般に学館記は建学の精神と教育の目標を標榜するものであるから、これによって、その学館の概要を知ることができる。しかし、教育の方針は往々にして、藩主や文教責任者である学者の考へによって変更されるので、詳しくは、時代を追って内容を調べて行くことが必要である。

本論では、学館記といふ文字に記されたものを、はじめに概観し、さらに水戸の弘道館を一つの基準として、その影響、関連する学館記を選び出し、その背景、経緯等について考察を試みたのであるが、これによって、当時の弘道館がわが国の中でどの様な位置を占めてゐたかを少しでも明らかにし得れば幸である。

註

（1）重臣世家の中で学力気力に優れてゐた藤田主書は執政に挙げられたが、公の建学に反対といふ程ではなくとも、持重因循して敢て建学のために努力しなかった。

（2）「弘道館創設に関する意見書」天保十年頃、『東湖先生之半面』所収。

（3）「会沢伯民に与へし書」天保八年九月廿八日朝、前掲書所収。
（4）北條重直『水戸学と維新の風雲』の中に、水戸に遊学して、会沢正志斎の門人となった人物として四十名程挙げてゐる。出身地は九州、中国、近畿、北陸及び関東の諸藩である。
（5）館記碑石の採掘運搬の苦心については『水戸藩史料　別記巻十七』、名越漠然『水戸弘道館大観』一二二頁、福田耕二郎氏「館記碑と至善堂扁額」、（『弘道館資料輯』四〇頁所収）などに詳述されてゐる。
　また、この拓本を天下の志士に贈与したことについて、『水戸藩史料　別記巻十七』に、例として、林述斎、或は、智恩院尊超法親王に呈したる拓本が、仁光天皇の覧に供へられ、女房奉書を賜はったことなどのことが記載されてゐる。
（6）本論中、藩校や学者の略歴、学派などについては、笠井助治博士『近世藩校に於ける学統学派の研究』によるところが多い。
（7）この書翰は茨城大学の所蔵で、『水戸史学』第三号に木村俊夫教授によって紹介された。また『弘道館資料輯』に写真も掲載されてゐる。
（8）豊岡藩士木下彌八郎は、江戸の藩邸に祇役してゐた時、水戸に至り、親しく会沢、豊田天功らと交はりて勉学し、天保十四年家老となるや、水戸弘道館の学規を基として藩校を整備し、一藩の勤王論を高潮した。（北條重直前掲書一一二頁）
（9）名越漠然著前掲書、二七頁。
（10）（12）　前出の「会沢伯民に与へし書」。
（11）菊池謙二郎『註譯弘道館記述義』所収。「弘道館記の由来と館記述義の撰作」に引用。

(13) 木村俊夫教授は「烈公の書簡」（『水戸史学』　第三号所収）の解説の中で、

「大日本史編纂事業を通じて形成された水戸学の思想的骨格でありながら、幕府の異端排撃・武備抑制の政策に抵触しかねない一面を含むものであり（中略）昌平黌儒官は、思想面での目付役の機能を持たされていたとすれば、烈公とても非公開の事業了解を得ておく必要を感じたであろう。そこで、政事家の烈公のこと、一斎老儒の意見を叩いた、ということではあるまいか。」と述べてゐる。

文教の最高責任者である大学頭林述斎は、天保九年の時、七十一歳に達し、「老病を以て、両殿の侍講及び学事を解かれんことを乞ふ。幕府其乞を聴ししも、猶ほ機務に参預すること故の如し」（『漢学者伝記集成』所収）。この様な状態にあった述斎は、三年後の天保十二年五月九日、斉昭より弘道館記の拓本の恵贈を受けたが、これに対し、述斎は五月十四日付の返書で「未曽有之大碑、加レ之、御文辞御運筆双絶とも可レ申、実垂後之御盛挙と奉二敬服一候、速に御邸へ踵謝可レ仕之處、臥病ニ付不レ能二其儀一」との趣を述べ、それより一ケ月後の六月十四日歿した（『水戸藩史料　別記下巻十七』）。

(14) 北條重直『水戸学と維新の風雲』八二頁。この中で「長子梘」とあるが、『事実文編五十八』所収の佐藤梘の撰文になる「皇考故儒員佐藤府君行状」によれば「長男曰レ滉、称二愼左衛門一、阪本氏之出、不レ承レ家、螟二歩隊田口氏一、卒、次称二其次一、夭、三郎不肖梘也、称二新九郎一、今承レ家為二儒員一」とあって、長男は滉であり、三男が梘と云ふことである。尚、水戸遊学のことは確かなる出典は未だ確認できてゐないので御教示を願ひたい。

(15) 横井小楠及び橋本景岳と藤田東湖との関係については、以前より諸書に述べられてゐる。（『水戸市史』中巻(三)九八六頁、人物叢書『橋本左内』山口宗之著、同『横井小楠』圭室諦成著、など）

景岳は積極的に水戸弘道館の制度、学風を取り入れたが、安政五年七月二十七日、景岳が明道館学監の職を去った後、福井に招かれた小楠は、余りに水戸的なため、却って弊害の禍根となると指摘したほどであった。

(16) 前掲書『横井小楠』による。

(17) 「時習館記」については、久野勝弥氏「笠間藩校「時習館記」について」(『郷土文化』第十三号)がある。

十　弘道館の教育課程について

はじめに

水戸弘道館の概観や教育課程については、すでに、津田信存の『水戸弘道館雑志』、名越漠然翁の『水戸弘道館大観』をはじめとして、『水戸藩史料』『水戸市史』など、各種の論著があって、かなり詳細に知ることができる。(1)

また、江戸時代の藩校の総合的な研究も、かなり進んで、石川謙博士の『日本学校史の研究』、笠井助治教授の『近世藩校の綜合的研究』などの大著もあって、それぞれの藩校の特色についても理解できるやうになってきた。(2)

本稿では、これらの研究をふまへて、水戸弘道館が近世藩校の中で、どのやうな特色と意義をもってゐるかについて、二三の藩校と比較しながら検討していきたい。

一　藩学創立の時期と事情

諸藩に於て、新たに学校を建設する際には、幕府の昌平校（黌）をはじめ、著名な藩校である、名古屋の明倫堂、熊本の時習館、会津の日新館などが参考とされ、その規模、学制などこれらに倣ったものが多くあった。

例へば、安政二年（一七七三）島津重豪の創建した、鹿児島の造士館は昌平校を模範としてをり、寛政十一年（一七九九）に大改築された会津の日新館は、昌平校や時習館が参考とされたなどは、その一例にすぎない(3)。

また、嘉永五年（一八五二）創建の信州・松代藩の文武学校は、藩士を水戸へ派遣して弘道館に倣ったと云ひ、土佐藩の致道館も、文久二年（一八六二）の創建に当っては、水戸の学制が多く採用されたといふ(4)。

しかし、一般に江戸時代の幕藩体制下の学校は、今日の中央集権的な学制と異なり、それぞれの藩で、模範とする学校はあったとしても独自の理念をもち、その規模、学制にもそれぞれ特色を有するものであった。

さて、水戸の弘道館が創建されたのは、天保十二年（一八四一）八月のことであるが、当時、すでに百六十余校が建設されて居て、水戸がどこの藩校を模範としたかを具体的に見極めるのは容易ではない。

その一つの手懸りとなると思はれるものに、会沢正志斎の『諸家学規』がある。これは弘道館の創建に際して、諸藩の学校の学規、学則などを集録し、参考としたものとされる。

この中には、次の様な学規が見える。

熊本藩　時習館学規
福岡藩　甘棠館学規
蓮池藩　成章館学規
館　廣島　教授局規條
若松　若松学制
会津　六科糺則

この原本は、現在会沢家から弘道館に寄託されて居るが、これは正志斎の自筆と思はれ、各所に朱点、棒線、○印などの書き入れがしてある。

例へば、時習館学規の中に見える「総教」「教授」「訓導官」「句読之師」などには朱点が付され、これらは水戸弘道館の職名と共通するものであり、また、「若松学制」と「六科糺則」の間の余白に、

○佐賀学校寄宿生飯料、一日白米五合菜代十二文（下略）

の中に、

と註記があるが、これは、天保十二年七月、寄宿寮の諸規定を検討してゐる際の、「教授頭取中伺」の中に、(5)

〇江戸昌平稽学寮ニ而ハ（中略）佐賀学校ニ而ハ米五合菜代少々ツ、（下略）

との一文と符合するものであり、これらの諸学規が参考にされたことは明らかである。

この他に、彰考館の蔵書目録の中に、正志斎が写したといふ『諸家学校紀聞』のことが出てゐる。しかし、この写本は今日見当たらないが、『日本教育史資料』に収録されてゐる「諸家学校紀聞抄」と同じものと思はれる。それには、

伊勢津、若松学制、彦根、南部、姫路、備前、藝州廣島学館之事、銀臺遺事、居寮ノ事、（他は略）

といふ様な十八項目が収録されてあり、この中の「若松学制」と「藝州廣島学館之事」は先の『諸家学規』と同じものである。(6)

これらの二本は、天保十年前後、彰考館総裁であった会沢正志斎が、烈公の命のもと諸藩の学規を集録して参考としたものであらう。

とりあへず、水戸弘道館の特色を明らかにするために、この中の熊本の時習館と会津の日新館を選び、種々比較しながら検討することにしたい。

ところで時習館は宝暦四年（一七五四）藩主細川重賢が将軍吉宗の政治にならひ、城内二の丸に設

立し、その校域は、東西二十五間、南北七十五間、千八百七十余坪と規模は比較的狭少であるが、当時としては立派なもので、早くから鎮西に名の知られてゐた学校である。

この設計者は初代教授となった秋山玉山であり、彼は林鳳岡の門に学びながら、徂徠学派の学友とも交流があり、その学制にも徂徠学派の特色を多少取り入れたものになってゐる。(7)

一方、会津の日新館は、藩祖保科正之が寛文四年（一六六四）に私塾を取立て、稽古堂と名づけた時に始まる。正之は好学大名として知られ、神道家吉川惟足や山崎闇斎を招いて学んでゐた。やがて延宝三年（一六七四）別に学問所を設けて講所と称し、元禄元年（一六八八）町講所が設けられるに至って稽古堂は廃止され、次いで、寛政十一年（一七九九）大改築を実施し、日新館と改称するに至った。これ以後、日新館は建物の規模及び組織内容に於て、最も整備された藩校の一つとなった。会津は藩祖以来、朱子学を宗としてきたが、寛政初期に熊本の時習館の儒官で徂徠学派の古屋昔陽を招いて藩校の計画を托した結果、日新館改築に至る十数年間は徂徠学派一辺倒になり、その学制も自然、時習館に類するものとなった。しかし、会津には寛文以来の伝統があり、やはり独自の館風を残してゐた。(8)

水戸弘道館は、時習館の創建に後れること八十余年、天保十二年（一八四一）の開館となる。文政二年（一八二九）三十歳で第九代藩主となった烈公（斉昭）は、当初より藩士の教育に深い関心をもち、天保元年には、士臣に諭して文武を奨励するなどの努力をした。天保五年、烈公は神儒一致、文武不岐を眼目とする建学の方針を示した。これに対し、執政藤田貞正（主書）らの有司の反対が起ったが、側用人渡辺寅、通事藤田彪（東湖）、彰考館総裁会沢安（正志斎）らの賛同を得て、強力に推進し、天保九年（一八三八）先づ「弘道館記」が完成し、次いで同十二年（一八四一）に開館の運びとなった。しかし当時は諸設備も完備とはいかず、まして神儒一致を主眼とする学校の本体である鹿島神社の分祀式が未だ出来なかったので、仮開館といふことになった。本開館式を挙げたのは、それより十六年後の安政四年（一八五七）五月九日であった。その教育方針は「弘道館記」に明記されて

〔藩学設立の情勢〕

（石川謙博士『日本学校史の研究』より）

年代＼地方	年数	関東	奥羽	中部	近畿	中国	四国	九州	合計	〔西暦〕
寛文～貞享	二七		一			一		二	四	1661～1687
元禄～正徳	二八		｜	二	三	｜	一	｜	六	1688～1715
享保～寛延	三五	三	二	二	三	四	二	二	一八	1716～1750
宝暦～天明	三八	二	七	一〇	五	九	二	一五	五〇	1751～1788
寛政～文政	四一	一五	一二	一五	二〇	七	七	一一	八七	1789～1829
天保～慶応	三八	一四	五	一六	一三	｜	｜	二	五〇	1830～1867
明治（元～四）	四	一一	三	七	一三	一	一	｜	三六	1868～1871
年代不明		四	｜	｜	｜	｜	｜	｜	四	
合計	二一一	四九	三〇	五二	五七	二二	一三	三二	二五五	1661～1871
藩学の存否不明の藩		四	二	五	二	五	三	｜	二一	

ゐる。

以上、三校の創立に至る過程の概略を記してきたが、ここで、江戸時代の藩校の設立の情勢を見ておきたい。（前頁表参照）

この表を見ると、藩学は宝暦期より急激に増加して、寛政期に最高に達し、天保期に至ると全国的に普及していったことが知られる。また、近畿、中部地方が関東をしのいでゐるのも注目される。それにしても、江戸時代の大名の数は、二百六十から二百七十といはれるが、この表に見える藩校の数は二五五校に達するといふのは驚くべき事実である。

二　規模・建物より見た特色

藩校を設立した大名にも、大小さまざまあって、百二万石の金沢藩のやうな大藩から、館山藩（安房、敬義館）のやうに一万石の小藩もある。一方、藩校の規模は藩の大小とはそれほど相関関係はない。

その中でも規模の大きい藩校の例を上げてみると、

		（敷　地）	（建　坪）
明倫館	萩（三七万石）	一四、三四九坪	二、七三四

明倫堂　金沢（一〇二万石）一七、八二〇　一、一一六
興譲館　米沢（一五万石）　五、五四八　　四五〇
弘道館　水戸（三五万石）　五四、〇七〇　約五、〇〇〇

これによって明らかな様に、水戸の弘道館の規模の雄大さは他藩を圧倒するものがあった。ちなみに、熊本、会津は次の様である。(9)

（敷　地）
時習館　熊本（五四万石）　一、八七五坪
日新館　会津（二八万石）　七、〇〇〇余坪

次に三校の建物の種類と名称とについて比較してみよう。(10)

〔時習館〕
○聖所　孔子廟を講堂の続きに予定するのみ。
○文館　講堂（尊明閣）蒙養斎、句読斎、習書斎、菁莪斎
○武館　東榭、西榭、射場、演武場

〔日新館〕
○聖所　泮宮（大成殿）
○文館　東塾（三礼塾、毛詩塾の二塾）西塾（尚書塾、二経塾の二塾）、習書寮、居学寮、書学寮、

至善堂（大学校、講釈所ともいふ）
○武館　武学寮、武講（講武所）、射弓亭、稽古場（調練場）
○その他、観象台（天文台）、洋学所（医学・算法）、開板方（出版）

〔弘道館〕

○聖所　鹿島神社、孔子廟、八角（卦）堂、要石
○文館　正庁（学校御殿）、至善堂、居学寮、講習寮、句読寮、寄宿寮、編修局、系纂局、講習別局、
歌学局、兵学局、軍用局、音楽局、諸礼局
○武館　北舎、中舎、南舎、武術調練場（馬埒、射場、砲場、操練場を含む）
○天文・数学所
○医学館　講堂（賛天堂）、居学寮、講習寮

右の如き建物による比較によっても知られることは、いづれも、聖所といふべき学校の中心を持ち（予定も含めて）文武の両道を教育する施設を整へて居ることである。しかし、よく見ると、創建（又は改築）された時代を追ふごとに、規模も拡大し、整備されて来た様子を知ることができやう。即ち日新館は時習館を範とし、弘道館は、この二校を範として、遂には、総合学園としての規模を持つに至ったといふことが察せられる。

三　組織・形態から見た特色

学校の組織・形態について教職員を中心に見ていくことにする。

〔時習館〕

○統括　総教（家老の中一名）、学校方奉行

○文館　教授一名、助教三名、訓導六名、句読師十名、習書師四名、算術師、音楽師、故実師

○武館　十三藝、各藝ごとに一六～一名の師

（馬、居合、薙刀、剣、槍、砲、軍学、柔、棒野太刀、陣具大鼓、犬追物、水）

〔日新館〕

○統括　学校奉行（大司成・藩主同座）、添役（小司成）、監察（目附）

○文館　儒者（司業）一名、儒者見習三名、句読師八名、句読師手伝十六名、その他

○武館　七藝、各藝ごとに五～二名の師。（弓、馬、槍、剣、砲、柔、水）

〔弘道館〕

○統括　　学校総司一名（国老より）、学校奉行一名（側用人より）

○文館　総教（教授頭取とも云ふ）二名、准総教（教授頭取代）一名、教授一名、助教三名、訓導十

余名、准訓導定員無、舎長九名、句読師、講習別局長三名、その他

○武館　十二藝・四○流、各流ごとに武藝教師一名、武藝手副　毎流二名以上。

（兵学、軍用、射、馬、槍、剣、柄太刀、薙刀、居合、砲、水、柔）

調練総司一名（国老を兼ぬ）、軍師一名（総司に准ず）

○医学館　医学教授三名、助教四名、舎長、その他

以上の三校の職員の組織や職掌は、規模の大小や名称の違ひはあっても、その生活や内容は、かなり共通したものがある。中でも、文武両館をはじめとする学校全体が、一名によって統括されてゐることである。それぞれ、総教・学校奉行・学校総司を置き、国老、家老といふ重臣を以って任じてゐることは、諸藩に於ける教育が、政教一致のもと重要な行政の一部門であることを示すとともに、有能なる士の輩出に対する期待の高さを意味するものである。

四　就学規定について

江戸時代に於ける、各藩校の就学年令は次の表の様である。藩士の子弟に対しては、家塾で学んでも、藩校で学んでも心まかせとする藩も少しはあったやうであるが、大部分は出席を強制してゐた。

〔藩学における就学規定〕

	藩士	卒族	平民	合計
入学強制	二〇〇	五〇	―	二五〇
入学奨励	一一	六	―	一七
入学許容	四	九	三四	四七
合計	二一五	六五	三四	三一四

（『日本学校史の研究』より）

次に、藩学への入学年令をみると、次表の様になってゐる。

〔入学年令〕

年令＼年代	天明以前	寛政～文政	天保～慶応	明治元～四	合計
七才未満	〇	九	一	一六	二六
七才	二	一五	一〇	四一	六八
八才	八	二六	三二	九八	一六四
九～十才	〇	一〇	六	一六	三二
十一～十四才	一	七	一〇	一三	三一
十五才以上	一	三	六	七	一七
合計	一二	七〇	六五	一九一	三三八

（『日本学校史の研究』より）

これによって明らかなやうに、七歳・八歳で入学するのが一番多く、これは武藝の稽古に入る前に、一通りの読み、書きの初歩的学習を済ませておく必要があったからと思はれる。

次に藩学から退学していく年令をみると、次の様になる。

〔退学年令〕

（『日本学校史の研究』より）

年令＼年代	天明以前	寛政～文政	天保～慶応	明治元～四	合計
十五才未満	一	一	二	八	一二
十五	一	一〇	六	二六	四三
十六～十九	一	六	八	二六	四一
二十	一	五	六	一三	二五
二十一～二十五	一	四	九	一八	三二
二十六～二十九	｜	｜	｜	｜	｜
三十～三十九	｜	六	五	一六	二七
四十～四十九	一	三	二	六	一二
合計	六	三五	三八	一一三	一九二
規定なし	六	三二	二〇	七八	一三六

これをみると、十五歳ないし、それ未満で退学する者が、全体の三分の一を占め、さらに二十歳以下をみると、凡そ六割強となる。

普通には、七歳で入学し、十五歳で退学するとすると、学習期間は九ヵ年となり、この間に、四書五経の素読を終り、または、武藝の稽古に専念すると、それぞれの勤務に就いていったのである。

一方、三十歳以上の規定をもつ藩校も四十校近くあるが、これは現職中も通学させる義務付けとしたものであるが、この場合は、いはゆる「学力の向上」を目的としたものではなく、「頭の地ならし」作業を行なふのが目的であったとされる(11)。

次に、三校の場合を見ることにする。

○時習館　十～十五・六歳で入学、退学十八歳（毎日制）

○日新館　十歳で入学、退校二十五歳（長男）。但し、文武の定格に至らざる者は許さず。二十一歳（二男以下）。但し、読書の学、格に至らず、武藝一術の免許を得ざる者は退校を許さず。

○弘道館　十歳で家塾に入る。十五歳で入学。三十歳以上は課業半減。四十歳以上は課を免ず。但し、卒業に非ず。

これにより三校を比較すると、順に就学年数が増加してゐるのが知られるが、その理由は、後述する様に、学習内容が次第に増加してきて、それを修得するのにそれなりの年限も必要とされたことであらう。また、封建世襲の世では、今日の如く、容易に就職することは出来ず、ほとんどは、長男は家督相続をし、二男以下は、いはゆる厄介者となるか、他家に養子に行く道しかなかった時代であるから、大体、三十歳ぐらいまでは、比較的余裕があったものと思はれる。

五　課業・進級について

藩校に於ける教育課程の重要な部分を占める課業及び進級の方法についてみることにする。時習館の課業次第は大略次の様である。

〔初等教育〕素読生

句読斎《教場》（十〜十五・六才）毎日制　午前九時〜午前二時

句読――孝経・四書・五経・唐詩・文選

習書斎（十〜十五・六才）日課同じ。

習字――唐詩・千字文・急就篇・実用字体（和様）

蒙養斎（十六〜十八才）日課同じ。

句読・習字・背誦（千字文、蒙求）会読

〔高等教育〕講義生

講堂（蒙養斎より進級。文義に通ずる者、及び十九歳以上）　定日制（三・八の日）

講経――九経

菁莪斎（居寮生、講堂生より選抜）　終日終夜の日課　一期三年自主研究——四書六経の内、その一を選んで専攻する。

尚、その教則には次の様に書かれてゐる。

時習館ノ教科書ハ、孝経、大学、中庸、論語、孟子及ヒ五経等ノ素読ヲ句読寮ニ於テ授ケ、概ネ左伝ヲ独読シ得ルニ及テ、蒙養斎ニ移シ、稍ヤ文義ヲ解スルヲ撰テ講堂ニ転昇セシメ、爾後、文選、国語、史記、漢書、綱鑑、通鑑等、各其欲スル所ニ随テ独看セシメ、小学、近思録、四書、五経及ヒ左伝等ノ会読ハ訓導之ヲ掌リ、各書籍ヲ定メ講義シテ、生徒ニ聴聞セシメ、又ハ一生徒ヲシテ講義セシメ、互ニ講習討論シ、決ヲ訓導ニ取ル等、種々ニ方法ヲ設ク。時間ハ総テ、朝五半時ヨリ夕八時ニ至ル。

ところで、時習館には文武両館が設けられてゐたのではあるが、この修行について、

生徒ニハ必ス文武両道ヲ兼修セシメタルニハ非ス。不文ニシテ武技ニ秀ツルアリ、不武ニシテ学識ニ富ムアリ、各自其好ム所ニ随テ学ハシメタリ

とあって、必ずしも文武不岐といふ訳でもなかった。ここに、学力の程度に応じて進級、教場を移し、等級を細分するといふ複合等級制と共に、各自の好む所、長じたる所を助長するといふ教育方針をとる徂徠学派の特長が見られる。

また、家督を相続するに際しても、学業成績が関係してくるので、生半可な気持では登校できなかった。

子弟ノ藝能ニ依テ、父兄ノ家督知行ヲ無相違、相続セシメタルニ、免状ノ藝二以上、或ハ免状ノ藝一、目録ノ藝二以上、目録而已ニテハ四以上、文学ハ免状・目録等ノ品目無之ニ付、師範ヨリ、技藝ニ較レハ学業ノ位、免状又ハ目録ニ当ト申立ノ趣ニ因テ論判シ、一藝ニテモ世挙テ妙手ト称スル程ノ類ハ、例ヲ照シテ論判セリ。

といふ次第であった。

次に、日新館の課業についてみることにしよう。

教場として、東塾（三礼塾、毛詩塾）西塾（尚書塾、二経塾）の外に、習書寮、居学寮・書学寮と礼式、算数、天文学、卜部家、垂加派の神道、皇学などに分れ、さらに至善堂（大学校）があった。東塾の三礼塾とは、礼記、周礼、儀式の三礼を意味し、毛詩とは詩経のこと、西塾の尚書塾は書経、二経塾は易経・春秋をそれぞれ意味するもので、所謂「五経」であるが、これも、学習する教科によって、教場を変へるといふ徂徠学派の影響と思はれる。

そこで、漢学科を主として、等級の編成をみると次の様である。

〔初等教育〕

四等（初学の者）

素読――孝経・四書・小学・五経

方法――一冊ツ、本文ヲ読ミ了ル毎ニ各教員十二枚ヲ試ミ、大概ヲ読得ル者ハ次冊ニ進メ、

順次終ルトキハ等ヲ進ム

三等（三百石以内の格）

素読——四書（朱註とも）小学、春秋左氏伝

方法——毎年春秋仲日ヲ以テ、各書一枚計ヲ読マシメ、三失以下ヲ及第。

二等（三百石以上、長子定の格）

読方・講義——四書・小学・十八史略・蒙求

方法——各一枚計ヲ読マシメ、其内四・五行ヲ講義セシメ、素読ハ三失以下ヲ恕シ合格。

一等

読方・講義——四書・礼記・近思録・二程治教録・史記・漢書・後漢書

方法——試学（春ハ一時《（二時間）》、秋ハ一時間《（三時間）》半）四書ノ内一ヶ所、礼記、近思録、二程治教録ノ内一ヶ所、史記、前後漢書ノ内一ヶ所、各一枚ヲ読マシメ、五失以下ヲ恕ス、講義ハ経書一ヶ所ヲ恕シ、歴史ハ失ヲ恕サズ、合格ノ者ハ更ニ本試ヲ行フ。

〔高等教育〕　大学生、講釋生

大学校　（一等の試に合格した者、本試を受験する資格を有す）

下等

講義、作詩文、論説、訓点等、行儀ヲ正フス

試学——経史各一枚、詩絶句一首、文章復文一章ヲ試ミ、読法三失ヲ恕シ、講義一失ヲ恕シ、詩ハ韻ハ勿論、平仄ノ誤ヲ許サズ、文章布字ノ誤二ヶ所ヲ恕シ、合格ノ者ハ中等へ進ム。

中等

試学——儒者、適宜ニナサシム。経史各一枚、詩律一首、文章一題。

上等　（内容は不詳）

その課業日課は教則によると、

朝五ツ半時《(九時)》ヨリ四ツ時《(十時)》迄読書、四ツ時ヨリ九ツ時《(十二時)》迄習字、九ツ時ヨリ九ツ半《(十三時)》迄休息、九ツ半時ヨリ八ツ半《(十五時)》迄武術稽古。

とあって、所謂、「朝文夕武」の日課である。

また、文武の修業について、諸則に、

生徒ニハ必ス文武両道ヲ兼修セシメタリ、文学ト武術トノ程度比例ハ、大学校試学ヲ卒ヘタル者、武術ノ免許ヲ得タル者ニ相当スルノ法ナリト雖トモ、其一科専修ヲ許サス。

として、文武兼備の士を目指した。この点、時習館と趣を異にし、幕末維新の会津戦争などに見る奮戦はここに由来するものであらう。

さらに、文武が家督相続の際に関係するところは、時習館と同様である。

家督相続節、定ノ格ニ至ラサレハ、小普請料ヲ徴収スル、一般皆然リ。加フルニ知行五十石以上ヲ除クノ外ハ、相続ノ際、扶持ヲ減ス。然レトモ講釋所生ニ昇リ、武術数藝ノ免許ヲ得ル者ハ、小普請料ヲ免恕スルノミナラズ、扶持高ヲ減スルコトナシ。故ニ大ニ名誉トスル所ニシテ、若シ此ニ至ラサレハ一般自己ノ耻辱トスルノ風習アリ。

とあって、子弟の学業の良否は、まさに一家の浮沈にか〻るほどのものであった。

次に、水戸弘道館の課業についてみていくことにする。

文館には、居学・講習・句読の三寮と、寄宿寮の四寮が置かれ、生徒は一応の試験を受け、学力に応じて、それぞれ三寮に配分されることになってゐた。その課程は、次の様であって、時習館・日新館と同様複合等級制といはれるものである。

〔初等教育〕素読生

句読寮（天保十二年十一月十六日に廃止、素読は家塾へ移す）

素読——孝経・四書・五経

方法——素読シタキ者ハ早朝ヨリ句読寮ニ詰、素読終リ文義略々通ズル者ハ講習寮へ進ム。但シ、素読の者ハ十五歳以上に拘ラズ。

〔中等教育〕

講習寮（講習生）凡そ十五歳前後。

会読生　初メテ館ニ入ル者、経史ノ講読ヲ課試、文義スデニ通ズル者ハ進級。
輪講生（輪講・講義）　首メニ論語、次ニ孟子、次ニ春秋左氏伝ヲ課試シ、其優等ニシテ性行謹厚ナル者ハ進級。

〔高等教育〕

居学寮（居学生）　凡そ十九〜三十三才位(12)　輪講・講義、作詩文、自主研究、

〔特別教育〕

寄宿寮（寄宿生）　安政四年本開館式後より実施。

　方法――御小姓寄合、三百石以上ノ嫡子、十八歳以上、一ヶ年ニ三ヶ月ツヽ、昼夜詰切、文武修行。

　目的――辛苦ヲ試、下情ニ通シ、行々重キ御用ニ立ツタメ。

公子会読　烈公ノ子弟ヲ江戸藩邸ヨリ水戸ニ移シ、弘道館ニテ教育。

次に、輪講・会読の月ごとの回数や日程について表にしてみよう。(13)（次頁表参照）

また、総教以下の教職による毎月の講義は次の様になってゐる。(14)（三三五頁表参照）

この講義の様子について館生の一人として実際に聴講してゐる名越漠然翁は次の様に記してゐる。

弘道館の教課に於て輪講会読の重要課目たるは勿論であるが、最も荘厳にて教学の権威ともいふべきは総教初め教官の講義である。是れは今でいへば修身倫理の課とも謂ひつべきもので、実に立派なものであった。

場所は館の正庁即ち上覧場で、総司・奉行・役々列席の上聴講者は一面に着席する。正面上段の席即ち床の間には館記墨榻の大書幅を掲げてある。其の前に一個の見台が出て居る。やがて皆揃った所で教官が上段の後から出て来て見台の前に着席する。一同黙礼する。やがて書冊を見台の上に開き講義が初まる。一堂水をうったる如く静粛にして謹聴する。一言一語微細に領得せらる、のである。

（『水戸弘道館大観』）

生徒		方式	回数	実施日	内容	教官
公子		会読	三	三の日（三、十三、二十三）	孝経・論語	総教
居学生		輪講	六	二・七の日（二、七、十二、十七、二十二、二十七）	詩経・書経・礼記	教授・助教
講習生	輪講生	輪講	六	四・九の日（四、九、十四、十九、二十四、二十九）	四の日（論語・孟子） 九の日（春秋左氏伝）	助教・訓導
	会読生	会読	七	三、五、十、十八、二十、二十一、二十五、	孝経・四書	訓導

日	時間	教官	聴講者
三	午後二〜四時	総教	布衣、物頭、布衣の嫡子、次男、物頭の嫡子、御役方、平士迄
一八	同	教授	
二一	同	助教・訓導交番	
八	午前十〜十二時	総教	平士の当主
二三	同	教授	
二六	同	助教・訓導交番	
一三	同	総教	布衣の三男以下、物頭の次男以下、平士の子
二八	同	教授	
六	同	総教	居学生
一一	同	教授	
三〇	同	助教・訓導交番	
一六	同	同	講習生

六　日課と課業期間

日課については、天保十二年の課業日割等の令達の中に、(15)

一、刻限之義は辰上刻より申上刻迄を一日と定、卯刻より未刻迄詰候義、勝手次第に候、尚又一

日を晝前晝後と半日宛、順々に致二稽古一候様割合可レ申候

とあり、今の時間にすると、午前は八時から十二時、午後は十二時より十六時までとなる。

この外に夏季時間といふものがあった。

天保十三年五月十二日の弘道館師範への達に、[16]

一、文武修行之族、日長并炎暑之節、御定刻之通ニ而ハ、却而惰気ヲ生し可レ申哉ニ付、炮術之外、以来四月朔より七月晦迄ハ、午前引ニ相成候条、其旨相心得門弟中えも可二相達一候

また同年七月廿六日には、

一、弘道館刻限之儀ニ付、被二申出一候趣有レ之候処、右者是迄之通、八月中九ツ時引ニ相成候間、其旨御心得宜御取扱下レ被レ成候以上

七月廿六日　　大場弥右衛門

青山量介様

会沢恒蔵様

とあり、これによれば、四月朔（一日）より八月晦（三十日）までは、午前中（九ツ時＝十二時）のみ課業となった。

また『水戸弘道館雑志』の「就学升級の法」には、

一、生徒修業は、朝文夕武の法とす。（中略）時刻に後れて入るものは皆半課とす。但炎暑の日

は、午時（十二時）或は巳時（十時）を限り、文武同刻とす。

とあり、これが定例となったものと思はれる。(17)

次に修業期間についてみると、先づ、身分と年令により課業日数に等差のあることを特色とする。(18)

十五日	布衣以上並びに三百石以上の当主・嫡子
十二日	右の身分の次男・子弟等
十二日	物頭並びに百五十石以上の当主・嫡子
十日	右の身分の次男以下
十日	諸士以上の当主・嫡子
八日	右の身分の次男以下
勝手次第	諸士以下、召出以上の当主・悴 但、右以下、同心まで、武藝に出席を許す。学問は願の上、人物により出席を許す。

年齢による等差を十五日詰の場合でみると、

十五歳以上　十五日
三十歳以上　七日
四十歳以上　課を免ず

尚、四十歳以上は課業を免ぜられてはゐたが、卒業といふことではなかった。先の天保十二年の課業日課の令達の中に、(19)

四十歳以上之族、可レ成丈学問之義理相辨、且武藝之族も時々相試、萬一之節、息合等差支無レ
之様、可二心懸一候

とあって、その後の心構えについて述べられてゐる。

文武不岐の目標を掲げた弘道館では、文武の学習の方法について次の様に定められた。

天保十二年八月の御用留に、[20]

一、文館え不二相詰一、武場え而已相詰候而も精星ニ罷成候様心得候由ニ而、問合之族も追々有レ之候所、我々心得ハ文武当分ニ相詰不レ申候而者不二罷成一事之様ニ相心得罷在候処、如何之御儀定ニ可レ有レ之候哉

との伺に対し、「付ヶ札」を以て回答が出されてゐる。

〔付ヶ札〕本文之通ニ而可然候

但、屹ト当分と相成候而ハ窮屈ニ相成、却而修行不二行届一候様可二相成一候間、用捨勘弁有レ之可レ然事

この様に文と武とを等分に学ぶことを原則とし、文館と武館へもなるべく時間的にも均等になる様にと奨励してゐる。

七　出席調査

生徒の出席の調査は厳重に行なはれた様である。この出欠日数と平日の挙動を勘考して、優秀なる者には役職の昇進や、加俸、上下《かみしも》地・袴地などの賞が与へられ、怠る者は罰せられた。

当初、日々の出欠は史館方で取扱った。

天保十二年七月廿五日付の御用留に、[21]

　御目付方伺出ニ付、左之通付札ニ而御達ニ成。

　一、文武修行之族、役所へ届之儀、先ツ此節史館方役所ニ而取受可レ申候処、届振之儀ハ何レも出仕之節、面々手札を以役所へ相届（下略）

としてゐたが、天保十三年正月の教授頭取方よりの役所への御用留によると、史館方より目付方の取扱ひになったことが知られる。[22]

　此度文武出精書取調之義、御目付方取扱ニ相成候上ハ、於二文館一ハ居学講習素読三寮之手札取受付候、御目付方え相廻し候ヲ、御目付方ニ而夫々相記置、月末ニ至、同所ニ而取調候儀と奉レ存候所

文武生徒の出席調査が目付方取扱ひとなった上は月末の集計も同所にて取行なふものと理解してゐ

たが、さうではなかったといふのである。

御徒目付より我々手元調勤之方へ対談ニハ、文館精星之儀、武藝指南之方ニ而取調候同様、文館ニ而取調指出候様申聞候趣ニ御坐候

武館でやってゐる様に、文館でも取調べて目付方へ提出せよといふのである。

然ル所、武藝之儀ハ一稽古場之人数、百人前後歟、乃至弐百人ニハ過不レ申、世話役五六人或ハ七八人程ニ而取調候故、調も行届候所、文館之義ハ、三寮之惣人数、大図千餘人も可レ有レ之候間、手元調勤両人ニ而、片手業ニハ中々以行不レ申候、

文館は武館と違って人数も千余人に及びとても片手間には出来ないと云ひ、これまでは当座の事として、句読師や舎長まで手伝はせてゐたが、

句読師迚も小給之者、日々早出仕候上に餘計之持前有レ之候而ハ取続兼と申、舎長迚も折角、学問ニ志し候而、文館え相詰候者ヲ、精星等ニ計為二隙取一候而ハ、人才御教育之御主意相当不レ仕

として、「惣而御目付方、持前ニ相成候方、御居宜敷候様奉レ存候」と申し入れた。

この教授頭取からの申し出に対して、藩庁から「付ヶ札」での回答があった。それによれば、日々の出欠は文館で出精帳へ記入して置き、惣日数については、新たに出来た弘道館坊主に取調べさせよといふのであった。

これについて更に教授頭取よりは付ケ札をもって申し入れをしてゐる。

一、（前略）出精調方……坊主共取扱候而ハ手軽と相成、於二事体一如何敷奉レ存候間、居学生抔之内より世話役御立ニ相成……

一、坊主共……弘道館ニ於て、仮名書本、致二読書一候者罷出候寮え指出候御記録物之書、写申付置候

この出席の調査は坊主では手軽の扱ひとなり、坊主も他に仕事があると異議を申し立ててゐる。そこで、天保十三年正月廿四日、藩庁より教授頭取に対して、出席取調役として、弘道館坊主とすべき七名の者を選出して、

右之内ニ而弘道館坊主、被二仰付一候人物有レ之間敷哉、目論申出候様

とのことであったが、これに対し、教授頭取から、

右之通御懸有レ之候所、筋之調も不レ調ニ而文武出精帳、浪人之部より書抜御懸ニ相成候様ニ相見へ、得ト不レ致義故、いつれも不レ可レ然旨、口上ニ而申出候由、

と申出た。即ち、この七名は浪人の部から適当に抜書きした様であるが、身元の調査も済まず、納得できないので、坊主取立てには同意できかねると云ふものであった。

この様な弘道館当局からの強硬な申し入れに対し、藩庁も止むなく、総べて目付方で取扱ふことにした。それは、

一、寅四月十五日、弘道館文武出精取調之儀、且又日々手札取受、出精帳へ相記候、旁都而御目
付方え被二仰付一候旨達ニ相成候

といふことである。

少しく長い引用をしたが、これによって、弘道館の教授頭取（総教）が藩当局に対して充分の主張をし、その厳しい応酬の末、次第に諸々の規定が確立されて行った様子を知ることができよう。

八　句読寮と家塾

次に句読寮と家塾との関係について見ることにしよう。

天保十二年七月十五日に令達した「文武生徒の課業日割」の中にも、[23]

学校ニ而致二素読一度族は早朝より句読寮え相詰素読可レ致候
但素読之族は十五歳以上に不レ拘候

とあり、また同日、「教職之族へ」の令達にも同様の趣旨が申し渡された後に、[24]

句読師出席、句読を授可レ申事
但、居学寮諸生之内より順番ニ出席可レ致二手伝一候

といふことで、八月一日の開校と共に直ちに二日から句読教授が始まった。

この句読寮への出席希望者が非常に多くて応対に苦慮するほどであった。

同年八月八日、烈公が弘道館へ臨館した際、教授方へ種々の指示を与へた後、訓導の国友与五郎を召して、[25]

素読之者、追々相殖、句読不㆓行届㆒趣ニ候所、何そ宜敷了簡ハ有㆑之間敷哉と御意被㆑遊候

といふ下問に対して、国友は、

舎長并居学生之義、定而近日被㆓仰付㆒候儀ト奉㆑存候へハ、追々手も殖え御行届可㆓相成㆒哉之段申上候

と返答申し上げた所、「成程左も可㆑有之旨」との御意であったといふことである。

なほ、その際、烈公は二十五歳以上の無学の者の為に、軍書寮を設けて仮名文を読ませることなどについて指示を与へてゐる。それは教授頭取への次の様な令達の中に示されてゐる。[26]

初老半白の者まで大学の素読より教候様にては、句読師も中々引張足り申間敷候へば、右様の者は、太平記、盛衰記又御代々の事等認候書、或は武道初心集抔の如き仮名文の書を見せ、講釈のみにて素読致し不㆑申候共、大意は呑込申候

この「初老半白」の者の年令は、同年八月十六日の令達に、安食善八郎[27]を、

右、三十歳以上かなかき本読之者、引廻し方之事

といふ役に仰付けてゐることによって知ることができやう。

その後も句読寮へ出席する者の年令上の制限をしていった。

即ち、同年十月十二日の「伺出」に対して、「廿五才以上素読相除候而可レ然候」といふことになり、そして、同年十月廿九日には、「廿五歳以上勝手次第」との決定を、諸向に対して令達した。[28]

この様な経緯の後、遂に同年十一月十六日をもって、句読寮での教授を廃止し、総て家塾へ移すことになった。[29]

さて、家塾での教育は形式上弘道館の附属物のやうではあるが、塾生は初学立志の年頃の少年であり、従って学問の筋道を立て、道徳の基礎を養ふ時に当り、至って大切なものであった。

天保十二年十一月十六日より、弘道館の句読教授が一切家塾へ移されることになったが、当時すでに城下にいくつかの私塾が置かれてをり、それによる混乱は余りなかったことと思はれる。

しかし、弘道館教育の初等教育の役目をもつことになった家塾は、その相互の立場、役割について、種々の規定が整へられることになった。

天保十三年六月十日の令達に、[30]

一、素読了候者四書五経長少ニ不レ拘講習寮え移り読書致候様、頭取衆より御達ニ相成事

とあり、順調に家塾の教育が行はれてゐたことが知られる。その後、間もなく出されたと思はれる「伺書」があり、それにより大よその様子が分かるので次にあげてみよう。[31]

先づ、家塾の指定について、

根本五六郎等四五人之者、家塾被仰付候ニ付、宜敷様ニも候へ共、左候而ハ四五人ニ限り之姿ニ
而狭く相成可レ申哉、

として、反対の意見を申し述べた後、

是迄四五人之外ニも最寄々々ニ夫々指南も有し、師弟之道ハ面々好之方へ随身仕候儀、人情ニ叶
申候所

として、今迄通り、自分の好みの師範について教へを受ける方が人情に叶ふとしてゐる。

さうでなければ四五人之外ハ全く私之勝手ニ而指南致候様ニ而ハ門人よりも侮ヲ受け、師道難レ
立可二相成一候

となって、家塾の指定外のものは、「師道立ち難く」なってしまふといふのである。

弥張是迄之通、広く面々之好ニ任セ置、其内ニ而、御家中之門人二三人以上も当時出精之者、
有レ之様、勤ヲも繰合候様相成候ハヽ、相応ニ世話も行届可レ申哉。

としてゐる(32)。

次に家塾教師の時間の配分について伺をして、

一、家塾之儀、素読手習等指南之族、是迄之姿ニ而指置、助教訓導等之内、家塾有レ之者ハ弘道
館出仕日并刻限等相減、四ツ時出仕ニ仕、早出も一ヶ月ニ六度位ニ為レ致可レ然哉

といふ様に、弘道館への出仕時間は午前十時ごろとし、さらに月に六度ぐらいは本務から引抜けて在

宅して塾生の指導に当ることにしては如何としてゐる。(33)

また、塾生の出席の取扱ひについて、

一、指南々々より出精日数并面々読候書名等十五才以上以下を分候而為書出、十五才以上ハ一度を一時と立、弘道館日数へ組候事。

但家塾ハ半星と歟、又八十日を以学館之七日位ニ当り候割合抔ニ調候而可レ然歟

とし、さらに、家塾の世話役について、

一、家塾ニ而世話役相立候者ハ、十八歳以下之者之内ニ而、指南より申出、家塾へ罷出候日数ハ学館同様之日数ニ立候而可レ然哉

但世話役之分ハ半星等ニ無レ之、一日ハ一日と立候而可レ然哉

この様にして、家塾の体制が一応整へられてきたが、その後も、種々問題も出てきた様である。

その一つは、入門者と他門者の出席調査の取扱ひであった。

天保十三年十二月十六日付、藩庁より「教授頭取共」への令達に、(34)

家塾之儀御達ニ相成、出精書指南より指出候様相成候処、是迄之姿ニ而ハ、縦ハ甲之方入門致居候而も、次第ニ依候而ハ乙之方ニ而読書仕候類も、理屈而已ニ候へハ、入門之方ニ而読書仕候歟、又ハ読書仕候方へ改而入門致候歟ニ而可レ然候処、畢竟他ニ而致二読書一候儀も何歟指支筋有レ之候故之儀と相見、又読書仕候方より改而入門を申而ハ事立候様ニ而指支候向も可レ有レ之

といふ様な事態が出て来たので、それに対する取り扱ひは、

折角、読書ニ志し候者も又々怠り候様ニ而ハ不レ宜、学問之儀ハ何レも同しく聖賢之道を学候儀ニ而、同門他門と申而も分隔も無レ之儀と申、猶又此節、家塾も却而弘道館へ附属致候姿と相見候へハ、門人迚も格別自他を分候ニも不レ及、近頃ハ武藝迚も自他之差別ニ不レ拘、二流も改修行之者も出来候ニ准し、他門ニ而も弥張致二読書一方より出精書出候様相成候而可レ然哉と存候として、「当座指南之方より出精書ニ相加指出可レ申候」といふことになり、その際、自分門人と相分り候様、誰門人と申儀、片書ニ致二指出一可レ申と令達した。

その後、天保十四年正月の教授頭取への令達の中で、家塾の門弟、多人数となり、家塾教師の手伝ひとして、講習生、居学生の中より塾の先輩を差向けることを指示してゐる(35)。

この様な家塾の盛況によって、次第に弘道館へ進学する者も増加し、学問の進度によっては年少の者も館生となって行った様である。

これについて、天保十四年三月廿日の伺の中に(36)、

一、家塾より講習寮へ相進候族、文義等粗相分候上ニ而指出候義ニハ候得共、幼少之者五経素続相済候得ハ直ニ罷出度人情ニ而、餘リ幼少計多相成候而ハ、不行儀も難レ制候間、十五歳以下ハ家塾ニ而致二修行一、尤抜群之者ハ時宜次第と相成候而ハ如何可レ有候哉之事

とあり、この様な事情から、弘道館への入学年令も十五歳といふことになってきた。

これについて、安政三年七月に書かれた意見書の中に、(37)

入塾入学之事

一、八歳位よりハ家塾ニ入て読書習字をいたすべき事、先年之御達通りニ又々精々御世話有度事也、扨文武とも器用成とも十四五歳迄ハ宅ニ修行いたし、十五歳より学校へハ入べき事と定むべし、左なくハ混乱して壮年之者之妨ニ成のミならず、少年のもの習字素読も怠り且初年より人ずれして藝ハ達ても人物を誤るなり、此弊此節甚し。

といふ様なことで、本開館式の頃には、『水戸弘道館雑志』の「就学升級の法」にある如く、「年十歳に及べば必ず家塾に入」「年十五に及ぶ比に」試練の上講習寮に入らしむといふ規定が確立されていったものと思はれる。

九　寄宿寮

次に実施が延期されてしまった寄宿寮について少しく觸れておきたい。

先にも述べた様に、寄宿寮は、御小姓寄合並びに三百石以上の嫡子で、十八歳以上の者が一ヶ年三ヶ月づつ寄宿して文武の修行に勤めるものである。

その目的は「下情に通じ、行々重き御用に立候様」とのことであった。もっとも、三百石以下でも寄宿を願ひ出る者には入寮が許された。

この様な方針のもとで準備が進められるのであるが、当時の御用留などの史料によると次の様なことであった。

天保十二年六月十五日、教授頭取への藩庁よりの御達に、[38]

一、三百石以上悴々之儀、寄宿被二仰付一候義、嫡子のみにて、可レ然哉、若又二三男之儀も同様被二仰付一可レ然哉

とあって、二三男の入寮も検討してゐる。

同七月廿日の教授頭取からの伺書には、

一、学校所々稽古場、寄宿寮え三ヶ月ツ、詰切罷立候族、食事焚出被レ下振之儀、取調左ニ相伺候。

とあり、これに対し「付札」にて、「都而伺之通」との回答があった。そこで食事の細部に及ぶ検討が始まるのであるが、同伺書に、

一、寄宿之族

壱飯弐合別ニ而、三飯朝夕汁付、夜食焼味曽、

但、朔望等式日ニハ朝斗軽キ品

とある様な具合である。この他、行燈の油、火鉢の炭、土瓶、茶碗、机、筆墨の類から、食事係として、小役人二人、小間遣二人、荒子三人といふ様に、用意万端進められて行くのである。

また同年七月の教授頭取の伺書には、

一、布衣以上子弟、寄宿寮へ相詰候外、平日学問ハ諸生同様三寮へ相詰候哉

一、寄宿寮　飯米……御勝手懸吟味役相心得候

飯米之儀ハ三百石以上、壱ヶ月壱人半ふちッ、右以下願出候族ハ壱人扶持指上候筈ニ候

とあり、寄宿寮生の費用は官給としたことが知られる。

同七月廿五日の伺書には、

一、部屋之寄宿之族、何人詰ニ被二仰付一候哉、壮年之族ニ有レ之候へハ、行燈、寒気之砌、火鉢不二相用一候而ハ、夜中読書等致候義、難儀ニ可レ有レ之と存候間、火鉢ニ限り相用候儀ハ御免被レ遊、其外厳敷制禁被二仰付一可レ然奉レ存候

付札

本文寒気之砌、火鉢相渡候筈ニ候、たはこ之儀不レ苦、火之元大切ニ致候様、御役所より時々相触可レ然候

とあり、寒中の火鉢や煙草についてまで細かく規定して行った。

この様に、大体七月廿五日頃までに、寄宿寮に関する諸規定が決定し、八月朔日の開館を待つばか

りとなったのであったが、何故か寄宿寮の活動は始まらなかった。

その理由とすべき史料は見当たらないが、恐らくは、自宅から通学する場合と違って、三ヶ月間の寄宿となると、それ相当の準備や覚悟が必要であったらうし、また、大身の恵まれた子弟のことであり、本人のみならず、家族の思惑もあって規定通りに実施に踏み切れなかったものと思はれる。

そのことは、本開館式を前にして、諸家の意見を徴した中にある、次の様な意見書によっても察することができやう。(39)

寄宿寮の事

一、寄宿の事、追々六ヶ敷事説もあり、実にさる事なれ共、折角仰出されたる事にて一度も行ハず止むるも惜しき事なり、（中略）扨寄宿の行方に一術有り、此を初むるハ、大臣子弟遊墮之儘、甚難義ニ思ふべし、先小臣の願ふものより、先へ入ルべし、先年も願たるもの数人有りと承る、此度も御達に成たらハ願人あるべし、小臣子弟入りたる後に、大臣子弟を入りたらハ誰も異議ハ申すまじ、姑息の策のよふなれとも、兎角、事ハ仕方に有るなり、押而彼是申すものハ罰を加ふべし。一時は苦敷よふに思べけれ共、常にならハ楽んで入るよふに成べし、されば初め之処大切なり、必浮説に動かされず、断然として行ふべし、数年後、必益を得る事なり

この様な積極的な意見もあって、安政四年の本開館の後、実施されるに至った。

十　礼儀作法

礼儀を正しくすることは道徳の基本であり、師道の確立といふ教育の原点であって、極めて大切なものである。

時習館に於ては幼儀師（故実師）を置き、習書の相間に、武田・小笠原の二流を以て、礼法の指導を行なった。それは曲礼・少儀・弟子職の類から、父兄に事へる坐立進退視膳などに及ぶものであり、徳行の基とした。その意義を次の様に述べてゐる。(40)

木ヲ植ル者ハ十年ノ後ニ利アリ、徳ヲ種ル者ハ百年ノ後ニ利アリ、士ヲ誨ルモ亦爾り、已上ノ如クヲシヘ成サハ、二三十年ノ後ニ成立シテ、風俗一変、人倫始テ明ニシテ国用ニ供スルニ足ラン、

この様な礼法指導は、日新館でも行なはれ、「礼式」の科を設け、小笠原流を以て、毎月二回、十二才より入門させ、等級を追って学び、定の格に至りて退学を許された。(41)

ところで、弘道館では「諸礼教師」の職を設けたが『水戸弘道館雑志』にある如く、

諸礼は未だ之を実行せず。故に教師を置かず。

といふことであった。

しかし、特別の教師を置き、時間を設けての礼法指導はしなかったが、教職をはじめ、舎長まで日

常の指導として重視してゐた。

教職に与へた令達の中から、関連するところのものをあげてみよう。(42)

天保十三年九月十五日、「舎長中え」として、

一、於弘道館舎長勤方之儀ハ、去秋中相達候振も有レ之候所、近比、居学講習両生之内ニ者、怠惰之者も有レ之趣、猶又幼少之諸生等者、行儀作法等、心得不レ申向も有レ之趣ニ候間、行儀取締方等之儀、厚く心ヲ用、勿論平日之行跡等も心ヲ付、助教訓導等よりも存分申合、萬端行届様候様、出精可レ被レ致候

とあり、同年九月十六日の「教職中え」には、

一、居学講習寮之儀ハ、各始日ニ相廻、諸生より疑義質問候ハ、相答、猶又勤惰をも吟味致候様相達候振も有レ之候処、近比慢リ候様相聞候ニ付、各始申合精々相廻り候様御達之事

とあり、さらに、同年十一月十六日、「教職并武藝師範之面々え」として、

一、専教場修行之族、平常共、坐作応対等、礼譲ヲ本とし、出入之節も、長幼之席不二取失一候様、精々門弟中えも教諭可レ致候、

として、度々、その指導についての令達を出し、教職にその督励を申し渡してゐることが分る。

そして、これらの方針が安政四年の本開館に当って定められた「入学規則」の中に明記されるに至るのである。

一、文武諸生は御記文之深意相心得、孝悌忠信を専ら心懸可レ用事
一、師長を敬し、長幼之序を不レ可レ乱事。
一、行儀を慎、礼譲を不レ可レ失事。

ここに、教育するに当って、考へなければならない根本問題がある様に思はれる。

をはりに

水戸弘道館の規模・構造については、時習館・日新館をはじめとする全国の藩校との比較によって、およその位置づけをしてきた。

また、教育課程などの学制については、既に明らかにされてゐる所に基づいて、一通りの紹介をしてきたが、さらに、それらの諸規定が制定されるに至った経緯についても触れてみた。

しかし、水戸弘道館の特色は、規模・構成が雄大で、内容が整備されてゐただけではない。その革新的な建学の精神を掲げ、天下の魁としての気概を天下に示すことにより、全国の藩学の指標となり、大きな影響を与へるに至り、遂に明治維新の大業を導く原動力となったことである。さらに明治以降も、種々の教育的諸政策に、多大の感化影響を及ぼしたことも特筆すべきことである。

なほ、紙数の都合で、講習別局、居学寮のことなどを省略した。

また、教職員の組織、武道教育、医学館、天文数学等については他の研究に委ねた。また、「学制略説」に見られる周制の影響、詩経にみられる泮宮、泮林との関係、シナ学制と日本の学令との関係については後編に譲ることにした。

註

(1)『水戸弘道館雑志』昭和十六年、水戸市教育会、四十一年、弘道館事務所長、小泉芳敏氏、再刊。
『水戸弘道館大観』昭和十九年、茨城出版社、昭和五六年復刊、常陸書房。
(2) 石川謙博士『日本学校史の研究』昭和三十五年復刊、日本図書センター。
笠井助治『近世藩校の綜合的研究』昭和三十七年刊、吉川弘文館。
(3) 笠井・前掲書、六〇頁。
(4) 北條重直『水戸学と維新の風雲』昭和七年、東京修文館刊、八四頁。
(5)「弘道館御用留二」天保十年より十二年、茨城県立歴史館蔵。
(6)『日本教育史資料』六、巻一七補遺、一七五頁、明治二十五年、冨山房刊。
(7) 石川・前掲書、二四三頁他。
(8) 笠井・前掲書、一六頁。
(9) 石川・前掲書、二六八頁。
(10)『日本教育史資料』時習館は六冊（四九一頁）八冊（二〇一頁）、日新館は、一冊（六八〇頁）、四冊

（一五八頁）以下、学制等はこれによる。
弘道館は『水戸弘道館雑志』による。
(11) 石川・前掲書、二六六頁。
(12) 「弘道館御用留」第一の甲（茨城県立歴史館蔵）所収の居学生選抜名簿より算定（天保十二年）。
(13) 『水戸弘道館雑志』『水戸藩史料』別記下、二八九頁　天保十二年七月十五日令達の「課業日割等」より作成。
(14) 『水戸弘道館雑志』の「授業課試の法」によると、講義回数が、総数七回、教授一回となつてゐる。今は『水戸藩史料』別記下、及び『水戸弘道館大観』に従ふ。
(15) 『水戸藩史料』別記下、二八九頁。
(16) (20)(21)「弘道館御用留」第一の甲、所収。
(17) 『水戸弘道館大観』（一七三頁）には、「夏季土用中暑気酷烈の際は、文武とも午前だけ、或は午前十時（巳の刻）までとする」とある。
(18) 表は『水戸藩史料』別記下、及び『水戸弘道館雑志』より作成。
(19) 『水戸藩史料』別記下。
(20)(22)「弘道館御用留」一、所収。
(23) 『水戸藩史料』別記下、二八九頁。
(24)(25)(27)(28)(29)「弘道館史料」一　彰考館所蔵。
(26) 同前、『水戸藩史料』別記下、二九二頁。
(30)(35)(36)「弘道館御用留」第一の甲　茨城県立歴史館所蔵。

(31)(34)「弘道館御用留」別録　茨城県立歴史館所蔵。

(32)(37)安政三年の意見書（石河幹二郎）の「家塾之事」の中に、「今の通り勝手にせバ無制度之よふ成れ共、又小人之世ニ君子も廃せられず、此治乱を慮りて之事なり」とあり、本開館までこの様に実施されてゐた。「弘道館史料」二ノ下、彰考館所蔵。

(33)『水戸弘道館大観』（一九八頁）により「早出」の意味を「本務より引抜けて」とした。

(38)(21)に同じ。以下引用の史料も同じ。

(39)「弘道館史料」二ノ下、彰考館所蔵。安政三年、石河幹二郎の意見書。

(40)『日本教育史資料』八冊、二〇六頁。

(41)前掲書　一冊、六八三頁。

(42)「弘道館御用留」第一の甲、所収。

〔史料紹介展〕（これは昭和六十一年度茨城県立歴史館の「史料紹介展」における解説文である。再録に当り、旧仮名遣ひに改めた。）

十一　江戸時代の教育
――藩校を中心として――

一　史料紹介展の開催にあたって

当歴史館では、毎年、旧水農本館において「史料紹介展」を開催してをり、今年で十一回目を迎へる。主旨は、歴史館で収集・整理し、公開してゐる史料を紹介展示して、広く県民の活用に供するためである。

今回のテーマは『江戸時代の教育――藩校を中心として――』と題して、茨城県域内にあった諸藩の教育政策、特に藩校（藩学）についての史料を紹介展示することになった。

江戸時代は一般に慶長八年（一六〇三）徳川家康の将軍宣下《せんげ》より慶応三年（一八六七）大政奉還までをいふが、今回は特に明治四年（一八七一）七月の廃藩置県に至る藩政時代を含むことにした。こ

359　江戸時代の教育

茨城県域における藩校

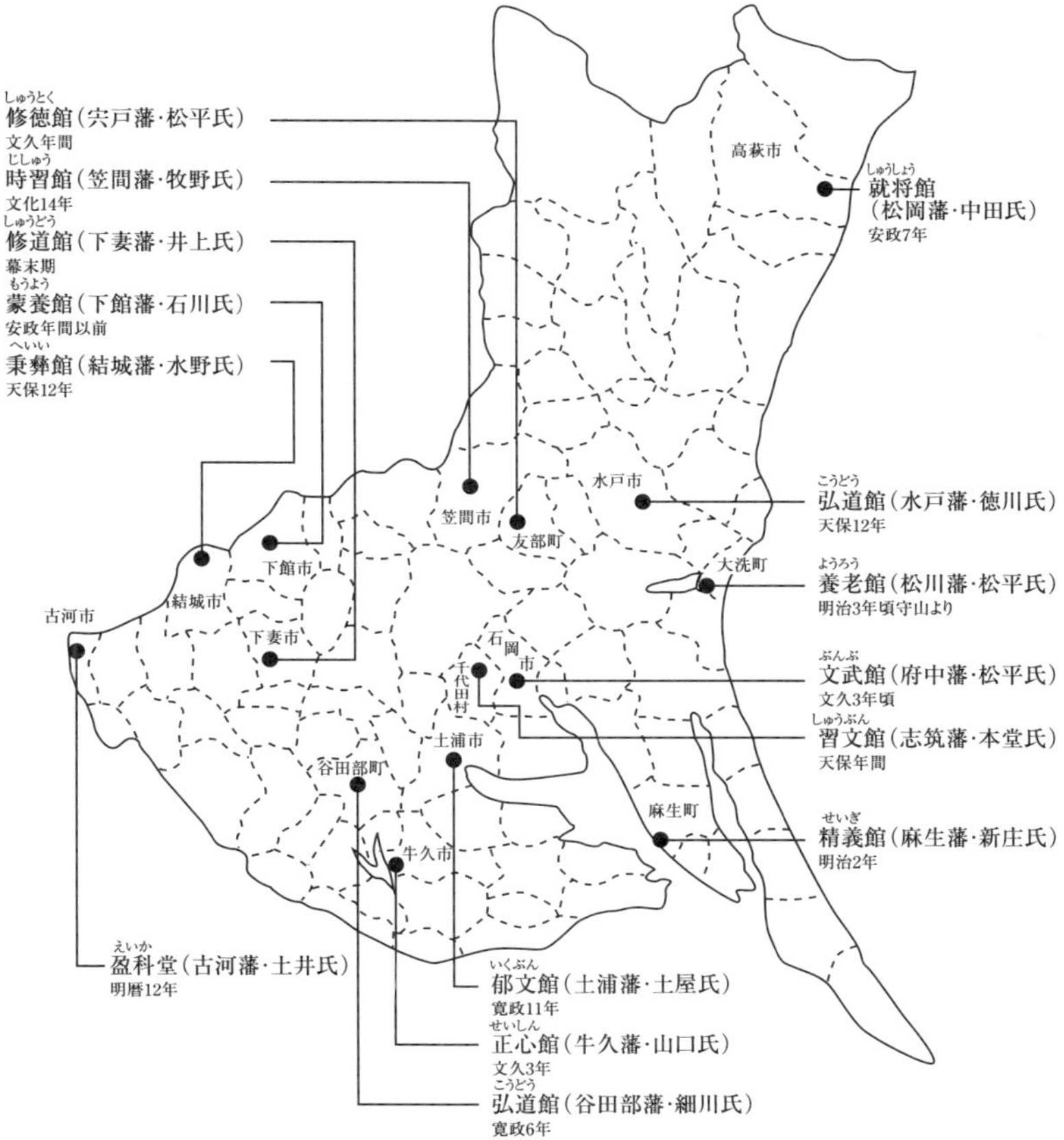

の年は藩校の終焉を意味するとともに、翌五年八月には学制頒布があって、近代教育が開始されるからでもある。

県内には明治四年の時点で十六藩あり、藩校は竜ヶ崎藩を除く十五藩に設立されてゐた。藩校の研究家、笠井助治博士の『近世藩校の綜合的研究』には、全国で二九四校の藩校が確認されたとしてゐるが、それでも茨城県内の藩校としてあげているのは、古河、谷田部、土浦、笠間、水戸、麻生の六校のみである。

今日、藩校研究の基本的文献とされてゐるのは、明治十六年に文部省が編集した『日本教育史資料』であるが、県内に関するものは、古河、土浦、笠間、水戸、麻生の五藩校と一部の郷校の史料が収録されてゐるだけである。しかも、当時すでに多くの史料が散逸し、その全貌を明らかにすることは困難であったが、それでも今日では、編集時の史料さへ詳かでないため、極めて貴重な記録といへる。従って、その他の史料は、各地に所蔵されている古文書の中から関連する史料を探って補足することが必要となる。これらの調査は、すでに一部の研究者や市町村史の編修の過程において実施されてゐるが、しかし、地域的に限定され、未だ全県的な段階には及んでゐないのが実情である。

今回の史料紹介展では、この様な現状をふまへて、多くの方々の協力を得て、広く県内の史料を探り、その基本的な史料を展示することにした。展示史料は、主として本館が所蔵し、公開してゐる原文書と撮影焼付版による収集史料及び借用史料である。

この史料紹介展を一つの契機として、関係史料の発掘と収集が進展し、県内における藩校教育の実態がより一層解明されるやう願ってゐる。

二　江戸時代の教育

わが国の教育制度は遠く七世紀の中頃、天智天皇が近江の大津京に初めて大学寮を置いた時にさかのぼる。やがて、大宝令（七〇一）に至って学制も整備され、中央に大学寮をおき、上級官吏の子弟と史部《ふひとべ》の子弟とを教育した。一方、地方には国学をおいて地方官吏（郡司）の子弟等を教育した。しかし、平安時代の中頃から大学寮も次第に変化し、教育は教官を務める菅原氏や大江氏などの博士家の家学となり、学問は秘伝、伝授を重んずる封鎖性が顕著となってきた。

中世に入ると、学問、諸藝は一層「お家」化し、学問の公開を原則とする塾や学校の成立する余地はなかった。わずかに「坂東の大学」としてヨーロッパにも知られた下野の足利学校や、武蔵の金沢文庫における講説が行はれてゐただけである。

近世は「学問の時代」ともいはれる。その学問の中心は儒学であった。儒学は孔子の言説を中心とした修己、治人の教へであり、仁をもって諸徳を総括し、修身、斉家より治国、平天下を致すことを本旨とした。この儒学の教説が、階級的秩序と尚古的保守を尊重するものであったので、江戸時代封建制度下の教学として最も適合したものとされ、幕府の文教政策によって弘められた。

徳川家康は慶長十年（一六〇五）藤原惺窩《せいか》の門人林羅山《はやしらざん》を招いて政治、外交上の顧問として優遇した。羅山は寛永七年（一六三〇）上野忍岡《しのぶがをか》に家塾弘文館を建て、ついで聖堂（孔子廟）も備へるに至った。元禄四年（一六九一）五代将軍綱吉の発意で、聖堂と学舎を神田湯島の昌平坂上に移築し、孔子を祀る釈奠《せきてん》の儀式を盛大に挙行した。また、享保三年（一七一八）から定期的に講釈を開いて、旗本、御家人に聴講を認めた（御座敷講釈）。寛政二年（一七九〇）老中松平定信は林家に対し、朱子学以外の学説の講究を禁じ（寛政異学の禁）、一方、講堂、学舎を増築して、幕府直轄の昌平坂学問所（昌平黌《しょうへいこう》）とした。同十二年から御座敷講釈も月に九日の定日とし、諸大名と旗本、御家人に限って聴講を認めるなど、大いに官学としての制度を整備し、権威を高めた。

このやうな幕府の文教政策に対応して諸藩においても文教に意を用ゐるやうになった。藩校での人材の育成は藩政改革の上からも急務とされたから、寛政期より天保期にかけて次第に盛んになり、幕末維新期までには、ほとんどの藩で設立されるに至った。

○ 藩校名の出典と藩校一覧

次に参考のため県域内の藩校名の出典と藩校一覧を掲載する。藩校には、それぞれの教育目標にふさはしい館名をつけたが、やはり儒学を中心とする教育の時代を反映して、儒学の書に基づくものが多くあった。

●藩校名の出典

藩名	藩校名	出典	原文
古河藩	盈科《えいか》堂	孟子	流水之為《タル》レ物也《ヤ》、不レ盈《レバミタ》レ科《アナニ》不レ行《カ》。君子之志《ス》二於道《ニ》一也《ヤ》、不レ成《レバ》レ章《サアヤヲ》不レ達《セ》。
谷田部藩	弘道館	論語	子曰《ク》人能《ク》弘《ム》レ道《ヲ》非《ル》二道弘《ムルニ》一レ人《ヲ》也。
土浦藩	郁文《いくぶん》館	論語	子曰《ク》周ハ監《カンガミテ》二於二代《ニ》一郁郁乎《コトシテ》文《ナル》哉。
笠間藩	時習館	論語	子曰《ク》学《テ》而時《ニ》習《フ》レ之《ヲ》不二亦悦《タシカラ》一乎。
水戸藩	弘道館	論語	子曰《ク》人能《ク》弘《ムレ》道《ヲ》非《ル》二道弘《ムルニ》一レ人《ヲ》也。
結城藩	秉彝《へいい》館	詩経	民之秉《トル》レ彝《ツネヲ》好《ム》二是懿《イ》徳《トクヲ》一。
松岡藩	就将《しゅうしょう》館	詩経	日就《ニナシ》月将《ニススム》学《テ》有《リ》レ緝《ツギ》二熈《アキラカナルコト》于光明《ニ》一。
麻生藩	精義《せいぎ》館	易経	精義入《リ》レ神《ニ》以《テ》致《ス》レ用《ヲ》也。
下館藩	蒙養《もうよう》館	易経	蒙《ハ》以《テ》養《フ》レ正《ヲ》聖《ノ》功也。（原典はこれであったが、後になり童蒙（子供）を教育する意味となった。）
下妻藩	修道館	中庸	修《ム》レ道《ヲ》之《ヲ》謂《フ》レ教《ト》。
宍戸藩	修徳館	詩経	聿《ココニ》修《ム》二其《ノ》徳《ヲ》一
松川藩	養老館	礼記	天子視《ル》レ学《ヲ》之年養《フ》レ老《ヲ》一歳《ニ》有《リ》レ七謂《ハ》四時皆《ナ》養《フナリ》レ老《ヲ》（『礼記』疏より）
牛久藩	正心館	大学	欲《スル》レ修《メント》二其《ノ》身《ヲ》一者《ハ》先《ツ》正《ス》二其《ノ》心《ヲ》一。
志筑藩	習文館		（文ヲ習フ）
府中藩	文武館		（文武ヲ磨ク）

●藩校一覧

藩名	藩校名	創立年代	藩主	石高(万石)	家格	学館記	文武教場	備考
古河藩	盈科堂	宝暦十二(一七六二)	土井	八・〇	譜・城	盈科堂創設記 他	文武	享保九(一七二四)肥前唐津創立
谷田部藩	弘道館	寛政六(一七九四)	細川	一・六三	外・陣		文武	茂木陣屋にもあり
土浦藩	郁文館	寛政十一(一七九九)	土屋	九・五	譜・城	(白鹿洞学規)	文武	
笠間藩	時習館	文化十四(一八一七)	牧野	八・〇	譜・城	時習館記	文武医	
水戸藩	弘道館	天保十二(一八四一)	徳川	三五・〇	三・城	弘道館記	文武医	
結城藩	秉彝館	天保十二(一八四一)	水野	一・八	譜・城		文武	
松岡藩	就將館	萬延七(一八六〇)	中山	二・五	譜・城		文武	明治元、正、二四大名となる
麻生藩	精義館	明治二(一八六九)	新庄	一・〇	外・陣		文武	
下館藩	蒙養館	安政年間以前	石川	二・〇	外・陣		文	
府中藩	文武館	文久三(一八六三)頃	松平	二・〇	家・陣		文武	享和四(一八〇四)学問所再興、明治二(一八六九)興風館創立
志筑藩	(習文館)	天保年間(一八四〇代)	本堂	一・〇一	譜・陣		文武	精于館の名あり
牛久藩	(正心館)	文久三(一八六三)	山口	一・〇	譜・陣		文武	
下妻藩	修道館	幕末期	井上	一・〇	譜・陣		文	
宍戸藩	脩徳館	文久年間	松平	一・〇	家・陣		文武	
松川藩	養老館	(明治三年頃守山陣屋より)	松平	二・九	家・陣		文武	明治三、十二守山より転入

三　茨城の藩校の特色

㈠　藩校の制度

県内の藩校十五校の中で、最も創建の早いのは古河藩（宝暦十二年、一七六二）で、ついで谷田部、土浦、笠間、水戸の諸藩と続き、最後が麻生藩（明治二年、一八六九）であった。これら諸藩の中で、松岡藩と志筑藩の成立は明治元年であり、守山藩（現福島県郡山市）が松川藩（現大洗町）と改称したのは明治三年十二月であった。

藩校の創設には、時の藩主の意向が強く反映してをり、水戸藩のやうに重臣らの消極論があった中で進められたところもあった。その創建の時期には前後の差が見られるが、創建以前においても各藩でそれぞれ藩士の教育が行はれてゐたことは諸例に明らかなことである。

例へば、水戸藩の如く光圀時代の史館講釈や綱條時代の祠堂講釈が続いてゐたり、松岡（藩）のやうに従前の文武館を「就將館」と命名したのが万延元年（一八六〇）であったり、麻生藩のやうに江戸邸を中心に行はれてゐた藩教育が、維新期に藩主や家臣が麻生に帰住するやうになってから改めて創建したところもあった。また、創建に際しては学者を招聘して藩儒とし、その意見をとり入れて学制を定めたりしたので、その藩儒の学風が強く反映してゐることが多い。古河藩では闇斎《あんさい》学派（山崎闇斎の学統、崎門《きもん》学）の稲葉迂斎《うさい》を招き、その子黙斎《もくさい》とともに教育に従事させた。迂斎は諸大名から敬慕され土浦藩主土屋篤直《あつなお》もその教へを受けた。その後、徂徠《そらい》学派（荻生徂徠の学統）の千葉芸閣《うんかく》が招かれたが藩風と合はず間もなく辞去した。また、仁斎学派（伊藤仁斎の学統）の原雙桂《はらそうけい》が招かれ、その子敬仲、折衷《せっちゅう》学派の孫の念斎と続いたが、その後は養成された藩士により教育されるやうになった。土浦藩では、古河藩の稲葉迂斎の学統をついで、闇斎学派の手塚坦《たん》斎とその門人が教授してゐたが、天保五年（一八三四）昌平学派（昌平黌、朱子学派）の藤森弘庵が招かれ教学を振興した。水戸藩では、光圀が大日本史編修の過程で各地より学者を招いたが、次第に大日本史の史観に基ずく独特の学風が形成され、天保の頃には水戸学と称されるやうになった。藩内には幾多の人材が輩出し、弘道館での教育にさいしては一人も他から学者を招かなかった。

藩校は文武両道を教育することを目標としたが、初めは主として漢学を中心としてゐた。天保十二年（一八四一）開館した水戸藩弘道館が初めから「文武不岐」を目標の一つに掲げたほかは、古河藩が安政六年（一八五九）の移築の際に教武所を併設し、笠間藩も同年新築に当って講武館を合併したのも、その一例である。

藩校の建学目標、或は建学の由来などを記したものが学館記であるが、独自の学館記を有する藩校は、古河藩の「盈科堂創設記」、笠間藩の「時習館記」、そして水戸藩の「弘道館記」などの三藩のみであり、他には土浦藩の如く朱子の「白鹿洞《はくろくどう》学規」を掲げたところもある。

藩校に孔子廟を建て正式に釈奠《せきてん》の祭儀を行ったのは水戸藩のみである。笠間藩では安政期に藩祖と孔子を祀る小祠を建て、二月に祭儀を行った。土浦藩では水戸藩主斉昭が揮毫した「孔子神位」碑を安置して祀り、結城、麻生の両藩でも、毎年春秋仲月丁日に釈菜《せきさい》（釈奠を簡略にしたもの）を行って孔子を祭った。また、藩校に孔子以外に学神として祀ったところは三藩だけである。水戸藩弘道館では「神儒一致」を目標として鹿島神社を勧請した。笠間藩では牧野氏の祖先神である宇倍《うべ》神（武内《たけのうちの》宿祢《すくね》）を祀り、土浦藩では武館に藩主寅直《ともなお》の揮毫した「武甕槌神《たけみかずちのかみ》」（鹿島神社祭神）の書幅を掲げて神霊を祀った。

(二)　藩校の教育内容

藩校への入学年令は各藩によって多少の相違があるが、概ね八歳から十歳までに文館に入学し、骨格が固まる十五歳前後から武術の稽古を始めてゐる。水戸藩のやうに十歳で教師の家塾に入り、十五歳で弘道館に入学する藩校もあった。また、修学終了年令に至っては、それ以上に相異があった。五〜十年程の在学年数のものから、三十歳まで（松岡藩）、五十歳まで（古河藩）或は四十歳までとしながら卒業とはせず文武の修業は続けて、一旦有事の事態が起った場合、いつでも役立つやうに心懸けよとしたところもあった（水戸藩）。当時は世襲の時代であったから藩士の嫡子は四十歳頃までには必ず何かの職に就くことが多かったので、在職の者は職務の余暇を使って登校した。

授業及び学習内容は月単位で規定され、(表(一))の如く日を定めて講義や輪講などが行はれ、教師の

表(一)　主な藩校の毎月の日程

日＼藩校	水戸弘道館	土浦郁文館	結城秉彝館	松岡就将館
一	休日	休日	講釈(教授) 毎朝素読・会読・質問　執政以下出席	寄合詰日の時休日
二	輪講(教授 助教)受講者居学生	輪講(経書) 会読(子・史)　出席者 教官、敬業生以上		毎朝食事前読書、手習 講釈
三	講義(総教)　布衣より役方平士 会読(訓導)　講習生(会読生)	輪講(経　書) 会読(子・史)　読長・弁志生迄	講釈背書、無点本読 素読試業	
四	輪講(助教 訓導)　講習生(輪講生)	講義・儒官　重臣以下兵士迄	輪講	輪講
五	会読(訓導)　講習生(会読生)			寄合詰日(休日)
六	講義(総教)　居学生		講釈(教授)　執政以下出席	
七	輪講(教授 助教)　居学生	輪講(経書) 会読(子・史)　教官・敬業生以上		講釈
八	講義(総教)　平士の当主	文会	講釈背書など三日に同じ	
九	輪講(助教 訓導)　講習生(輪講生)	講義・儒官　重臣以下平士迄	輪講	
十	会読(訓導)　講習生(会読生) 試詩歌　居学生・講習生		詩会	
十一	講義(教授)　居学生		講釈(教授)　執政以下出席	
十二	輪講(教授 助教)　居学生	輪講(経書) 会読(子・史)　教官・敬業生以下		講釈
十三	講義(総教)布衣三男以下 平士の子迄	輪講(経書) 会読(子・史)　読長・弁志生迄	講釈背書など三日に同じ	
十四	輪講(助教 訓導)講習生(輪講生)	講義・儒官　重臣以下兵士迄	輪講	輪講

十五	休日	休日		寄合詰日（休日）
十六	講義（助教 訓導交番）　講習生		講釈（教授）　執政以下出席	
十七	輪講（教授 助教）　居学生	輪講（経書） 会読（子・史）　教官・敬業生以上		講釈
十八	講義（教授）　布衣より役方平士 会読（訓導）　講習生（会読生）	弁書	講釈背書など三日に同じ	
十九	輪講（助教 訓導）　講習生（輪講生）	講義・儒官　重臣以下平士迄	輪講	
二十	会読（訓導）　講習生（会読生）		文会	寄合詰日（休日）
二十一	講義（助教・訓導交番）　布衣より、平士 会読（訓導）　講習生（会読生）		講釈（教授）　執政以下出席	
二十二	輪講（教授 助教）　居学生	輪講（経書） 会読（子・史）　教官・敬業生以上		講釈
二十三	講義（教授）　布衣より役方平士	輪講（経書） 会読（子・史）　読長・弁志生迄	講釈背書など三日に同じ	
二十四	輪講（助教 訓導）　講習生（輪講生）	講義・儒官　重臣以下平士迄	輪講	詩作稽古
二十五	会読（訓導）　講習生（会読生） 詩文　居学生（講習生）			寄合詰日（休日）
二十六	講義（助教 訓導　交番）　平士の当主		講釈（教授）　執政以下出席	
二十七	輪講（教授 助教）　居学生	輪読（経書） 会読（子・史）　教官・敬業生以上		講釈
二十八	講義（教授）　布衣三男以下 平士の子迄	詩会	講釈背書など三日に同じ	寄合詰日（休日）
二十九	輪講（助教 訓導）　講習生（輪講生）	講義・儒官　重臣以下平士迄	輪講	
三十	講義（助教 訓導交番）　居学生			

格と聴講生の段階とを組み合せたところもあった。

出席日は原則として休日等を除いて毎日である。但し、各藩で規定した一定年令を過ぎた者は出席日数を減ぜられた。また、笠間や水戸の両藩のやうに、身分の上の者や嫡子（あとつぎの子）は出席すべき日数を多く定めてゐる。これは封建世襲の時代にあって、将来、藩政の中心となるべき人物や家業を継ぐべき者は、それだけ責任も重く、より以上修業に励む必要があるとしたからである（表㈡参照）。

表㈡　水戸藩弘道館と笠間藩時習館の出席すべき日数表

水戸藩弘道館		笠間藩時習館	
出席日数	出席者の身分	出席日数	出席者の身分
十五	布衣以上並びに三百石以上の当主の嫡子	二十五	百石以上の惣領
十二	布衣以上並びに三百石以上の次男以下弟等及び物頭並びに百五十石以上の当主の嫡子	二十	百石以上の二、三男及び九十九石以下の惣領
十	物頭並びに百五十石以上の次男以下弟等及び平士の嫡子	十五	九十九石以下の二、三男
八	平士の次男以下弟等		

学習時間は一般的に「朝文夕武《ちょうぶんせきぶ》」（午前は学問、午後は武術）とした。或は早朝食事前に幼年者に素読を教授したり（結城、松岡など）、夜間に講義を行ふところもあった（笠間、麻生）。休日は毎月、朔望《さくぼう》（一日と十五日）と盆（七月十五日前後数日間）、年末、年始、祝祭日などであったが藩により異なる。

入学後の進級の課程は、各藩とも全く独自に定められた（表㈢）。一般的には年令と理解度によるが、優秀者は特進も認められた。

学習の方法はどの藩もほとんど同様であった。初心者には「素読《そどく》」（句読《くとう》、口誦《こうしょう》）を施した。これは教師の読みに続いて声を出して読む方法であり、所謂「読書百遍、意おのづから通ず」の法で、先ず漢文、漢語に慣れさせることであった。一方「論語よみの論語しらず」の諺の背景ともなった。次に「会読《かいどく》」といって、二人以上で読書しあふ方法である。土浦藩では読み違へると次の者が代はるといふ競争意識を利用した方法もあり、水戸藩では講義のあと教本の経書を皆で読んだ。更に「輪講《りんこう》」といって、数人が輪番で講義し、互に質問や意見を述べあふ方法で、所謂「切磋琢磨《せっさたくま》」であり、最も実力のつく方法とされた。また「講義」（講釈）が教師によって行はれ、この席には藩主以下重職や家士も出席することもあった（表㈣）。この他、上級者には、作詩（漢詩）、作文（漢文）、復文（かな交りに書きくだした漢文を、ふたたびもとの漢文になほす）なども課せられた。

試験は、小試と大試とに分かれ、小試は毎月実施され、大試は春秋の二回（古河、土浦、笠間な

表(三) 主な藩校の進級課程一覧表

藩名	入学年令	進級課程名
古河藩	十歳	下級―中級―上級
土浦藩	八歳	素読生―遜業生―辨志生―敬業生―博習生―小成―選士
笠間藩	八歳	句読生(初課口誦―後課口誦―対誦)―講義生(対読入第―高第―小成―成業)
水戸藩	十五歳	(十歳家塾)―講習生(会読生―輪講生)―居学生
結城藩	十歳	一等生(幼年生)―二等生―三等生(及堂生)―四等生(科目生)
麻生藩	十歳	得門―升堂―入室

表(四) 主な藩校の教職組織一覧表

藩名	文館の教職名
土浦藩	督学 都講 助講 句読師 助読 読長
笠間藩	教授 助教 助教補 都講 典礼
水戸藩	総教(教授頭取) 准総教(教授頭取代) 教授 助教 訓導 准訓導 舎長 句読師
結城藩	学頭 教頭 助教
麻生藩	総長 督学 教頭 助教 少助教 史生

ど）、春の一回（結城）、秋の一回（水戸）或は四季（麻生）などに実施された。大試には藩主以下重職が臨席した。水戸藩では文武の受験者を生徒の中から選抜し、選ばれた者は非常な名誉と感じ勇躍して試験に臨んだといはれる。成績優秀者や出席皆勤者には、褒賞として、白銀、刀槍、袴裃地《はかまかみしもじ》、書籍、筆墨紙などが与へられ、更には嫡子の中、役職に就いてゐる者は昇進、昇格があり、特に水戸藩では二三男など厄介者《やっかいもの》とされた者にも扶持米を与へたり、文武いづれかの教師になると、家名をそのまゝに独立して一家をなさせた。

陳列史料　『諸藩学規』（菅家文書）　『学制略説』（水戸藩　会沢正志斎）
『学官略説』（中津藩　西島準造）　『学制考』（熊本藩　中山昌礼）
四書（『大学』『中庸』『論語』『孟子』）　五経（『詩経』『書経』『易経』『春秋』『礼記』）
『孝経』　『小学』
『近思録』

四　古河藩　盈科堂《えいかどう》

古河藩は、寛永十年（一六三三）土井利勝が佐倉より入封して成立した。土井氏はその後、伊勢志摩の鳥羽、肥前の唐津を経て宝暦十二年（一七六二）八代利里が七万石（後八万石）の譜代大名として再移封してきた。藩校盈科堂は享保九年（一七二四）六代利実の代に唐津城内に創建されてをり、この時の移封にともなって古河城内桜町郭に移築された。

利実が撰した「盈科堂創設記」に、

孟子曰く、流水の物たるや、科《あな》に盈《み》たざれば行かず、君子の道に志すや、章《あや》を成さざれば達せず、是すなはち予の斯の堂に名づくる所以の者なり。

と館名の由来と目的を掲げ、さらに、

人、性の善を以てすると雖も、然れども学んで以て之を拡充する能はざれば、則ち終《つい》に徳を成し材を達することあたはざるなり。

と記し、学校を設ける理由を述べてゐる。学館記はこの後、十代利厚《としあつ》と十一代利位《としつら》によっても撰文されてゐる。

古河藩の教学の柱となったのは、藩祖土井利勝の遺戒であった。利勝は家康、秀忠、家光の三代に仕へ、老中、大老を勤めた草創期の功臣であったが、その子利隆に与へた十九ケ条の遺戒は、子孫代々よく奉承してその具現に努力してきた。

その第三条に、

大将たるべき身は……勤の間には学問をも心がけらるべく、文盲にては事の道理分らず、其の所より忠孝もかけ、下を憐む志も疎《うと》く成る事に候……学び知って聖賢の意味を察し候はば目出度き事と存ぜらるべき事。

と述べて、藩主としての心構えを諭《さと》し、さらに、人材の登用、中でも医者を大切にすることなどを戒めてゐる。

これらが、五代利益の代に河口房頼を御側医に召抱へ、或は奥東江《おくとうこう》を儒医として迎へ、その門に合田忠蔵、吉武法命などが出て、唐津時代の教育を興し、さらに、六代利実の盈科堂の創設となった。ついで利重の代に河口信任を中心に蘭学（西洋医）を導入し、信任に人体解剖を許可し、『解屍《かいし》編《へん》』を刊行させた。これは『解体新書』の訳本の出る四年前のことであった。また、利位は蘭学の研究に励み、蘭学者で家老を勤めた鷹見泉石《たかみせんせき》の協力を得て雪の観察記録『雪華図説』『続雪華図説』を刊行したことは、自然科学の分野に大きな影響を与へた。盈科堂における教育は儒学を基本としたものであったが、古河藩には唐津時代に導入された蘭学による新分野への目を持った独特の藩風が培《つちか》はれてゐた。

陳列史料

盈科堂創設記	享保九年	古河市教育委員会
盈科堂之記	享保九年	潮田家文書
教武場御取建規則并御触書之写	安政四年九月	千賀家文書
修行中心覚	安政五年五月	成毛家文書
『雪華図説』	土井利位	茨城県立図書館

河口信任

五　土浦藩　郁文館《いくぶんかん》

土浦藩は、寛文九年（一六六九）土屋数直《かずなお》が老中在任中、土浦城主（四万五千石）となったが、二代政直の代に一度駿河国田中城に転じ、そして貞享四年（一六八七）再び土浦藩主に復した（六万五千石、後九万五千石）。藩校郁文館は寛政十一年（一七九九）八月、七代英直によって城内に創建された。館名は『論語』の「周は二代に監《かんが》みて、郁々乎《いくいくこ》として文なるかな」より撰定された。学館記はないが、十代寅直《ともなお》の改革に際し、「白鹿洞学規」を掲示して之れに代へた。これは唐初に設けられた白鹿洞書院を宋代に朱子が再興し、学規を立て諸生のために講筵《こうえん》を布いたが、この時の学規が「白鹿洞書院掲示」と称され、朱子学の要領を尽したものとして、昌平黌をはじめ諸藩で講ぜられた。

土浦の藩学は四代篤直が古河藩儒稲葉迂斎《うさい》を師とし、また、迂斎に学んだ手塚靖斎《せいさい》によって闇斎学派が導入された。郁文館の創設の時には、その子手塚坦斎《たんさい》とその門下広瀬克斎《かつさい》、藤田畏斎《いさい》らが教育に従事した。教科書は四書と五経のほか、朱子の『小学』『近思録』を使用した。

文化十三年（一八一六）二月の大火で文館が類焼し、一時教育も不振に陥ったが、天保八年（一八三七）大久保要《かなめ》の尽力で、昌平黌朱子学派の藤森弘庵（天山）が迎へられて土浦藩学引立方《ひきたてかた》となり再興に努力した。

天保九年（一八三八）十二月、水戸家の血筋を引く寅直《ともなお》が十代藩主となると、直ちに藩政改革に着手し、郁文館も、大久保要の「文武合弁建議」をもとに改革を行ひ、同十年十月に「直書」を下して「国家有用の学」に志すやうに諭し、翌年、文武両館を再建した。文館講堂の床の間に水戸藩主斉昭筆の「孔子神位」碑を安置し、その正面に寅直筆の「白鹿洞学規」を掲げた。武館には寅直筆の「武甕槌神」の条幅を掲げ「重ジ二廉恥ヲ一守リ二礼譲ヲ一慎ム二素行ヲ一」の三ケ条を武道教育の指針とした。

陳列史料　定法并御内證共　天保十二年十一月　土屋家文書
文武合弁建議　大久保要　大久保家文書
安政度御改正屋敷地切図（複製）　『図説土浦市史』
郁文館の懸額（写真）　『藤森天山』
『如不及斎叢書』　藤森弘庵
『千字文』　関　克明

六　笠間藩　時習館《じしゅうかん》

笠間藩は、関ケ原の役後、藩主の異動が続き、延享四年（一七四七）牧野貞通が日向の延岡から入封してやうやく定まった。

時習館は文化十四年（一八一七）三代貞喜《さだはる》の命で、藩儒秋元忠蔵の私塾欽古堂《きんこどう》を藩校に昇格し、時習館と称したことから始まる。文政六年（一八二三）四代貞幹《さだもと》は老職川崎権左衛門と相談して、時習館を桜町に移し規模を拡張した。また、教授秋元忠蔵に「時習館功令学則」を撰文させて刊行した。翌七年には藩医長谷川宗僊《そうせん》の邸内に「博菜館《はくさいかん》」（医学所）を建て、薬園を設けて宗僊に本草学を講義させた。さらに同九年には、城下にあった数カ所の武道場を統合して「講武館」を設立し四月開館した。後年この地より多くの剣術家が育った。安政六年（一八五九）には八代貞明《さだあき》（定直）が大和田の地に文武両館を併合して時習館を新築し、また、博菜館も校内の一室に移し、かたはらに火技操練場を設けた。

貞明は水戸の弘道館を範として、森田桜園らに学館記の撰文を命じた。加藤桜老は旧師である水戸の会沢正志斎に依頼し、安政六年四月「時習館記」が撰定された。これには、

上古、天神基《もと》ゐを開く、忠孝の訓《をしへ》は、諸《こ》の三器に本づく……すなはち国の中央を卜《ぼく》し、文武の館を合はせ、以て子弟の学習に便ならしむ。時習の名は旧に仍《よ》り、武内《たけのうち》公と孔子とを合祀す、……子弟登館するや、能く自ら奮励し、其の功徳に報答す、

といふやうな主旨が述べられてゐる。

教科は漢学を主とし、他に医学（漢方医）、習礼、兵学、国学があり、武術は弓術、馬術、剣術、槍術、砲術、柔術など多藝に分れてゐた。

文館へは八歳で入学し、十五歳になると初めて武術に入門することが許可され、文武両道を兼修す

ることを義務とした。試験には大試と小試があった。大試は二月と八月の二回、藩主以下重職らが臨席した。その方法に三通りあり、受験生の実力に応じて、「経史の一部」「経史の章句」或は「全部」の中から選ぶことができたが、最も難問である「全部」を受けた者には年令に応じて褒金又は半紙などが賞与された。小試は毎月一回、素読生には既修の文を試誦させ、上級の講義生には経書の数カ所を選んで講義させたり、復文（かな文を漢文に戻す）や作詩、作文などを課した。それぞれ成績に応じ賞与があった。また、一年間、無欠席者にも学業の優劣を問はず、年末に賞金が与へられた。

陳列史料　時習館記（拓本縮少印刷）　笠間史談会

御用留　文政六年　牧野家文書

口達覚　丑二月　牧野家文書

時習館之図　牧野家文書

『稽古経典』　加藤熈（桜老）

『資治通鑑』『康熙字典』　「笠間文庫」印　笠間市史編さん室

七　水戸藩　弘道館《こうどうかん》

(一)　弘道館以前の教育

水戸藩では、藩祖頼房以来、藩士の教育に意を用ゐてきた。特に二代光圀は学問を尊び全国より学者を招いて「大日本史」の編修事業を始めたため、藩内の文教の気運も高まった。

光圀はかねて学校を建て聖堂を営む意志を抱いてゐた。寛文十年（一六七〇）には明《みん》の遺臣朱舜水《しゅしゅんすい》に「学宮図説《がっきゅうずせつ》」を書かせ、これに基づいて大工に三十分の一の聖堂その他の学舎の模型を作らせた。結局、学校は設立されなかったが、当時、本格的な学校を建設するには経済的な負担が大きすぎたことや、『大日本史』や『礼儀類典』など莫大な編修事業を始めたため、その余力がなかったこと、さらには光圀自身の慎重論などがその理由とされてゐる。

しかし、光圀は寛文十二年（一六七二）から史局彰考館の儒臣による「史館講釈」（月次《つきなみ》講釈）を始め、一カ月六回講筵を開き家臣に対し経書を講義させた。その他、彰考館総裁による「御前《ごぜん》月次講釈」「御次《おつぎ》講釈」、府中藩、宍戸藩などの連枝一族への月三度の侍講、近習衆への月一回の読書指南などが行はれた。

これらは主として江戸でのことであったが、水戸領内では、元禄十年（一六九七）から森尚謙らに家塾（儼塾《げんじゅく》と命名）で藩士に定例講釈を行はせ、また、太田の馬場では月三回、史臣らに農民に対する『大学』などの講釈をさせた（馬場講釈）。三代綱條《つなえだ》は光圀の遺志を継承し、正徳二年（一七一二）に朱舜水を祀る舜水祠堂が江戸の駒込から水戸に移されると、祠堂守田代倍政の役宅を講堂として講義を始め（祠堂講釈）、後には、立原翠軒《すいけん》、青山延于《えんう》、藤田東湖らもここで講じ、弘道館が開館される頃まで続けられた。七代治紀《はるとし》の代には、史館において「学問吟味《ぎんみ》」を始め、私塾で学ぶ年少者の人物及び学力を評価する試験をした。これが続けられ、やがて弘道館の制度の基礎となった。

(二) 弘道館の教育

弘道館は、天保十二年（一八四一）九代斉昭《なりあき》（烈公）によって創建された。すでに県内には古河、谷田部、土浦、笠間に藩校があり、さほど早いものではなかった。しかも、藩内の重臣の間には財政不足などの理由をあげて、学校建設不要論や尚早論などが起ってゐたが、斉昭は襲封当初よりの藩政改革の一つであった建学の意向を強力に推進した。積極的な賛同者であった藤田東湖は、後から学校を建てるからには「天下一」のものとしなければ建学の甲斐がないとし、また学校碑文（弘道館記）も「神州の一大文字」になるやうにすべきであると述べてゐる。

弘道館の規模はまさに「天下一」のものとなり、敷地は五万四千七十余坪（約十七万八千四百平方米）あり、全国でこれに次ぐのは、山口の明倫館で一万四千余坪、幕府の昌平黌でも一万一千余坪であった。また、正庁や学舎の建物も五千余坪あり、明倫館の二千七百余坪を大きく上回っている。

「弘道館記」は、天保八年六月、斉昭は「かながき」の草案を漢訳させ、東湖に示して記文の作成を命じ、その後、幕府儒官佐藤一斎、彰考館の史臣らの意見を求め、翌九年三月、斉昭の裁定により決定を見た。弘道館の教育の目標として、神儒一致、忠孝無二、文武不岐、学問と事業の一致の四項目を掲げた。天保十二年（一八四一）八月に開館したが、学神とする鹿島神社の分祀式《ぶんししき》が済んでゐなかったため「仮開館」とし、十六年後の安政四年（一八五七）五月に遷座式典を挙行して「本開館」

となった。学館内の配地は、中央を聖所として鹿島神社、孔子廟、八卦堂《はっけ》（弘道館記の石碑）、要石《かなめいし》を置き、東に正庁（学校御殿）、北に文館、南に武館と医学館、西に馬場、調練場などを配した。

弘道館の組織は、総合学園としての内容を持ち、文館では漢学のほか、歌学、兵学、軍用、音楽、諸礼の学を教授し、武館では十二藝、四十流に分けて武藝教師をおいて教授した。天保十四年（一八四三）に医学館を新設し、斉昭が撰文し親書した「賛天堂記《さんてんどう》」を掲げた。森庸輔らを教授、松延道円らを掛員、本草学者として知られた佐藤中陵を本草局教師として、同年六月二十八日開館した。ここでは文館と同様の方式で教育が進められたが、ほかに、水戸領下の開業医も毎年定期的に召集して研修させた。

なほ、水戸藩には庶民教育のための郷校があった。天保年間以前のものは小川の稽医館と延方学校の二校で、ついで斉昭の改革の一環として湊の敬業館、太田の益習館などが設立され、さらに安政年間に大宮郷校、潮来郷校が開設され、すべて十五校となった。郷校では医者、神官や郷士、有志の農民などが文武の教育を受けた。幕末、天狗党挙兵前後には尊攘派の拠点にもなった。

陳列史料　弘道館記（拓本縮少）　北沢彦一氏蔵版

（御用留）　天保十一年

弘道館御用留　天保十二〜嘉永六年

諸申出留　安政四年

文館日録	安政四年		
見分取計	弘化三年		
文武出精書			
学校御吟味御用留			
弘道館書目			
弘道館献納書籍目録			
『弘道館学則』		水戸弘道館蔵版	小祝家文書
『聖朝破邪集』	安政二年	水戸弘道館蔵版	
『告志篇』	文久二年	水戸弘道館蔵版	
『及門遺範』	文久元年	会沢正志斎	
『大日本史』	嘉　永　版		栗田家文書
医学館書目	天保十四年		
『呰　草』	文化元年跋	原　南陽	
『瘍科秘録』正続	安政三年	本間玄調	
『救民薬方』	天保八年	望月三英　他	
『砲術図之巻』			

『神発流定』（※所蔵名のないものは歴史館所蔵）

八　谷田部藩　弘道館《こうどうかん》

弘道館は、寛政六年（一七九四）七代細川興徳《おきのり》によって、茂木（現栃木県）と谷田部の両陣屋内に創建された。谷田部の史料は見当らないが、陣屋図によって文武両館があったことが知られる。興徳の夫人は熊本藩時習館を創立した細川重賢《しげかた》の女であったが、弘道館の設立についてはその影響があったともみられる。

陳列史料　當組与頭并御番衆之内息藝術書上帳　文化二年正月　細川家文書
細川長門守殿御与頭衆子息藝術書上帳　細川家文書
諸事心覚留　文化二年三月　細川家文書
『図会蘭説三才窺管』　文化五年　廣瀬信（周伯）

九　結城藩　秉彝館《へいいかん》

秉彝館は、天保十二年（一八四一）十月二日、八代水野勝進《かつゆき》によって創建されたことが水野家文書によって確認できる。教育の内容は「秉彝館規則」や吉田家文書、平井家文書などによって知られる。

陳列史料　先祖書并親類書、他、文武藝術書付　安政六年　水野家文書

従勝愛公至直公 御系譜草案　小場利貞　水野家文書
秉彝館規則　明治二年　吉田家文書
学校ノ例規及ヒ名称并教育方法　（明治二年）　吉田家文書
旧結城藩学問所ニ関スル事蹟取調書　平井家文書
城　下　町　吉田家文書

十　下館藩　蒙養館《もうようかん》

蒙養館の設立は安政年間以前とされるが不詳である。藩の教育は早くから行はれてゐたことが「享和日記抜書」など鈴木家文書に記されてゐる。幕末頃、城内より大町の清瀧寺に移り、菊池三溪を招いて教育を興した。また『旧藩校取調書』にも記録がある。

陳列史料　覚（教職一覧）　鈴木家文書
享和日記抜書　鈴木家文書
元下館県学校調書　『旧藩校取調書』

十一　下妻藩　脩道館《しゅうどうかん》

脩道館に関する史料は『旧藩校取調書』以外見当らない。これには教官、生徒の人数、学校費用などが記載されてをり、また所蔵目録も収録されてゐる。下館へ移る前に菊池三溪が招かれて藩教育に関与してゐた。一時、林翁寺が教場となったともいはれてゐる。

陳列史料　『奇文観止　本朝虞初新誌』　菊池三溪　菅家文書

十二　麻生藩　精義館《せいぎかん》

精義館の創立は明治二年（一八六九）十一月である。それ以前の麻生藩の教育では、寛文年間（一六七〇頃）五代新庄直時が津久井俊庸を儒者として講義させたことなどの記録が『日本教育史資料』に収録されてゐる。聖像（孔子像）を安置し、文武両道を学ばせた。

陳列史料　麻生日記書抜　弘化二年、四年、五年　三好家文書

精義館紀事略　『日本教育史資料』

十三　牛久藩　正心館《せいしんかん》

文久三年（一八六三）前後の山口氏の陣屋図を比較すると、この頃に文武稽古場の記載が出てくるので、この時期が創建と考へられる。教育内容や「正心館」といふ館名そのものも不明である。

陳列史料　陣屋図（複製）　鈴木家文書

十四　志筑藩　習文館《しゅうぶんかん》

参勤交代の義務をもつ交代寄合旗本の本堂氏が志筑藩となったのは慶応四年（一八六八）七月である。横手家文書によると、九代親道《ちかみち》の代、天保年間に「学校を興し、精于館《せいう》を立つ」とあり、学問所の初めと考へられるが、その他、「習文館」の館名とともに不明の所が多い。

陳列史料　志筑陣屋図　本堂家文書
　御家中分限帳　慶応元年　本堂家文書
　本堂親道行実　横手信義　横手家文書
　民政家列伝　大正四年十一月二日記事（いはらき新聞）　横手家文書

十五　松岡藩　就將館《しゅうしょうかん》

水戸藩付家老の中山氏が松岡藩として独立したのは慶応四年（一八六八）一月である。中山氏は松岡付《づけ》と称して本藩（水戸）と同様の政務を行ってゐたから、家士への教育も独自に進められた。城戸家文書に安政七年（万延元、一八六〇）七月、松岡城の外郭にあった評定所の文武稽古所を「就將館」と命名したことが記録されてゐる。館則なども高橋家文書によって知られる。当初、農民の聴講を認めるなどの特色があったが、間もなく停止された。

陳列史料　御用御配符留帳　天保十五年　城戸家文書

（御用留）　安政七年　城戸家文書
『大学』四書朱註　「中山蔵書」「松岡藩蔵書印」　城戸家文書
松岡旧城外郭部絵図　高橋家文書
御用留類聚　高橋家文書
口上願　高橋家文書
『地球万国山海輿地全図説』　長久保赤水
『百姓日用訓』　鈴木玄淳（松江）

十六　府中藩　文武館《ぶんぶかん》

府中、宍戸、松川（守山）の三藩は、四国の高松藩と共に水戸藩徳川家から出た分家で「御連枝《ごれんし》」と称された。藩政については何かと本藩の監督下におかれたが、幕末水戸藩の混乱期には、逆に四藩が後見役を命ぜられた。

府中藩の学問所の創建は明らかでないが享和四年（一八〇四）学問所を再興したとある。文久三年頃には府中陣屋の外郭に文武館が設立され、明治二年には長沼表（福島県）に興風館を建てた。

陳列史料　御家御定書抜　安政元〜弘化四年　石岡小学校蔵
府中松平藩関係文書　天保九〜同十五年　石岡小学校蔵

旧石岡陣屋略図（複製）　『石岡郷土誌資料』

十七　宍戸藩　脩徳館《しゅうとくかん》

脩徳館の創建は安政年間とされ、陣屋図に学問所と講武所が記されてゐる。松平頼位《よりたか》が水戸弘道館蔵版を使って『明倫歌集』を出版し、また「脩徳館印」のある書籍が多数残されてゐる。

陳列史料　陣屋図（複製）
『明倫歌集』　松平頼位跋　文久三年　宍戸脩徳館蔵版
『校正　日本外史』（脩徳館印）他　友部町立歴史民俗資料館

十八　松川藩（守山藩）　養老館《ようろうかん》

養老館は江戸邸内の学問所の分校として、守山陣屋（福島県）に設けられた。松川藩の成立は明治二年に八代松平頼之《よりゆき》が松川（大洗町）に居住を定め、翌三年十二月に守山藩を松川藩と改称したことによる。

明治四年（一八七一）一月九日に松川陣屋内で失火し、類焼した建物の中に「小学校」「軍事所」「演武所」などがあったことから、当時松川陣屋では一通りの規模をもって、文武教育が行はれてゐたことが知られる。『旧藩校取調書』の「元松川県学校調書」には「学校養老館」として、明治四年時の学校費用、教員及び生徒の人員をあげてゐるが、これは松川陣屋でのことであらう。推定の域を出ないが、恐らく明治二～四年の間に、藩主及び家臣団の移住にともなって、守山の「養老館」の建物はそのまゝにして学制組織、書籍、資料などをそっくり松川に移し、校名も「養老館」と称してゐたのではなからうか。明治四年七月、守山の「養老館」を「収同館」と改めてゐるのは、両陣屋の校名の重複をさけるための措置であったともいへる。

要するに、明治五年の学制頒布までの短期間、松川陣屋に藩校「養老館」が置かれてゐたと見ることができよう。

陳列史料　諸事手扣控　享和三年八月　小室家文書

日　記　嘉永四年四月　小室家文書

『論語徴収覧』　松平頼寛

『常州西山碑』　松平頼寛

元松川県学校調書　『日本教育史資料』

最後になりましたが、今回の史料紹介展には、次の各氏並びに各教育機関から御指導、御協力をいただきましたので感謝申し上げます。

高萩市　城戸　啓氏　下館市　鈴木照男氏　千代田村　横手　義氏

千代田村　鈴木光男氏
水戸市　菅　伸生氏
笠間市　稲荷神社
友部町立歴史民俗資料館
石岡市立石岡小学校
土浦市立図書館
茨城大学附属図書館
水戸弘道館
茨城県立図書館
古河市教育委員会
笠間市史編さん室
下妻市教育委員会

〔余録〕（平成十一年二月発行、茨城県立水戸第一高等学校新聞『知道』から。再録に当っては、旧仮名遣ひに改めた。）

十二　高校時代の頃

この度「師曰く」の原稿を求められたが、戦後五十年の一時期を過ごした私の高校時代の頃を回想して責を果たしたい。

一　高校在学の頃

私が本校に入学したのは昭和三十年四月であった。定員は一学級五十人の八学級で四百人、女生徒は十名であった。当時の入学制度に従って、郷里岩間町の中学生は学力検査を最寄りの石岡一高で受験し、八教科の結果を見てから志願先へ願書をだした。

岩間町は現在第四学区となり土浦・石岡地区に属してゐるため本校へ入学してくる後輩は少ないが、当時は水戸学区と土浦学区の双方へ願書をだすことができたので、水戸・土浦方面への通学する生徒はおよそ半数に分かれてゐたやうである。

合格発表の後、三月の下旬に地元の水戸一高の先輩達が合格祝ひの歓迎会を開いてくれた。その夜腹痛を起こし、虫垂炎で入院、手術することになり、四月の入学式には出られず、授業にはスタート時から遅れをとって大変苦労した想ひ出がある。

因みに卒業式には大学受験のため欠席したため、入学式と卒業式の両方とも経験せずじまひといふ人も珍しいのではないかと思ってゐる。

そのやうな訳で、始めて登校した時、自分の教室が分からず、郷里のＩ先輩が親切にも案内してくれた。数日後、その先輩が昼休みに教室に来て、今から部の顧問の先生を紹介するからついて来いといふので、初めて職員室に入り、Ｎ先生から何か激励の言葉を掛けられ、いつのまにか史学会の部員になってゐた。その後、大学で日本史を専攻し、社会科の教師となり、未だに歴史との付き合ひが続いてゐる。いはば、自分の進路は、その時決定したのであって、人との出会ひの奇遇を感じさせられた。

今にして思ふと、歴史との出会ひは中学時代にあった。中学二年生の頃と思ふが、本校の史学会員が学校（岩間町立第二中学校）近くで発掘調査をしたことがあり、その様子を目にした時、水戸一高生はなんて凄いことをしてゐるのかと感動したものであった。

もう一つは、中学時代、父が水戸駅に勤めてゐたので、時々、水戸へ出てきて映画を見たり、本屋

高校時代の頃

などを覗いたりしてゐた。ある夕刻、近くの食堂（小料理屋）に行き、父は酒を呑み、私は食事をしてゐた時、隣の席で呑んでゐた人が、私の顔をまじまじと見て話かけてきた。やがて鞄から小冊子を取り出して「君は将来、必ずこの書を読むときがくるだらう」と言って私に手渡した。この冊子は『水戸学朗誦文集』と題するもので「梅里先生碑陰」、「弘道館記」、「正気の歌」等、水戸学関係の代表的な詩文が収められてをり、今でも大切に机の引出しに納められてゐる。また、その人は本橋孟夫といふ水戸学朗誦道場の主宰者であることを高校に入ってから知った。水戸学に触れた最初の奇縁であった。

昭和三十年代の頃は、水戸学は余り省みられなかった。従って水戸学関係の書籍も極めて安く、高校二年生の頃、市内の古本屋で菊地謙二郎編『東湖全集』を二百円で買った。（当時、ラーメンが三十五円ほど）また上京の際、東京神田の古本屋街を歩き、掘り出し物と称して何冊かの古書を求めて帰るのが楽しみであり、何時しかリンゴ箱で造った手製の本棚に書物が溜まっていった。

高校の授業では藝術との選択のなかで漢文を履修した。漢文の授業は興味があり、杜甫や李白の詩、陶淵明の「帰去来の辞」、諸葛孔明の「出師表」、「論語」「孟子」など、気に入った文章を朗誦して古人を友とし、大いに浩然の気を養ったやうな気分になった。三年間使用した漢文の教科書も未だに座右にあって時々繙き人生の指針としながら、楽しんでゐる。

二　史学会の思ひ出

当時の校舎は、今回取り壊した旧校舎の前の木造校舎であった。部屋は昇降口に設けられ上下二段になって、下が相撲部とラグビー部で、上が史学会の屋根裏部屋であった。

毎週一回の会合では、顧問のN先生から郷土史の講義を受け、授業では聞かれない身近な事蹟に興味を膨らませたことであった。

昼休みには歴史関係の雑誌の読書会、土曜日の放課後は市内の史跡巡り、時には水戸二高の史学クラブとの交流会もあり、バンカラを自称する会員も何故か緊張と興奮を覚えたことでもあった。

夏休みには顧問の先生が関西旅行につれて行ってくれた。奈良の法隆寺、薬師寺、興福寺、法起寺、京都の神社仏閣、吉野、笠置、高野山、大阪の四天王寺、四條畷、山崎など代表的な父祖の足跡を訪ね、大いに見聞を広めることが出来た。

当時の旅行は食料事情が悪いため、米を持参しなければ旅館に泊めて貰へなかった。一食一合の割りであった。旅費を節約するためにお寺の本堂に安く泊めてもらったり、先輩の経営する予備校の机の上で一夜を過ごしたことも思ひ出である。

関西へは東海道本線の普通夜行列車で行き、当時は蒸気機関車であったため、到着するころには顔は真っ黒であった。

をはりに

高校生活では部活動を通して諸先生方、先輩や後輩との触れ合ひなど多くのことを学ぶことができた。中でも歴史を学ぶことによって、古今東西の先人・先哲の教へに触れ、人生観や死生観を学び、自分の進路も決定することができた。

昨年（平成十年）の十一月上旬、徳島市の会合に出席した時、都合をやり繰りして鳴門の渦潮を見学してきた。その最大の目的は高校時代に読んだ旅行記の中に、

怒り狂ふ　潮の中道ましぐらに　行かば行くべし　阿波の鳴門も

といふ歌があり、それ以来是非とも鳴門の渦潮を見学したいと願ってゐたからである。

これは戦後の精神的復興を祈念して全国を講演旅行してをられたH先生が徳島市を訪れ、鳴門の渦

潮を見て詠まれた歌であり、高校以来、多くの困難な場面に遭遇した時、私の心の支へとなってきたものであった。

人は誰でも、苦難は出来るだけ避けて通りたいと願ってゐる。しかし、どうしても避けて通れない場合もある。その時、どうするか。その人の軽重が問はれるのである。他人に責任を転化して難を逃れるか。飽くまでも不知《しら》をとほして頬被りするか。

「死中に活を求める」と言ふ言葉がある。避けて通れないと判断したなら、堂々と真っ直ぐに進めばよい。自づから道は開けるものである。この歌はそれを教へてゐると思ってゐる。

現在、母校に校長として奉職し、かつての高校時代を回想すること、以上のやうなことである。

（補）最近、昭和三十三年卒業生の同窓会があった折、一人が当時の『知道』卒業生の「ひとこと」をコピーして持参した。その中に私の「ひとこと」もあったので腰折を追録した。

「濁世にそまず咲きける老桜に　人行く道もかくこそと知れ」

〔口絵〕

一　水戸義公肖像　　茨城県常磐神社所蔵
二　礼儀類典序　　国立公文書館内閣文庫所蔵
三　伯夷・叔斉像　　東京都北部公園事務所所蔵

〔所収論文一覧〕（初出誌は次の通りである。採録に当って一部補訂、歴史的仮名遣ひとした）

一　朝廷の復興と義公　　『水戸史学』第八号（昭和五十三年三月発行）
二　礼儀類典と大嘗祭の再興　　同　第三十号（平成元年六月発行）
三　立太子礼と水戸義公　　同　第三十四号（平成三年五月発行）
The Ceremonial Investiture of the Crown Prince and Mito Gikō
四　大日本史の体裁について——シナ正史と比較して——
On the Formation of "Dainihonshi"......compared with the authentic history of China
同　第二十六号（昭和六十二年五月発行）
五　大日本史と論賛——特に光圀の論賛執筆の意思について——
"Dainihonshi" and the Character Sketches—especially on Mitsukuni's intention to the character sketches—
同　第四十二号（平成七年五月発行）

六　義公と伯夷・太伯・陶淵明について
The Relation between Gikō and Hakui, Taihaku, Tōenmei　同　第三十二号（平成二年五月発行）

七　栗山潜鋒の『倭史後編』について
On "Washikohen" by Senpō Kuriyama
同　第十八号（昭和五十八年四月発行）

八　「正名論」再考　同　第二号（昭和五十年三月発行）

九　水戸弘道館の諸藩に及ぼした影響――特に学館記を中心として――
Influence upon Other Clans from Kōdōkan in Mito……with its description as a central point ……　同　第二十四号（昭和六十一年五月発行）

十　弘道館の教育課程について
The Education System in Kōdōkan　同　第十五号（昭和五十六年十月発行）

十一　〔史料紹介展〕江戸時代の教育――藩校を中心として――
昭和六十一年十月十四日～十一月三日　茨城県立歴史館

十二　〔余録〕高校時代の頃　平成十一年三月発行　水戸一高新聞『知道』

あとがき

本書の編集作業を始めて間もなく、平成十一年十一月二十九日、はからずも文部大臣の教育者表彰の一人に推薦され、東京の国立劇場で受賞し、ついで皇居長和殿において天皇・皇后両陛下の拝謁を許され、長年教育に尽力してきたことに対するねぎらいのお言葉を賜る光栄に浴した。

本書は水戸光圀の朝廷の儀式再興の奉仕活動を主な内容とするものであり、平成の御代において、盛大なる即位・大嘗祭を執り行はれた時代に生きる者として、光圀在世当時を想起して感慨深いものがあった。

『水戸史学』の編集の係を前任者から引き継いだのが、昭和五十九年十月発行、第二十一号からであり、平成九年六月、第四十六号まで担当した。

それより早く『水戸史学』の裏表紙に英文目次を掲載するやうになったのは、昭和五十三年十月発行の第九号からであり、アメリカなど外国の大学などで水戸学が注目され問ひ合わせが多くなってきたからであった。

その英訳を仰せつかったのが私の妻信子であった。途中、数年間を除いて、平成九年六月、第四十六号までの間、二十年続いた。

妻は長く高校の英語教師として勤務し、平成九年三月に水戸三高で退職した。歴史論文の題目の英訳は何かと苦労が多かったやうで、題名そのままを英訳したのでは何が書いてあるか分からない場合が多く、歴史の専門家ならいざ知らず、門外漢の者にとっては内容を想像することは難しいやうであった。そこで私があらかじめ原稿を読んで、その内容を要約し、時には何度も説明を繰り返した。研究社の英和大辞典と和英大辞典を脇において、初めはタイプライターで、後にはワープロで英訳を完成させた。英語の定期試験の問題作成や採点の合間を縫っての英訳作業は慌ただしかったが、楽しい想ひ出にもなった。所収論文一覧に、その英訳も併せて掲載した。

本書の出版に当っては、『水戸史学選書』のシリーズに推薦いただいた上、序文と貴重な写真を提供して下さった水戸史学会会長名越時正先生、鋭意ご尽力いただいた錦正社社長中藤政文氏、並びに校務後の貴重な時間を提供頂いた水戸一高教頭仲田昭一氏に感謝申しあげる。

安見隆雄

著者略歴

安《あ》見《み》隆《たか》雄《お》

昭和14年12月　西茨城郡岩間町に生まれる。
昭和33年3月　茨城県立水戸第一高等学校卒業
昭和37年3月　茨城大学文理学部文学科（史学専攻）卒業
昭和37年4月　茨城県立多賀高等学校教諭
昭和43年4月　茨城県立高萩高等学校教諭
昭和49年4月　茨城県立日立第一高等学校教諭
昭和57年4月　茨城県立水戸第一高等学校教諭
昭和59年4月　茨城県立歴史館史料室主任研究員・史料室長
平成2年4月　茨城県立那珂高等学校教頭
平成4年4月　茨城県立那珂湊第二高等学校教頭
平成6年4月　茨城県立下館第二高等学校校長
平成9年4月　茨城県立大洗高等学校校長
平成10年4月　茨城県立水戸第一高等学校校長

主な役職
茨城県高等学校長協会長・全国高等学校長協会理事・全国普通科高等学校長会理事・水戸史学会理事

現住所　〒411-4145 茨城県水戸市双葉台2-40-11

〈水戸史学選書〉水戸《みと》光圀《みつくに》と京都《きょうと》

平成十二年一月三十日　印刷
平成十二年二月十一日　発行
本体価格三、九〇〇円（税別）

著者 © 安見隆雄

発行所 水戸史学会
茨城県水戸市新荘一の二の三〇（名越方）
電話 〇二九（二二七）〇九三四
振替 〇〇三九〇‐三‐一八四〇三

錦正社
〒162‐0041 新宿区早稲田鶴巻町544‐6
電話 〇三（五二六一）二八九一
FAX 〇三（五二六一）二八九二
URL http://www.kinseisha.jp/

印刷 文昇堂
製本 山田製本印刷社

ISBN4-7646-0253-9

錦正社好評関連書ご案内

〈本体価格〉

水戸の學風 ―特に栗田寛博士を中心として―	照沼好文	三、二〇〇円
新版 水戸光圀	名越時正	二、八一六円
水戸光圀とその餘光	名越時正	三、三〇〇円
水戸學の達成と展開	名越時正	三、一〇七円

以上……水戸史学選書

山鹿素行	山鹿光世	二、〇〇〇円
みことのり	森清人謹撰	二九、一二六円
天皇法の研究	里見岸雄	一一、六五〇円
萬世一系の天皇	里見岸雄	三、〇〇〇円
神道儀礼の原点	沼部春友	一〇、〇〇〇円
英完訳 啓発録	橋本左内著 紺野大介訳	四、七〇〇円

〈税別〉